历史上的纪晓岚

◎纪连海 著

中国民主法制出版社

图书在版编目（CIP）数据

历史上的纪晓岚/纪连海著. —2版. —北京：中国民主法制出版社，2018.1

ISBN 978-7-5162-1712-2

Ⅰ. ①历… Ⅱ. ①纪… Ⅲ. ①纪昀（1724—1805）—生平事迹 Ⅳ. ①K825.4

中国版本图书馆CIP数据核字（2017）第296581号

图书出品人：刘海涛
出 版 统 筹：赵卜慧
责 任 编 辑：刘海涛　刘春雨　庞贺鑫

书名/ 历史上的纪晓岚
LISHISHANGDEJIXIAOLAN
作者/ 纪连海　著

出版 · 发行/ 中国民主法制出版社
地址/ 北京市丰台区右安门外玉林里7号（100069）
电话/（010）63055259（总编室）　63057714（发行部）
传真/（010）63056975　63056983
http:// www.npcpub.com
E-mail： mzfz@npcpub.com
经销/ 新华书店
开本/ 16开　710毫米×1000毫米
印张/ 15.75　**字数**/ 202千字
版本/ 2023年3月第2版第2次印刷
印刷/ 涿州市荣升新创印刷有限公司

书号/ ISBN 978-7-5162-1712-2
定价/ 63.00元

再版说明

2006年，纪连海老师在中央电视台《百家讲坛》栏目所做的一系列讲演（《正说和珅》《正说刘墉》《正说纪晓岚》《正说多尔衮》）获得了极大的成功，社会反响强烈。有鉴于此，我社及时将纪老师的讲演稿整理成书稿并予以出版。该套图书一经问世，便得到了广大读者的喜爱，图书多次加印，广受好评。

图书首版时，因时间仓促，书中难免存在一些讹误，此次再版，我们做了一些修订。修订的重点集中于文中所引用的一些历史文献（如《清实录》《清史稿》）及清人著作（如《嘉乐堂诗集》《阅微草堂笔记》）中的错误。

再版工作得到了纪连海老师的鼎力支持，在此我们表示衷心的感谢。因水平所限，此次修订工作难免会有不足之处，敬请读者批评指正，并借此机会向关心和支持出版社工作的广大读者和各界人士致以诚挚的谢意！

中国民主法制出版社

2017年10月

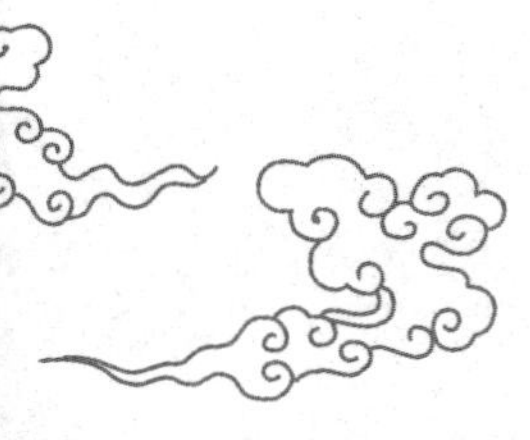

目录

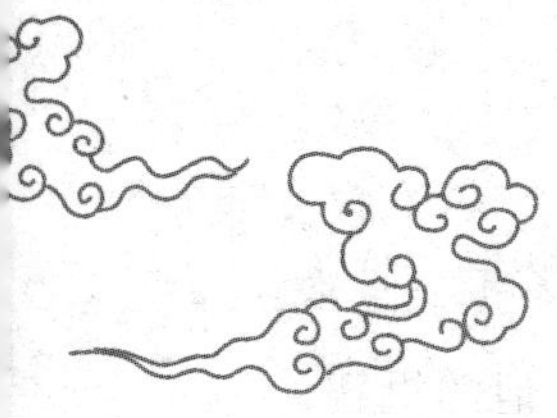

楔子 纪晓岚：行走在历史与荧屏之间

提起纪晓岚，许多读者似乎并不陌生。

由多家电视台播出的，由著名演员张国立、张铁林、王刚等主演的电视连续剧《铁齿铜牙纪晓岚》及其续集已经让纪晓岚这一形象深入人心，成为千千万万中国人心目中的一个了不起的男子汉、大英雄！

张国立饰演的纪晓岚给我们留下的深刻印象是风流倜傥、聪明伶俐、铁齿铜牙、不畏权贵，一心为民、为江山、为社稷。其表现是：

身材高高大大的纪晓岚的身边总是有很多美女与他有着说不清楚的关系，诸如杜小月、莫愁之类，可是在荧屏之中，总是见不到他的老婆和小妾的身影。人们不禁要问：他到底有没有妻妾和子女呀，如果有的话，到底有多少呢？电视剧里面怎么没有他的妻妾和子女呢？不是一直都说纪晓岚是个“风流才子”吗，他的“风流”哪里去了呢？

不管纪晓岚在哪里出现，他的风趣和幽默总是让天下的男男女女们羡慕和嫉妒：他总是出口成章，不是诗就是文，总是让人那么的羡慕。人们不禁要问：他的嘴，咋就那么好使呢？

纪晓岚一心为民族、为国家、为大清，主持正义、好打抱不平，经常在乾隆皇帝面前勇敢地与大贪官和珅进行斗争，而且每每利用他的机智，或化险为夷，或最终胜利。而与此相对应的是，和珅总是以一副大贪官的形象出场，而且总是谁都整不倒他。乾隆皇帝的形象则是经常游离于大是大非之间，是个亦正亦邪的人物，好像大清王朝这个江山不是他爱新觉罗家族的似的。人们不禁要问：在历史上，乾隆皇帝、纪晓岚、和珅，他们三个人之间的关系，难道真的是这样的吗？

这就要求我们这些历史工作者必须回答这些问题了！

有的读者一定会说，还是算了吧——您就不用费心了。他们三个人之间的关系，我不敢说。但是有一点，就是，在历史上，纪晓岚的形象与上面所说的形象——准确地说，与电视连续剧《铁齿铜牙纪晓岚》中的纪晓岚的形象差不多：都是一样的风流倜傥、聪明伶俐、不畏权贵，一心为民、为江山、为社稷。

有的读者还说了，如果说，历史上纪晓岚的形象与上面所说的形象——准确地说，与电视连续剧《铁齿铜牙纪晓岚》中的纪晓岚的形象还有哪些不一样的话，那么，就一定是电视剧演得还不够好——也就是说，历史上的纪晓岚比张国立饰演的纪晓岚还要英俊潇洒，与乾隆皇帝和嘉庆皇帝的关系还要更加密切一些——因为，我们有很多很多的证据——比如：

证据之一，是与纪晓岚同一时代或稍后一些的清朝人的笔记上的记载，这些记载都可以证明纪晓岚上述的一切。

证据之二，是一直保存至今的纪晓岚的画像。

但是，我要提醒您两句：与纪晓岚同一时代或稍后一些的清朝人的笔记上的记载未必真实；画像就更不敢说了——如果我们相信画像是真实的话，哪里还能够有汉代的昭君出塞的故事流传至今呢？

因此，我要说，您看到的，未必是真实的历史记录！

那么，问题就出现了：

历史上的纪晓岚，他的真实形象到底如何呢？

历史上的纪晓岚与和珅的关系到底如何呢？乾隆皇帝在他们中间究竟起到了什么作用呢？

纪晓岚为什么能够赢得乾隆和他的儿子嘉庆两代皇帝的信任呢？

纪晓岚在历史上最大的作用是什么呢？

……

本书出版的目的，就是为了揭开上述诸多秘密。

第一讲 纪晓岚的姓名之谜

其实，我知道，朋友们最为关心的，还是纪晓岚与乾隆皇帝的关系，还有纪晓岚与和珅的关系之谜。

我们首先来揭示一下乾隆皇帝与纪晓岚的关系——也就是乾隆皇帝到底是否喜欢纪晓岚这个人。

从乾隆皇帝与纪晓岚的关系谈起

乾隆皇帝到底是否喜欢纪晓岚这个人呢？

说真话，乾隆皇帝一开始还真的不太喜欢纪晓岚！

为什么呢？原因可就太多了。

我们首先就要从纪晓岚的家世和相貌说起。

乾隆皇帝不太喜欢纪晓岚的第一个原因，就是纪晓岚的家庭背景与别的官员不太一样。怎么不一样呢？我这里有些证据。

我们做这样一个假设，假如电视上正在上演一部歌颂您的祖先的电视连续剧，您和您的家人肯定都特别高兴，是吧？

可是人家纪晓岚家的后代不但不是特别高兴，反而还发表文章说了这部作品的许多不是。您说奇怪不奇怪呀？这是为什么呢？这还要从纪晓岚的姓氏谈起。

纪晓岚到底姓什么？要想说清楚这个问题，我们还要从“纪”字这个姓氏的来源及其正确的读音谈起。我们首先看一下“纪”字这个姓氏的来源之谜。

汉族人姓氏的区别和姓氏的起源

中国人的姓氏，是很有讲究的。姓氏最早是两个完全不同的词汇。

最早的时候，姓是女人的专利，男人没有姓，只称氏。为什么呢？

我们的祖先曾经经历过母系社会，母系社会就有了姓。古人造字，“姓”这个字就是由“女”“生”两个字组成的，也就是女子所生为姓。“氏”比“姓”的出现要晚一些，在父系社会才出现的。

姓氏的区别：氏是表明身份的高低贵贱，姓是表明世系所从出，所谓“姓者生也”。

自秦朝之后，由于当时的人还没有专门的家谱，因此经过几次大的社会动乱后，姓氏就全乱套了。最根本的一个变动就是男子开始以氏为姓。秦后姓氏系统的乱套，直接导致宗族的混乱。

汉族人的姓氏的起源，主要有以下几种方式：

第一种，以祖先不同氏族或部落的图腾崇拜的自然物为姓氏。如熊、牛、云、池、柳最早就是以祖先不同氏族或部落的图腾崇拜的自然物为姓氏。

第二种，以地名或者方位为姓氏。如鲁、韩、宋等就是以地名为姓氏；东门、西门、东郭、南郭、西郭就是以住地的方位为姓氏。以地名或者方位为姓氏有200多个，大部分都是古代的小国。纪晓岚的姓氏就是以地名为姓氏的。日本也有类似情况，以地名为姓的有“上野”“田中”“河内”“上原”“市原”“陆前”“近江屋”“吉冈屋”“三河屋”“肥厚屋”等。

第三种，以先人的职业、地位、谥号或者名号为姓氏。这又包含以下四类：

一是以先人的职业为姓氏：如巫咸，是从事占卜的人，“巫”姓就是以先人的职业为姓氏，还有上官、司马、司徒、司空等以官职为姓氏的。西方有一些最常见的姓也是以先人职业为姓氏。如“史密斯”是铁匠，“乔治”是农夫，“泰勒”是裁缝，“库珀”是制桶工，“巴伯”是理发师，“贝克”是面包师，“卡彭特”是木匠，“克拉克”是办事员或书记员，“库克”是厨师，“亨利”是统治者，“约瑟夫”是补匠。日本有一个姓“犬养”，就是养狗的。

二是以先人的地位为姓氏：如公孙、王孙等，他们的先人应该是公或王。

三是以先人的谥号为姓氏：如穆、庄、武等姓就是以其先人的谥号为姓氏。

四是以先人的名号为姓氏：就是用父亲的名或者号为自己的姓氏，这种现象在现在的汉族人中已经不多见了，但是古代尤其是先秦以前的华夏族（汉族的前身）中间是很常见的。后来，汉族周边的少数民族也继承了这一传统，典型的如唐时南诏国国王的姓氏。南诏国的第一个国王叫盛罗皮，盛罗皮的儿子叫皮罗阁，皮罗阁的儿子叫阁罗凤，阁罗凤的儿子叫凤加异，凤加异的儿子叫异牟寻，异牟寻的儿子叫寻阁劝，寻阁劝的儿子叫劝龙晟和劝丰佑。这种姓氏命名实际上是人们在没有文字状态下记住祖先的办法。

第四种，借用少数民族的姓氏，如宇文、呼延、慕容、尉迟等。康、安、石、何、史都是唐朝的时候从西域（今天的新疆）过来的。他们的眼睛原本都是蓝的。

第五种，改姓。改姓的情况比较复杂，这又包含以下三类：

1. 因居住地迁移改姓：最为典型的如春秋战国时期齐国的“田”姓外迁，以外迁的次第改姓“第一”“第二”等，现在汉族人还有姓“第五”的。

2. 避仇或者避讳改姓：避仇改姓，典型的如韩信被杀之后，他的后代把“韩”字劈开，姓“韦”和“卓”；司马迁出事后，他的后代把“司马”分开，姓“同”和“冯”；姓“查”的出事后，他的后代改成姓“香”；还有因为避当朝皇帝的姓名改姓的叫避讳改姓。

3. 皇帝给你改姓，也就是赐姓：隋炀帝第二次东征高丽的时候有个姓杨的人趁机祸乱，隋炀帝说，你不能姓杨了，把脑袋给砍了，你们家姓“枭”。这个枭的原意是什么呢？说猫头鹰不孝顺，猫头鹰老了之后，小猫头鹰就啄老猫头鹰。最后啄得老猫头鹰没有办法跑，眼瞎了，被小猫头鹰吃得就剩下脑袋了。所以把人杀了，把脑袋挂上去，就叫“枭”。

纪晓岚的姓氏来源之谜

纪晓岚的姓氏属于以地名为姓氏，可这个地名是怎么来的呢？

据史书记载，周武王灭掉商朝之后，实行分封制。除了加封自己的直系亲属和文武功臣之外，还追念先圣先王的功德，封了很多上古先圣先王的后代于各地做诸侯。这其中，周武王就封了炎帝神农氏的一个后代于纪(在今山东寿光东南)，建立了纪国。春秋时，纪国被齐国所灭，纪国王族子孙就以国名为姓，世代相传姓“纪”。可见，纪这个姓氏是以地名为姓氏。与纪同为炎帝神农氏后裔的还有齐、甫、申、吕、姜、许、向等，都是以地名为姓氏的。

话说回来，纪晓岚家的后代为什么对《铁齿铜牙纪晓岚》这部歌颂纪晓岚的电视连续剧不但不是特别高兴，反而还发表文章说了这部作品的不是呢？

因为《铁齿铜牙纪晓岚》这部作品，最大的一个问题，就是给人家的姓改变了音调！简单地说，就是给人家纪晓岚改了姓！

难道纪晓岚不姓“纪”(jì）吗？纪晓岚还真不姓“纪”(jì）！不但纪晓岚不姓“纪”(jì)，我也不姓“纪”(jì）！我们都姓“纪”（jǐ）！不信，读者可以去查阅任何一本汉语字典或者词典，我们都可以从中知道“纪”这个字有两个读音，上声（jǐ）和去声（jì)。其中，这个上声“纪”（jǐ）的意思只有一个——姓。这里，我们来揭示一下“纪”字的读音之谜！

“纪”字读音之谜

这里，要简单介绍一下中国汉字的音调。中国古代，汉字有四个音调：平、上（Shǎng）、去、入。随着时代的发展，平声分化为阴平和阳平。阴平就是一声，阳平就是二声，上（Shǎng）声就是三声，这里的“上”读三声，去声就是四声。入声则没有了。所以，我们这个姓氏正确的读音应该是上（shǎng）声“纪”（jǐ）。

为什么纪晓岚的姓氏“纪”应该读成上声（jǐ）呢?

要说清楚这个问题，还要从“纪”这个字最早的含义谈起。这里，我要先介绍一本书——《说文解字》。《说文解字》是中国第一本字典，为东汉著名经学家、文字学家许慎著，距今已有1900多年历史。《说文解字》总结了先秦、两汉文字学的成果，给我们保存了汉字的形、音、义，是研究汉字不可缺少的桥梁。特别是《说文解字》对字义的解释一般保存了最古的含义，对理解古书上的词义更有帮助，是研究汉字最权威的、最早的一本专著。

“纪”这个字，查东汉许慎的《说文解字》，“纪，别丝也”，段注：“一丝必有其首，别之是为纪。”故“纪”的本义皆为丝头丝端，后引申出“系”这个动作。因此，我们可以说，“纪”这个字虽然有两个读音，但是，它的最早读音应该是表示某种物质方位的上声（jǐ），然后才延展到了表示动作的去声（jì）。

值得注意的是，纪国先祖的居住地的名字“纪”，按照我们正常的推理，它的原意应该是指丝头丝端，其最早的读音应该是表示某种物质方位的上声（jǐ）。

因此，纪晓岚的姓氏“纪”正确的读音应该是上（Shǎng）声，要念成jǐ，不能读作去声jì。

正是因为如此，我们在1999年版的《辞海》从第768—769页所收“纪”（jì）字的23个词条中，关于人物的只有黎巴嫩诗人纪伯伦和法国作家纪德的名字，一个中国名人都没有；而在同一版本的第764页“纪”（jǐ）字条下面不仅有纪晓岚，还有纪昌等中国历史名人。

像纪晓岚的“纪”这样读音发生音变的姓氏还有很多。诸如：现今中国的一个著名女演员盖丽丽，她的姓氏的正确读音就是 Gě 而不是 Gài；著名武侠小说家、笔名金庸的查良镛先生的姓氏的正确读音就是 Zhā 而不是 Chá；中国明代画家仇英的姓氏的正确读音就是 Qiú 而不是 Chóu；唐代诗人员半千的姓氏的正确读音就是 Yùn 而不是 Yuán；楚国的开国之主能释的姓氏的正确读音就是 Nài 而不是 Néng；《雷雨》中的繁漪的姓氏的正确读音就是 Pó，阳平而不是 Fán，开封城里著名的古代建筑繁塔的“繁”字也应该读成 pó；令狐冲的姓氏的正确读音就是“令（Líng，阳平）狐”等。

有的读者说了，纪（jǐ）晓岚，这多别扭啊！难道就真的不能读成“纪”（jì）么？

中国社会科学院语言研究所词典编辑室编纂的《现代汉语词典》中说明，近年也有读 jì 的。

因此，您要把纪（jǐ）这个姓氏读成“纪”（jì），虽然也可以，但是我的看法是，您在读这个字之前，应该征求人家的同意。纪晓岚已经作古，这个意见没有办法征求了，就只能读成纪（jǐ）了。

此外，汉语语法还规定，两个上声连读，前一个字可以读为阳平，这样，您就可以把纪晓岚这个人名读成纪（jí）晓岚。您看，这样是不是要好一点？

旧的问题刚刚解决，新的问题又出现了。有的读者已经产生了疑问：我怎么看到有的书上说纪晓岚又叫纪昀呢？这个“昀”字和“晓岚”两个字有什么关系吗？我怎么还听说纪晓岚的后代都称纪晓岚为“文达公”啊？这是怎么回事呀？难道这里面也有讲究吗？这里，我们来揭示一下纪晓岚的名、字之谜！

纪晓岚的名、字之谜

古代的中国人，除了有姓，还有名、字、号，名、字、号是分开的。

所谓“名”，是个人在社会上所使用的符号；“字”往往是名的解释和补充，是与“名”相表里的，所以又称“表字”。

名是幼时起的，供长辈呼唤。字是男子到 20 岁、女子到 15 岁时起的，供朋友呼唤。男子到了 20 岁成人，要举行冠礼，这标志着本人要进入社会。女子长大后也要离开母家而许嫁，未许嫁的叫“未字”，亦可叫“待字”。“待字闺中”就是这个意思。十五岁许嫁时，举行笄礼，也要取字。《礼记·檀弓上》说：“幼名、冠字。”《疏》云：始生三月而始加名，故云幼名；人年二十有为父之道，朋友等类不可复呼其名，故冠而加字。

“名”和“字”有意义上的联系。这种联系可以分为以下三类：

第一类是“名”和“字”的意义相同。如：东汉创制地动仪的张衡字平子，名字中的“衡”就是“平”；宋代诗人秦观字少游，名字中的“观”就是“游”。

第二类是“名”和“字”的意义相辅。如唐代诗人白居易字乐天，因“乐天”故能“居易”；“渔”（打鱼）、“樵”（砍柴）常为侣，《通志》的编者郑樵字渔仲。

第三类是“名”和“字”的意义相反。如原国民党主席连战先生的名字就是如此：连战先生的名“战”是他的爷爷连横起的，连横当时认为中日之间将来必有一战，因此给自己的孙子起名曰“战”；而连战的妈妈认为中日之间应该永远和平友好相处下去，因此给自己的儿子起字曰“永平”。

那么，纪昀、纪晓岚这个名、字的来源呢？纪昀、纪晓岚这个名字就属于第三类：“名”和“字”的意义是完全相反的。“岚”，意思是云雾缭绕，“昀”，意思是喷薄而出的日光。当日光喷薄而出的时候，缭绕的云雾还能存在吗？

古人的“名”和“字”还常用来表示在家族中的行辈。

先秦时，常在名、姓前加伯（孟）、仲、叔、季表兄弟长幼，如伯夷、叔齐，伯是兄，叔是弟；孔丘字仲尼，“仲”就是老二；孟姜女就是姜姓的长女。

汉代以后逐渐在“名”中用同样的字或偏旁表同辈关系，如明崇祯帝朱由检和他的哥哥朱由校（明熹宗）等第二字共用“由”，第三字共用“木”旁。

在这种情况下，姓名中的第一字是和父、祖共用的族名，第二字和第三字的一半是和弟兄等共用的辈名，具体到个人身上就只有半个字了。

纪晓岚的别号之谜

其实，汉族人除了名和字之外，有些古人还有号。“号”是一种固定的别名，又称别号。号又分为别号和绰号两种。

封建社会的中上层人物（特别是文人）往往以住地和志趣等为自己取号（包括斋名、室名等）。如唐代李白号青莲居士、宋代苏轼号东坡居士、明代唐寅号六如居士等,都是后人熟知的。有些别号的使用率(如苏东坡等)甚至超过本名。

别号是使用者本人起的，不像姓名要受家族、行辈的限制，因而可以更自由地抒发或标榜使用者的某种情操。别号中常见的“居士”“山人”之类就是为了表示使用者鄙视利禄的志趣。宋代欧阳修晚年号“六一居士”，就是以一万卷书、一千卷古金石文、一张琴、一局棋、一壶酒加上他本人一老翁,共六个“一”取号。明末画家朱耷在明亡后取号“八大山人”（“八大”连写似“哭”非哭、似“笑”非笑，寓“哭笑不得”意），来抒发自己怀念故国的悲愤之情。

纪晓岚的别号是什么呢？纪晓岚的别号很多，最能代表他个性的别号是观弈道人和孤石老人。观弈道人正是他一生的写照；孤石老人则是他晚年境遇的注解。

另外还有“绰号”，这大都是他人所取而得到公认的别号，是对人的刻画和形容。宋代王珪任宰相十多年除“取旨、领旨、传旨”外不干别的事，当时号为“三旨相公”；《水浒传》里梁山上一百零八人都有绰号，大都准确地描摹了人物性格、特长或生理特点。这些绰号作为姓名的代称，更是人们所熟知的。

纪晓岚的谥号之谜

除了上述的字、号外，历史上常用来代替个人姓名的还有：

一、地名（包括出生地、住地和任职所在地等）。如东汉孔融被称为孔北海、唐代韩愈被称为韩昌黎、柳宗元被称为柳河东或柳柳州等。以地名称人在封建时代是表尊敬，叫作称“地望”。但清末有人作了一副对联：“宰相合肥天下瘦，司农常熟世间荒。”上联指任北洋大臣（宰相）的李鸿章（合肥人）、下联指任户部尚书（司农）的翁同龢（常熟人），却利用“地望”的双关语义讽刺了封建大官僚的贪婪豪奢。因此，从地望角度说，也有的人称纪晓岚为“纪河间”。

二、官爵名（包括职衔、封号等）。如唐代杜甫称杜工部、杜拾遗（曾任工部员外郎、左拾遗）等。

三、弟子或后人所上的尊称。如王夫之称船山先生等。还有在死后由门人、后人上的尊号（“私谥”），如晋代陶潜的靖节等。

四、谥号，即死后由皇帝颁赐的荣称。如宋代包拯称包孝肃、岳飞称岳武穆、明代徐光启称徐文定、清代纪晓岚称纪文达等。

五、在姓氏前加形容词指称特定的同姓者。如唐代诗人中老杜（亦作大杜）专指杜甫，小杜专指杜牧。老苏、大苏、小苏则指宋代苏洵、苏轼、苏辙父子三人。

六、以几个姓并称特定的几个人。如“马班”（或“班马”）指司马迁（《史记》作者）、班固（《汉书》作者）；“李杜”是李白、杜甫，“三苏”是苏洵、苏轼、苏辙。

七、在唐代还常以行第连同姓名、官职等称人。如杜甫称杜二拾遗、白居易称白二十二舍人等。宋代也还有此风习。

上述这些起着姓名作用的地点名称、官职名称等，大都是他人、后人为表示尊敬或方便而使用的，本人自己并不使用。

因此，我们后人一般应该尊敬地称呼纪晓岚为“文达公”。这个“文达”两个字就是清朝皇帝在纪晓岚故去之后送给纪晓岚的谥号。

讲到这里，有人一定会问：这与乾隆皇帝不太喜欢纪晓岚有什么关系呀？当然有关系了。

您想呀，以上不都是在介绍纪晓岚是一个汉族人吗？纪晓岚是一个汉族人，而大清王朝却是满洲人建立起来的政权。尽管大清朝的皇帝都尽量想彻底消除满汉民族之间的不平等，但是实际上实施起来却是非常地不容易！就连康熙、雍正、乾隆皇帝本身也做不到。相对而言，他们还是喜欢满洲人作为他们的亲信。也就是说，乾隆皇帝从心底里面，还是更加喜欢满洲人而不是汉族人。

那是不是说，汉族人就彻底不会被乾隆皇帝喜欢了？话也不能这么说。有些汉族人，乾隆皇帝还是非常喜欢的。但可惜的是，这些人里面不包括纪晓岚。这又是为什么呢？

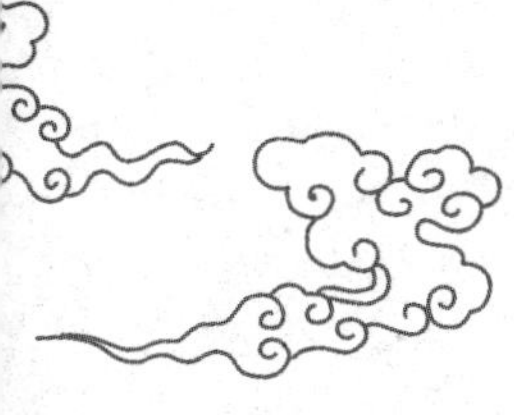

第二讲 纪晓岚的先祖之谜

从山东寿光走出的纪姓先祖

前面我们说过，根据史书记载，纪这个姓氏本来与齐、甫、申、吕、姜、许、向等姓氏一样，属于炎帝神农氏的后裔。后来，周武王灭掉商朝之后，封炎帝神农氏的一个后代于纪，建立了纪国（纪国在今山东寿光东南）。春秋时，纪国被齐国所灭，纪国王族子孙就以国名为姓，世代相传姓纪。此后，纪姓后代逐渐散落于中国的南北各地。

而这个纪晓岚的祖籍呢，原来可不是一直在北方的。在哪里呢？明朝初年的时候，纪晓岚的祖先居住在江苏应天府上元县（今江苏南京）纪家边村。

到了 1404 年（也就是明永乐二年）的时候，纪晓岚的先祖纪禄一家兄弟三人：老大纪福（字恩坡）、老二纪禄（字椒坡）、老三纪寿（字伯龄）

却要搬家了！这是为什么呢？

纪晓岚的先祖纪椒坡举家北迁之谜

我们知道，大明王朝前面的元朝是中国的少数民族蒙古族建立的一个王朝，也是中国历史上第一个能够完成中国统一的少数民族王朝。元朝在中国的统治只有 89 年，虽然盛极一时，但“只识弯弓射大雕”。到了元朝末年，由于蒙古贵族及封建地主对农民残酷剥削压迫，阶级矛盾与民族矛盾日益激化，终于引发了大规模的农民起义。

自从 1351 年元末农民起义爆发以后，中国的北方地区——尤其是今天的河南、河北地区就成为了长达几十年的一个重要战场——农民起义军与元朝政府军较量的战场。1368 年元朝的最后一个皇帝——元顺帝逃至长城以北、结束了元朝对全国的统治之后，今天的河南、河北地区十室九空，出现了“白骨露于野、千里无鸡鸣”的悲惨情况。直到 1381 年，河南人口才有一百八十九万一千多人，河北人口才有一百八十九万三千多人——两个省合计还比山西一省人口少二十五万人之多。

在这种情况下，明洪武帝朱元璋采纳了郑州知府苏琦、户部郎中刘九皋等人的建议，采取了移民和军民屯田的政策，以加强北部边防，开垦荒地，保障军民用粮，恢复农业生产。

于是，一场大规模的历经洪武、建文、永乐三朝，历时五十年、前后十八次的移民高潮就开始了。这十八次分别是：

第一次：1367 年冬，朱元璋在命大将军徐达挥师北伐中原的同时，下令迁徙苏州府富民充实朱元璋的老家濠州（今安徽凤阳）。

第二次：1370 年夏，迁苏、松、嘉、湖、杭五府无田贫民四千余户到朱元璋的老家濠州。

第三次：1371 年春，移山后之民一万七千户到北平（今北京）耕种。

第四次：1371 年夏，复徙山后民三万五千八百户、十九万七千二百人入籍北平各处卫所和州县。

第五次：1371 年秋，移徙沙漠故元遗民三万二千八百六十户到北平开荒种田，分别落户于大兴、宛平、良乡、固安、通州、三河、武清、蓟州、昌平、顺义等地。

第六次：1376 年冬，移山西及北直隶真定（今河北正定）等处民无产业者，往凤阳垦田。

第七次：1382 年秋，迁广东番禺（今广东广州）、东莞、增城（今广东广州）诸县元将何真所部降民二万四千四百余人到泗州（今安徽泗县）屯垦。

第八次：1387 年冬，命湖广常德、辰州民有三丁以上者，出一丁往耕云南。

第九次：1388 年秋，移山西泽、潞二州贫民往河南就耕。

第十次：1389 年夏，迁苏、松、杭、嘉、湖、温、台诸府民无田者，到滁、和二州等地开荒。

第十一次：1389 秋，招募山西地狭民稠府州县之民，赴北平、山东、河南土旷人稀之地耕作。

第十二次：1391 年夏，命浙江等省、应天诸府富民一万四千三百余户，悉徙其家，以实京师（今江苏南京）。

第十三次：1392 年春，移山东登、莱诸府民贫无产者五千六百三十五户，赴本省东昌（今山东聊城）等处编籍耕种。

第十四次：1402 年秋，徙山西民无田者到北平种田，五年内不征税粮。

第十五次：1403 年秋，明成祖发遣流罪以下者垦田北京。

第十六次：1403 年，又迁苏州等十府、浙江等九省富民三千余户，填实北京。

第十七次：1404 年秋，移山西居民万户入北京务农。

第十八次：1416 年春，迁徙山东、山西、湖广无业流民，往保安州（今河北涿鹿）开荒，三年免租。

通过上面的内容，我们可以看出，纪晓岚的祖先在 1404 年的所谓搬家，实际上属于政府有组织的、这上述十八次迁徙中的第十六次。这第十六次迁徙与第十五次迁徙一样，都是“靖难之役”之后的惩罚措施之一：

第十五次迁徙惩罚的是建文帝的直接支持者；第十六次迁徙的“九省富民三千余户”惩罚的是建文帝统治时期的受益者。

我们由此也可以看出，纪晓岚的祖先在1404年的所谓搬家，实际上是一种被迫的行为。您想啊，纪晓岚的祖先原来一直居住在江苏应天府上元县——这可是当时的首都啊！而这次搬迁的人的前提条件是“九省富民”。

在车上树、牛上房的地方安家的纪椒坡

搬家，是无可选择的。问题在于，落户到哪里呢？

纪晓岚的先祖纪椒坡一路北上，最后入籍于河间府献县安民里四甲籍，位于献县城东九十里的景城镇。

说到了河间府献县，问题又出来了：

第一，纪椒坡为什么要落户于此呢？

第二，不是说纪晓岚是河北沧州沧县人吗？怎么又出来了个献县？

我们先来回答第一个问题。

说到纪椒坡落户于河间府献县安民里四甲籍，这里面还有个故事呢！下面我们来看看著名作家杨子忱、李建良、宋益三在他们的作品《纪晓岚全传》里面的描述。

永乐二年（1404年），江苏应天府上元县居民纪椒坡，遵奉朝廷迁大户实畿辅的诏命，带领族人，千里迢迢奔向直隶。

从江苏到直隶，虽然仅隔山东一省，但人地两生，直隶又地面宽广，官府也未指定移民何处定居。途中，纪椒坡一直在盘算着，到哪儿去好呢？当他正处在没有主意时，在徐州遇上了一个算命的先生。那时的人都有些迷信。纪椒坡见到这个算命先生后，心想何不向他问上一问，请他给指个明路，心里有个实底。然而，当纪椒坡将要算的事讲明后，算命先生心里一阵发笑。他想，有算天算地算命问财的，没想还有人问这个。但是，他觉得不说个出处，也有些失面子。于是，佯装地用手指掐算了一回，接着胡乱说道：“你向前走吧，待见到车上树、牛上房的地方，那便是你安家落

脚的地方。”

这下子，可使得纪椒坡为难了。他想，车怎么能上树呢？牛怎么能上房呢？看来，这是算命先生在瞎懵人了。可是，也无奈，只好这样走着看吧。他带领全家人，越过山东境，便入了直隶界。经吴桥，过东光，穿越交河诸县，一路上都没有见到适意的地方。

这天，他进入了献县境内，来到了一个古镇。时当初夏，天色将午，一家人只好停车，来到一棵树的树荫下歇息。

树荫下，坐着几个妇女，一边说笑，一边纺线，或是纳鞋底、做针线。这儿，是一个偏僻的地方，住着的又都是一些村民，从来也没有见过什么大官。今天忽然有位大官从这里路过，穿着奇异，车饰华丽，马铃摇脆。自然都感到新奇无比。于是，那些在田里做活的，在家里闲居的，无论是大人或是小孩，都跑到这里来看官儿。这一闹腾不要紧，人们只把个树荫下都站满了。那些纳鞋底、做针线的，自然是把那针头线脑的都拿在手里或抱在怀里了。然而，那些用纺车纺线的人就不好办了。她们怕人多踩坏了纺车，往远处挪又来不及了，于是索性便把纺车举起，挂在这棵树的树丫上了。偏巧，在这株大树北面不远的地方，有个由高向低的坡坎。一户穷人家，在那个坡坎处盖了一个地窨子房。地窨子房，即一面利用坡坎挖掘成墙，一面再另砌新墙，上面苫上盖，这个房子就算成功了。这个房子，从前面看，是个房舍样，有门有窗；从后面看，则是一个坡坎，根本认不出是房。这会儿，由于前来看官儿的人多，再加上喧嚷声大，把正在附近吃草的一个牛犊吓惊了。那牛犊儿没处去，就沿着那个坡坎跑到了这家地窨子的房顶上了。

这时，纪椒坡的老伴正巧一抬头，看见了遥挂在树上的纺车；一回身，又看见了跑上地窨子房顶的牛犊儿。于是，她心机一动，拉着纪椒坡的衣袖，说道：“你看，这不是车上了树、牛上了房吗？咱们就住在这儿吧！”

纪椒坡闻声，看了一看，接着又打量了一下这里的地形地貌。单只见，这里虽遭兵燹，但小镇还算屋舍完整，古风犹存。它三面环河，一面着陆，交通豁达，树木繁荫，物产丰饶，真也是个好地方。随即他打听了一下，这儿名叫景城，于是便在这儿定居下来。

这就是献县纪姓的始祖。

看，这些描述有意思吧！

这个颇为滑稽的故事虽然不一定是真的，但我们由此似乎可以看到这正是人们对纪氏家族后来之所以兴旺发达的原因的一种解释。

与此同时，老大纪恩坡一家也北迁至今天津静海县陈官屯镇纪家庄（现在的名字叫纪庄子）定居下来，老三纪伯龄也北迁至今河北省廊坊文安县孙氏镇纪屯（村子的原名叫宁寿屯，后来因为纪氏后代人丁兴旺而改名为纪屯）定居下来。他们两家的后代与纪椒坡一家的后代就构成了今天河北地区纪姓后代的主干部分。

纪椒坡一家的定居地——河间府献县景城

其实，纪椒坡一家所居住的河间府献县，历史非常悠久。

献县所在的地区位于今河北（过去的直隶）的东南，是京畿通往东南地区的门户。"南京到北京，御道十八弓"，这御道就从献县穿过。

这里，地势非常平坦，属于华北平原的腹地；这里，沃野千里，河流密布，道路宽广，是京畿通往东南地区的门户；这里，东临渤海，西依太行，南控齐鲁，北锁京津。

在西汉的时候就在这里建立了河间国。公元前198年春，刘邦之子代王刘如意徙封赵王。此后一代又一代的赵王先后离奇般地死亡，使赵王这个名字成为了一个厄运的代名词。公元前178年，文帝除了让自己的同胞兄弟刘友的长子刘遂袭封赵王外，还从赵地辟出乐城（今献县）、弓高（今阜城）、候井（今东光）、武隧（今武强）等四城为河间国，封刘友的少子刘辟疆为河间王。于是在当时的地图上就出现了一个全新的诸侯国。由于这里处于易水和黄河之间，因此这个诸侯国就叫作河间国。历史上的第一个河间国出现了。

不过，我们应该注意的是，这时候的河间国仅仅是个小侯国，用我们今天的话来说是个二级诸侯国。汉家同姓七大诸侯，也就是太子之外的刘邦的另外七个儿子，封齐、赵、代、梁、燕、淮阳、淮南，其余类似常山、清河、济川、山阳、河间等众多小国，均诸侯子弟，由天子加恩国邑，矮一级，因此一般地盘不大，三五座小城，够吃够喝得了。

然而，这个河间国并没有存在多长时间，刘辟疆在做了十三年河间王后死去，他的儿子也仅仅做了一年的河间王就去世了。由于没有继承人，这个仅仅存在了十四年的河间国消亡了，土地被分为河间、广川、渤海三郡。

然而，又隔了十年，也就是公元前155年，汉景帝刘启复置河间国，封他的儿子刘德为河间王。这回河间可不是个小侯国了。刘德为汉景帝的亲儿子，非侄子、孙子一类，他的级别显然要与赵、燕、淮南等同等，仅乐城、弓高四座小邑是不行的了。那么，这时候的河间国有多大呢？《嘉靖河间府志》卷之八载："汉，河间国十一城，户九万三千七百五十四，口六十三万四千四百二十一。"这里的"汉"是指西汉，因为紧接此条又列，"东汉，河间国十二城"。西汉的河间国是哪十一城呢？历来方志惜墨如金，《嘉靖河间府志》未详列，但是我们从另外的资料上查得东汉河间的十二城为：弓高（今阜城县西南）、乐城（今献县河城街）、成平（今泊头市北）、中水（中水有二，此城在今河间市西南）、武垣（今河间市西南）、高阳（今高阳县东）、易（今雄县）、文安（今文安县北）、鄚（今任丘市鄚州）、州乡（今河间市留古寺镇）、束州（今河间市束城镇）、东平舒（今青县西北）。西汉河间国的十一城与东汉河间国的十二城有哪些不同，待考，但从承继关系来看，应该大致仿佛。总之，刘德的河间国肯定要比刘辟疆的河间国大，其疆域应该囊括今沧州市西部各县以及保定市、廊坊市的一部分。据司马迁《史记》载，河间王刘德有七子封侯（二级侯国），即兹国、千钟国、参产国、州乡国、成平国、广国、盖胥国，除此以外，《嘉靖河间府志》还载有刘德另外几个儿子的封国名谓，即景成、乐乡、高郭。这些侯国大部分也在当时河间国的疆域内，如州乡国，即在今河间市东北四十华里的留古寺镇附近，现存州乡侯墓，为县级文物保护单位。高郭国，今任丘市西北十余里处；成平国，今泊头市一带；等等，不一而足。仅刘辟疆初始的四城，是无论如何也置不下这么多侯国的。

到了汉武帝刘彻的时候，刘彻的同父异母的哥哥刘德仍然为河间王，河间国的都城即在献县。史称刘德修学好古，实事求是，工于整理古籍，抢救文化遗产，所得皆古文先秦书，被服儒术，六艺俱举，文约指明，学者宗之。刘德死后，因其工于整理古籍，抢救文化遗产，聪明睿智，谥号为“献”，后人也称刘德为“河间献王”，献县之名，由此而来。

刘德的河间国总共传了七世，存在了 158 年，后来王莽窃取了西汉的皇位，将当时的河间王拉下了王位，使河间国随着西汉政权的覆灭再一次消亡。

这之后光武帝扫平了各地起义军，恢复了汉室江山，因为与前河间王同为汉景帝的后人，因此又恢复了河间国的建制。但是这第三个河间国也只存在了 6 年。一直到公元 90 年，汉和帝又将乐城、渤海、涿郡三地划分给了他的弟弟刘开，使河间国第四次出现在地图上。

公元 220 年东汉王朝彻底灭亡，随之兴起的魏政权深知裂土封疆的痛苦，于是取消了分封诸侯国的统治模式，这第四个河间国也随着汉室江山的灭亡而消失。

汉以后的王朝里分封制被取消了，河间国再也没有出现过。但是“河间”这个名字一直被沿用了下来，今天的河间市正是承袭了古河间国的名字。

献县历史悠久，夏商时期属冀州，春秋时属燕国，战国时属燕、赵、秦。早在春秋战国时期，境内就形成了具有一定影响力的城市——乐成。汉高祖六年（公元前 201 年）置河间郡，汉文帝二年（公元前 178 年）改河间郡为河间国。自此，河间或为国或为郡，前后历时达 700 年，其治所一直在今献县河城街南，直到北魏太和二年（478 年），郡（国）治所北徙，“河间”之名迁出县境，献县一直是河间国（郡）的政治、经济、文化的中心。隋开皇八年（588 年）改乐城为广城，隋仁寿元年（601 年）改广城县为乐寿县。隋末窦建德在此建大夏国。唐朝的时候，这里仍然为乐寿县。金天会七年（1129 年）升格改名为寿州，金天德三年（1151 年）改寿州为献州。明洪武九年（1376 年）降州为县，称献县，此后献县之名一直沿用至今。清沿袭明制，属河间府。抗日战争时期，东部地区（今淮镇、韩村、垒头、高官和今沧县的杜庄、崔尔庄一带）划属建国县。南部地区（今陈庄镇的全部、河城街和南河头乡的部分）划属献交县。1949 年献交县撤销，南部部分地区划归献县。1954 年建国县撤销，东部地区除杜庄、崔尔庄一带划给沧县外，其余划归献县。1958 年饶阳、武强两县并入献县，仍称献县。1961 年又将武强、饶阳划出，献县恢复原建制。献县今有乡镇 18 个，辖 500 个行政村。

我们再说这景城。景城位于子牙河南岸，西汉时为河间国景城县的治所。后来，随着历史演进，景城县撤销，遂降为献县属地。然而，其名称却沿用下来。景城人杰地灵，代有英才，中国历史上唯一当过五朝宰相、辅佐过十位君王的五代时期的冯道（字可道，882—954 年），就出生在这里。

纪椒坡的埋葬地

纪晓岚在他续修的《景城纪氏家谱・茔墓图》中记载 ："第一茔在景城南半里，始祖椒坡公卜葬于此……墓壬山丙向。"子孙从葬于此，形成了一处纪氏祖茔墓地。

此处墓地至今仍在景城村南，成为一处古墓葬群。鼎盛时期，占地七十余亩的墓地中曾矗立有大大小小一百多通石碑，向世人无声地显示着景城纪氏的社会地位和人文传统。

形成这种情况的原因一是后人显赫，追述祖德，在谱牒中有了记载 ；二是家族兴盛，未断祭扫。至今景城仍有纪氏族人 700 余口。

近年在这一处墓地中陆续出土了纪晓岚家人的三合墓志，分别为纪晓岚长兄纪晫、堂兄纪昭和侄儿纪汝备。在纪氏后人纪峰的倡导下，远近纪氏族人又集资再刻重立了始祖椒坡公的墓碑，使海内外广大纪氏宗亲景仰有凭，缅怀有处。纪氏墓地还被沧县人民政府定为县级文物保护单位。

纪椒坡的十世孙纪润生迁居崔尔庄

经过二百余年的繁衍，到了清代，纪氏人丁兴旺，已成了献县屈指可数的大姓之家了。

我们回过头来继续说说纪椒坡的后代。

到了清朝初年的时候，献县纪家早已经分为两大支，一大支在景城，一大支在崔尔庄。崔尔庄的这一支，人丁更是兴旺发达，到清代康熙年间，已有几百口人，成为周围数十里内较有影响和气势的望族。

而当时，纪椒坡的九世孙、纪晓岚的高祖纪坤仍然居住在景城。纪坤是一名廪膳生，有诗集《花王阁剩稿》刊行于世。廪生，科举制度中生员名目之一，“廪膳生员”的简称。明代州、府、县学的生员最初都由政府按时发给银子，以供生员的学习和生活。到了清代，能够拿到政府补贴银子的生员则必须经岁科两试，并且成绩优异。

纪椒坡的十世孙、纪坤的儿子、纪晓岚的曾祖纪钰（字润生），娶河间县增生王云鹗的女儿为妻。她为纪润生生了两个儿子，大的叫纪天澄，小的叫纪天申。

这个时候的纪润生早已经经过科举考试的选拔，成为刑部江苏司郎中。后来，衣锦还乡的他看到本家族的人丁越来越兴旺，在景城居住的地方也是越来越狭小，于是携次子天申（纪晓岚祖父）和他年迈的父亲纪坤迁居景城东三里之崔尔庄。这就是“崔尔庄纪”的由来。

此后的“崔尔庄纪”不但参加科举入仕的人比“景城纪”多，而且“崔尔庄纪”在当地的地位也更加显赫起来。乾隆、嘉庆及道光百来年中，崔尔庄出了五名进士，十四名举人，拔贡和武举数人。其中纪晓岚是最有成就者。

晚年回归故里的纪润生，多有善行义举，多次出谷赈饥，救活乡亲无数。

纪晓岚的爷爷纪天申和父亲纪容舒

纪润生的小儿子纪天申是纪晓岚的爷爷。纪天申有四个儿子：长子叫纪容舒，次子叫纪容雅，三子叫纪容恂，四子叫纪容端。

纪容舒，字迟叟，为康熙五十二年（1713 年）恩科举人，历任户部四川、山东二司员外郎、刑部江苏郎中、云南姚安军民府知府，加三级授奉直大夫，晋封中宪大夫，累赠光禄大夫，故又称“姚安公”。他又是个文学名士，著有《唐韵考》五卷、《玉台新咏考异》十卷、《杜律疏》八卷。

纪容舒的妻子张氏，诰赠宜人，晋赠恭人，累赠一品夫人。

到了纪容舒在世的时候，纪家已是三代一品，极享盛誉。当时，在崔尔庄一带曾流传着这样一首民谣：

上有天堂，下有苏杭。

数了北京数崔尔庄。

崔尔庄九门九户九关厢。

十字街头跑开马，南关园子立谷场。

由此我们可以看出这个时候崔尔庄纪家的威风确实非同一般。还有人说，当时纪家的田庄一直可以延伸到现在的天津静海，老宅的辉煌更令人称叹。

民谣中的这个“九门九户九关厢”是什么意思呢？

纪家的宅院——“九门九户九关厢”

根据纪晓岚的后代纪清贵先生回忆说，这个“九门九户九关厢”是崔尔庄纪家的一个群居院落。共有九条胡同，九个大门，房屋数百间，占地四万多平方米。当地人都管那儿叫“九门九户九关厢”。

“九门九户九关厢”共九套六进院，九条胡同不是笔直的，而是曲弯错落，有九个大门，朝北面向后街。后因避讳朝廷的九门标准，把最西边的大门用砖封上了。

纪氏各院住在那里，每个院都有自己的堂号。外地人来信不写人名，只写堂号就行。现在只记得六个堂号。当时分为东六院和西四院两大院，东六院堂号有：提礼堂、永四轩、懋德轩等，西四院堂号有守恒斋、瑞思堂、丰余轩等。从后街进大门共有六进院子，可直通中街。

中街有八个门，中间一个大红门，头一个院子住的是门房先生，还有看大门的、挑水的、推磨的及女仆等人住。来了客人先找看门的，门洞东侧有一间不大的小屋，一个小长桌，两把椅子，一个土炕，可睡两个人。看门的人通知门房先生，再把客人领到主人那里，如果主人不在，或没起床，就叫客人先在门房屋内等候。大门口有两个石狮子，高约两米，石狮子身后边有一个平台叫上马石。墙上有六个铁环，用来拴马。客人住下后，再将马牵到后院，叫马夫把马喂了，如果有三四匹就要用竹牌做记号，分别挂到马鞍上以防搞错。客人走时给喂马的一些赏钱，用红纸包着，大多给一吊。大门上有一副对联“忠厚传家久，诗书继世长”，横批“紫气东来”。大门上方挂有乾隆皇帝御制“光国寿民”四个金字。由中街往东第二个门在院落的东南角，一进门往西第一个院子便是祠堂大门，挂有“三世一品”匾，金字蓝底。院内有松树数棵。大门有一间小屋，供值班人员住，每到腊月二十五，打扫全院卫生。派值班人员看守供品，北房三间，东房三间，西房两间，正房正面五张八仙桌，东西两侧各三张八仙桌。春节时摆满了水果点心，鸡鱼肉、茶水、酒水，十多个蜡扦都是铜制的。还有三个长方形香炉。地面铺有红地毯，每到春节，纪氏后代先后到祠堂行礼祭祖，然后再到各家拜年，要拜到初五，这个年才算拜完。每个堂号轮流上供，三天更换供品，到了正月十六后，祠堂就关门了，也就无人值班了。祖先留下来的遗物，有瓷墩八个，四个黄色的，有各种人物，四个蓝色的，有花鸟图案；象牙筷子五双；盘子五个；大碗五个，均为米黄色花纹；有如意一个，上边白色，下部绿色，用锦盒装着。如意上拴着一个穗头，串着数十粒珍珠，带有一小长方块玉石，为绿色。还有两套硬木家具，西屋一套，两个大立柜、两个顶柜，上有十六个圆形铜合页。过年时叫仆人用白菜根蘸腊擦得很亮。长条案一个，下有两个方木几。八仙桌一个，两把太师椅，其图案全部用珍珠扇贝镶嵌而成。八仙桌面是牡丹花，桌腿上有人物、花鸟等图案。两个立柜门上，有孔雀图案，阳光一照反射光过来像活的一样。长条案上摆放一个座钟，一对掸瓶一尺多高，有两个耳子，花色瓷瓶口有金边。还有两个帽筒，花色金边。两个顶柜上花草蝴蝶图案全是用扇贝珍珠镶嵌而成，由于光的反射，远看好像有许多蝴蝶在飞舞。两把太师椅靠背上雕有仙鹤、松树、水草图案。八仙桌下边有一桌围子，正面绣的是松鹤延年，两侧是牡丹花，用布制成的。东屋也有一套十件硬木家具，样式与西屋差不多。但是柜门镶的是天然大理石，圆形的。八仙桌面上镶的也是一大块天然的山水画，看上去有云雾的感觉。四个顶柜内装满了字画，平时锁着，不让随便动，只有来了贵客才拿出些看看。东屋中堂挂一幅牡丹图，题诗一首，两旁挂一副对联。西屋挂的是松鹤延年图，在上角有题诗，两侧也有对联，字画的木轴轴头镶有牛角。后院东北角有一间房子装满了《阅微草堂笔记》木刻版，门被砖砌上，谁也不许进。可惜这些木刻的书在土改时当木柴烧了。

在中街中间路南有一座很大很高的院落，向南的大门，门前有两个不太大的石狮子，约 1.5 米高，门墩也是用小狮子做的。还有一个向北的大门，红色的，门前无摆设，和挂有“光国寿民”匾的大门斜对面，一个是路南，一个是路北。大院内有六套四合院。日本侵华时，把这座房子全部占了。所有东西全部没收，成了日本鬼子的据点。四个角盖了四个岗楼。日本投降后，八路军赶来了 100 多辆马车，先把房子里的家具（大多是硬木的）拉了两天后，又把这所院子全部扒掉。砖瓦木料扒了半个月，从天亮拉到天黑。这座大院就是守恒斋所建，比崔尔庄哪一处院落都庞大，主人住在天津，不常回来。后来纪清贵过继给守恒斋，也住在天津。纪清贵妻子的娘家姓王，是天津有名的大户，是王光美的族姐。纪清贵夫妻于 1933 年秋来过崔尔庄，想吃老玉米，叫下人到地里找来了十多个，但是全都老了，只能煮着吃。纪清贵三十来岁，得肺病去世了，其妻子后来也患肺病去世了。

纪晓岚在他的不同著作中，对于他的故乡也有着很多的记载。如《阅微草堂笔记》记载：“余家距海仅百里，故河间古谓之瀛州，地势趋东，以渐而高，故海岸绝陡，潮不能出，水亦不能入。九河皆在河间，而大禹导河，不直使入海，引之北行数百里，自碣石乃入。”又如《日华书院碑记》记载：“献县，于河间为大邑，土地沃衍，而人多敦本重农。故其民无甚富亦无甚贫，皆力足以自给。又风气质朴，小民多谨愿畏法，富贵之家尤不敢逾尺寸。

或遇雀鼠之讼，惴惴焉如临战阵。”

纪容舒的埋葬地

随着纪氏人丁兴旺，居地逐渐向四乡迁移，坟墓也分葬多处。其中值得一提的是纪晓岚的父亲纪容舒的墓地。《景城纪氏家谱·茔墓图》记载：“第十一茔在景城东南一里余，乾隆三十二年迟叟公卜葬于此，墓壬山丙向。”

对于纪容舒的丧葬之地，纪晓岚在《阅微草堂笔记·槐西杂志》卷二里有一段记载：

明永乐二年，迁江南大姓实畿辅。始祖椒坡公，自上元徙献县之景城。后子孙繁衍，析居崔庄，在景城东三里。今土人以仕宦科第，多在崔庄，故皆称崔庄纪，举其盛也。而余族则自称景城纪，不忘本也。椒坡公故宅，在景城、崔庄间，兵燹久圮，其址属族叔楘庵家。楘庵从余受经，以乾隆丙子举乡试，拟筑室移居于是。先姚安公为预题一联曰：“当年始祖初迁地，此日云孙再造家。”后室不果筑，而姚安公以甲申八月弃诸孤。卜地惟是处吉，因割他田易诸楘庵而葬焉。前联如公自谶也。事皆前定，岂不信哉！

原来那里为纪氏始祖初迁景城时所居之处。因其为吉地，故纪容舒死后，家人用别处田地向族人楘庵换来此地，将纪容舒葬于该地。如今抔土尚存，地在景城和崔尔庄之间，307 国道北侧朱家远粮河西岸。

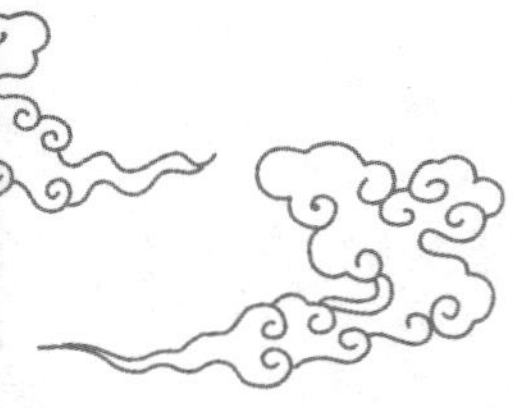

第三讲 纪晓岚的相貌之谜

纪晓岚的相貌：两种不同的版本

我们可以看到，电视连续剧《铁齿铜牙纪晓岚》中张国立饰演的纪晓岚的形象，非常的英俊潇洒。不仅如此，有的史书上还记载，纪晓岚的确是一个英俊潇洒的样子——比张国立演的还要英俊潇洒多呢。

有些史书上说纪晓岚非常的英俊、潇洒、诙谐、幽默。但是，还有一些史书上却说纪晓岚长得非常的丑陋，而且说纪晓岚不但近视，而且还口吃。不但如此，更为离奇的是，说纪晓岚是个黑胖子。

那么，上述这两种说法，到底哪一种更加符合历史的真实呢？他的长相到底是什么样的呢？下面就来揭示一下纪晓岚的相貌之谜。

首先我们看一看这第一种说法——纪晓岚长得非常英俊、潇洒——到底是真是假。

历史考据学的两个基本原则

要想判断纪晓岚的相貌到底如何——是美是丑？我们首先就得有一个基本的标准。

而这个基本标准的确立，就需要一个严谨的历史考据学——那可是一点差错都不能有的。一个严谨的历史考据学，它是有很多标准的，这里介绍最为简单的两条标准。

第一条标准叫第一手材料原则。

你说纪晓岚长得不好看，你是听人家说的，这个不算数。怎么样才算数呢？材料的出处，必须是当时的人记载的——这个人他见到纪晓岚以后，立即写下来的材料，成了书了，这个材料才算数。不能是转引自别人的，你拿到的必须是第一手材料，这是第一个原则——第一手材料原则。

第二个原则叫孤证不立原则。

什么叫孤证不立呢？比如，我发现了记载纪晓岚很英俊、很潇洒的材料。结果我们翻开中国古代典籍，一共有一百种关于纪晓岚相貌的记载，其中只有一种说纪晓岚好看，九十九种说纪晓岚不好看，那我们就认定纪晓岚不好看。那一种说纪晓岚好看的材料就不算数，这就叫作孤证不立。

一个人作证不算数，我们到法院也是这样，打官司告状也是这样，孤证不立。在历史考据学上也是如此。

我们依照上面两种原则，来简单地辨别一下前面的这两种说法哪一个是真的，首先来看第一个。

如果我们按照上述两条原则去筛选历史材料，我们还真能够证明纪晓岚长得英俊潇洒、言谈举止诙谐幽默等。也就是说，所有民间传说的纪晓岚的诸多优点，我们都能够证明历史上的确是这样的。

我们下面就给大家出示两个方面的例证——既是第一手材料、又不是孤证的历史材料。

关于纪晓岚相貌的第一段材料：江藩的《国朝汉学师承记》

最为典型的是一个叫江藩的清朝人，他写过一本书，书的名字叫《国朝汉学师承记》。

国朝就是指清朝。

自从孔夫子创立儒家学派以来，这个儒家学派就因为各种原因不断地分化成为很多个派别。比如，在战国时期，儒家学派就一分为八——有子张之儒，有子思之儒，有颜氏之儒，有孟氏之儒，有漆雕氏之儒，有仲良氏之儒，有孙氏之儒，有乐正氏之儒。其中最为著名的是孟氏（孟子）之儒和孙氏（荀子）之儒。到汉代，又出现了“汉学”。到了宋代，又出现了“宋学”。

“汉学”亦称“朴学”，指东汉诸儒考据训诂之学。至清代则指推尊汉儒朴学风尚，以训诂、考证治经的乾嘉学派，与“宋学”相对。明清之际，学者顾炎武为反对明末空疏不学的风气及王学流弊，主张根据经、史立论，通经致用。经学家阎若璩、胡渭等继承顾炎武的考据传统，以汉儒训诂方法治经、辨伪，多有创获。乾、嘉间，惠栋、戴震等更以汉儒经、注为宗，承东汉许慎、郑玄之学，专从文字学入手，以训诂考据方法治经史乃至诸子，形成吴派及皖派，“汉学”遂成为清学的主流，而“宋学”影响则不足与抗。清代汉学家治学谨严缜密，学风“实事求是”，不尚空言，于古籍整理、辨伪辑佚、语言文字的研究，及古代历史地理、天文历法、典章制度等方面的考索求证，作出了较大的贡献。其缺点是远离清初诸大师“通经致用”的现实精神，迷信汉儒与古书，往往流于支离繁琐。梁启超《清代学术概论》中说道：“当时学者，以此种学风相矜尚，自命曰‘朴学’。其学问之中坚，则经学也。经学之附庸则小学，以次及于史学、天算学、地理学、音韵学、律吕学、金石学、校勘学、目录学等等，一皆以此种研究精神治之。”

“宋学”，指宋儒的理学派别，与“汉学”相对。宋代学术派别甚多，有朱熹的理学派、陆九渊的心学派、叶适的永嘉学派、陈亮的永康学派，以及吕祖谦的金华学派等。当时，各学派间不断有学术之争，如朱熹的理学与陆九渊心学之争，叶适、陈亮等事功之学与朱、陆的对立。至清代，考据学大行，推崇汉儒的朴学风尚，乃以“汉学”为旗帜，与“宋学”对立，并称崇尚宋儒“性命义理”之学的理学学派为“宋学”。清江藩《国朝宋学渊源记》说：“近今汉学昌明，遍于寰宇，有一知半解者，无不痛诋宋学。”梁启超《清代学术概论》也说：“同时有汤斌、李光地、魏象枢、魏裔介辈，亦治宋学。”

清朝的时候很流行汉学，江藩写的《国朝汉学师承记》，就是讲谁是谁的老师、谁是谁的学生这么一本书。江藩出生于 1761 年，比出生于 1724 年的纪晓岚小 37 岁。江藩写了两本书，一本就是《国朝汉学师承记》，另外一本是《国朝宋学渊源记》。

可见，江藩这个人既重视汉学，又重视宋学，他对儒家的源流发展应该说有很深的研究。我们引用的，就是江藩的《国朝汉学师承记》，书里面记载了这样一段话，说纪晓岚“胸怀坦率，性好滑稽……然骤闻其语，近于诙谐，过而思之，乃名言也”。

这段话的意思是说：纪晓岚这个人胸怀坦荡，滑稽，幽默，诙谐，他说话的时候刚开始大家一乐，乐完了以后等过两天再一想，说的真是至理名言。我们可以看到，这段材料说纪晓岚什么呢？说他诙谐，幽默，风趣。

但是我们知道，只这一个第一手材料，那就符合孤证不立这个原则。所以我们还要出示第二段材料。

关于纪晓岚相貌的第二段材料：洪亮吉的《岁暮怀人·纪尚书昀》

洪亮吉出生于 1746 年，比纪晓岚小 22 岁，不过洪亮吉考中进士很晚——到 1790 年 44 岁了才考中进士。

说起洪亮吉，这是一个非常有本事的人。高中语文教科书曾收录了洪亮吉写于 1793 年的一篇文章《治平篇》。《治平篇》是我国历史上最早专论人口问题的文章，比英国经济学家马尔萨斯《人口论》的发表早 5 年。该文揭示了人口繁衍速度同经济发展速度之间的矛盾，分析了人口膨胀可能导致的社会危机。此外，洪亮吉还在经史、地理、音韵、诗文等方面均有成就。

洪亮吉治学严谨，曾因陈寿《三国志》有纪传而无志，即按纪传记载，参以《后汉书》《晋书》诸志，条分缕析，互证旁通，正其讹误，撰成《三国疆域志》，至今仍是古地理研究中的重要文献。其经学与孙星衍并称“孙洪”，著有《春秋左传诂》等。现有《洪北江全集》传世。

考中进士以后不久，这位著名的清代学者于1799年因上书直言朝政之弊端，言辞激烈，不避锋芒，刺到了嘉庆皇帝的痛处：“人材至今日，销磨殆尽矣。以模棱为晓事，以软弱为良图，以钻营为进取之阶，以苟且为服官之计。由所道者，无不各得其所欲而去，衣钵相承，牢结而不可解……士大夫渐不顾廉耻……”为此言语，差点丢了脑袋。幸恩旨从宽，免死，改发伊犁，交将军保宁严加管束。

可以看出，洪亮吉这个人和纪晓岚有很多共同点。

第一，两个人都在朝廷上没有什么根基，两个人的祖辈在清朝都不是大官。

第二，两个人都发配过新疆。只不过纪晓岚被发配到了新疆乌鲁木齐，洪亮吉被发配到了新疆伊犁。

当然，洪亮吉可比纪晓岚幸运多了。洪亮吉抵达伊犁百日之后便被召回，而纪晓岚则在乌鲁木齐待了两年多。

洪亮吉对于西域的水道特别有研究，他还写过很多诗。在文坛上，他以《北江诗话》闻名。

这里，我们引用他的一首诗。诗的名字叫《岁暮怀人·纪尚书昀》。

诗写得很有意思：

子云笔札君卿舌，当代无人可并论。直阁新衔同掌院，曲台故事号专门。

研心十载雠皇览，快意千篇续琐言。只我最饶知己感，下春官第枉高轩。

这首诗记载了一个故事：38岁的洪亮吉在1784年参加三年一次的礼部会试，他的试卷受到了主考官纪晓岚的赞赏，但是当时的监试御史却很讨厌洪亮吉，企图将洪亮吉的试卷移置四十名开外，遭到纪晓岚的坚决反对。结果，纪晓岚与监试御史两个人对骂起来，最后在另一个总裁调停下，洪亮吉没有被录取。纪晓岚在洪亮吉的试卷后面题了《惜春词》六首，其中有两句“万紫千红号花海，冠春毕竟让槐黄”，表现出很大不满。考试结果公布之后，纪晓岚专门去洪亮吉的住地访问。后两句就是写这件事。

在这里，有几个问题需要解释一下：

第一，关于“子云笔札君卿舌”：这是两个历史典故。两个典故均出自《汉书》。“君卿舌”这个历史典故出自《汉书·游侠传》。根据《汉书·游侠传》记载，这里的“君卿”是一个人的名字，此人名叫楼护，“君卿”是楼护的字。《汉书·游侠传》里面说楼护“为人短小精辩，论议常依名节，听之者皆竦。与谷永俱为五侯上客，长安号曰‘谷子云笔札，楼君卿唇舌’”。这实际上是说，楼护这个人非常善于辞令，与谷子云齐名。

这个“谷子云”是谁呢？根据《汉书·谷永传》记载，这个“子云”就是当时的一个著名人物——谷永——的字。《汉书·谷永传》记载，“谷永字子云”，“于经书，泛为疏达”，懂《易经》，善谈灾异，经常上书皇帝指斥皇帝的错误，结果皇帝大怒，下令抓捕谷永，谷永事先得到消息跑了，皇帝没抓到。后来皇帝气消了，又把谷永找回来，但不再重用谷永。

第二，关于“直阁”：这里的“阁”指文渊阁，文渊阁是当时编纂《四库全书》的地方，“直阁”表面上说的是纪晓岚在文渊阁办公、值班，实际上说的是纪晓岚一直在这里编纂《四库全书》。

第三，关于“曲台”：原指宫殿，后指校书、著述的地方。这里，也就指编纂《四库全书》的地方。

第四，关于“研心十载雠皇览”：编纂《四库全书》前后用了十年的时间。雠是校勘的意思。《皇览》是三国时期编定的中国历史上最早的一部类书。这里比喻《四库全书》。

由上我们可以看出，洪亮吉是非常欣赏纪晓岚的，他的这首诗实际上就是在夸纪晓岚这个人天下第一——无论学识还是口才！

说到这里，似乎我们能够论证出来纪晓岚这个人应该是英俊潇洒，诙谐幽默，符合历史考据学的两个基本原则，应该没有问题。

但是，我们在这个时候就得出这个结论还为时尚早！

历史考据学的第三个基本原则

纪晓岚英俊潇洒吗？如上所述，哪儿提到他英俊潇洒了？我们只说到纪晓岚诙谐幽默，没有说到纪晓岚的相貌本身，这是第一。

第二，即使这两个人都说纪晓岚长得很好看——这两个人都是与纪晓岚同一时代的人——也不可信。

为什么不可信呢？因为他们违背了另外一个原则——考据学还有第三个原则：近亲、部下说话不算。

江藩、洪亮吉这两个人长期都是纪晓岚的部下。鉴于考据学的第三个原则，直系亲属和亲朋好友说的话不一定算数，我们到处找论据也不能找纪晓岚的部下——你得找他的对手或者和他有简单的一两面之缘的人记载的才可信。因为这个部下是在人家生前写的诗，你敢说他长得不好看？肯定会出现为名人讳的现象——你不能说长得不好看，即使他长得真不好看，你也得换一种方法说，所以，这两个人说得还不太可信。

那记载说纪晓岚长相好的，除了这两位之外，剩下的都是他的亲戚、他的家人。所以说纪晓岚长得仪表堂堂、风度翩翩的，除了上述人等之外，我找不到了。那我们现在再来说第二种说法。

第二种说法说纪晓岚这个人长相有三大缺点。什么缺点呢？

邓之诚先生考证出的纪晓岚长相的两大缺陷

我们先来看一段邓之诚先生的一段话。他说，乾隆皇帝用人“颇以貌取，文达（纪晓岚）貌寝短视，且北人，故不为纯帝（乾隆皇帝）所喜。一时若翁覃溪、朱竹君、王兰泉、邹一桂，皆不得朊仕，际遇颇相似。纯帝所许为明敏之才，率外擢督抚。若于文襄、梁文定、董文恭，皆以弄臣蓄之”。

这里，我们姑且不论翁覃溪、朱竹君、王兰泉、邹一桂、于文襄、梁文定、董文恭这些人都是些什么人，我们只要弄明白这段话的意思就可以了。这段话的意思是说，乾隆皇帝喜欢以貌取人，不喜欢纪晓岚这样的“貌寝短视”的人，像纪晓岚这样的因为相貌不符合皇帝要求的人还有翁覃溪、朱竹君、王兰泉、邹一桂等，都得不到乾隆皇帝的重视；而于文襄、梁文定、董文恭这样的相貌英俊潇洒的人才能得到乾隆皇帝的喜欢——成为乾隆皇帝蓄养的“弄臣”！

在这里，邓之诚先生指出了纪晓岚相貌的两大缺陷。

第一，“貌寝”。

这个“貌寝”，就是相貌丑陋的意思。

我没有看到过说纪晓岚相貌丑陋的原始的历史材料，但是我相信邓之诚先生的考证——虽然我也违背了第一手材料的原则——但是，我们要知道，邓之诚先生是一个鼎鼎有名的史学大家、清史专家！

邓之诚生于 1887 年，一生看书无数，1921 年也就是我们中国共产党建立那年，邓之诚先生 30 多岁就在北京大学担任教授，他主教的就是清史。从那以后，一直到 1960 年邓之诚老先生去世，他一直从事清史研究。北京大学一度南迁，他就在美国人办的教会学校——燕京大学当教授。后来 1952 年院系调整，他又回到了北大，他是北京大学清史系的主任。他一生看清史的书无数，绝不是我们这种小字辈的人能比得了的！据他考证，纪晓岚这个人“貌寝”——就是相貌丑陋的意思。

后来就有一些著作据此敷衍说纪晓岚是个黑胖子。他们说纪晓岚长得又黑又胖——虽然说黑胖子这种说法有点夸张，但是，一般而言，凡是说纪晓岚是黑胖子的这些人都是受到邓之诚先生说的“貌寝”的影响。

第二，“短视”。

这个“短视”，就是近视的意思。邓之诚先生考证说纪晓岚是近视眼。

我个人相信，邓之诚先生说的，应该有他的道理。

嘉庆皇帝的老师朱珪的证言

纪晓岚相貌的第三个缺陷说的是纪晓岚口吃！

不过，纪晓岚的这个缺陷可不是邓之诚说的，是谁说的呢？

电视连续剧的剧名是《铁齿铜牙纪晓岚》，我这里可有确凿的材料，说纪晓岚这个人口吃！

纪晓岚口吃？这是谁说的啊？是纪晓岚特别好的一个朋友，这个朋友还就是北京大兴人，他的名字叫朱珪。

朱珪也是一个很了不起的人，他培养了一个皇帝——嘉庆皇帝。也就是说，朱珪是帝师——嘉庆皇帝的老师。日后，正是在朱珪的授意下，嘉庆皇帝在亲政15天后就杀掉了和珅。

纪晓岚和朱珪的哥哥朱筠很要好——因为他们两个人是同一年考中进士的。当时纪晓岚的家住在北京南城外——今天的宣武区，离朱筠、朱珪的家很近，所以纪晓岚经常去朱珪他们家玩儿。渐渐地，两个人成为了很好的朋友！几十年的朋友！

朋友之间说话，就不像晚辈说话那么客气了！

我这里，引用一段朱珪的一个材料，这个材料可不是纪晓岚死后说的，是纪晓岚活着的时候人家就写出来的诗，一共两首诗，都说到了他口吃，我这里引用其中的一首。

这是《知足斋诗集·续集》中的一首诗，诗很长，我们挑几句关于他相貌的来介绍："宗伯河间姹，口吃善著书。沉浸四库间，提要万卷余……食肉不食粟，清浊同一盂……"

诗是什么意思呢？

河间，地名，这里的河间代指纪晓岚。清朝的时候，有个叫河间府的地方，属下包括沧县、献县、河间等；今天的河间是一个县，属于河北省沧州市管辖。纪晓岚就是清朝时候的河间府献县人。

宗伯，中国古代官名，这里的宗伯也代指纪晓岚。西周时期开始设置，其位仅次于三公，为六卿之一，掌邦礼。春秋时鲁国也设置了这个机构，掌管宗庙祭祀等礼仪。后世以大宗伯代称礼部尚书，以小宗伯代称礼部侍郎。清朝中期李汝珍的《镜花缘》第六十九回的回目《百花大聚宗伯府 众美初临晚芳园》中的"宗伯府"，就是礼部尚书府。纪晓岚曾经担任过礼部尚书这一职务，因此，朱珪这里就用宗伯代指纪晓岚。

头一句没有特别的意思，就是夸纪晓岚，说河间有个纪晓岚，很有名气，就这么个意思。

后面这句，口吃——说纪晓岚是结巴。虽然是结巴，但是纪晓岚这个人写书很好！写了什么书呢？两本，一个编了《四库全书》——“沉浸四库间”就是这个意思！

《四库全书》好几万册。您能看得过来吗？您肯定看不过来。所以纪晓岚也知道，写了这本书，写得挺辛苦，看的人没有几个能看得完的！

怎么办呢？纪晓岚晚年还写了两本书，一本书叫《四库全书总目提要》，这个提要就 200 卷。这是纪晓岚写给皇上看的。

皇上一看，说你这叫“总目提要”？有这么厚的总目提要吗？不行！重写一本！后来没办法，纪晓岚又写了一本书叫《四库全书简明目录》20 卷！这是诗中这句“沉浸四库间，提要万卷余”的意思。

后面那句话，说他食肉不食粟。纪晓岚这个人特别爱吃肉，我估计乾隆皇帝如果要有一点喜欢他，肯定是因为他喜欢吃肉。

“清浊同一盂”，管它脏不脏的，反正我都给吃了，见到肉就顾不得干净、脏了，就这么个意思，反正都进我肚子了，有肉吃还管干净不干净啊！

你看，本来这个纪晓岚可能也会顾及干净、脏的，后来他不是发配新疆了嘛，人家那个地儿的风俗是吃手抓肉，所以他自己的风俗习惯就改变了。

朱珪有两首诗都是这个意思，就是说纪晓岚口吃。

能够证明纪晓岚口吃的材料，就是朱珪写的两首诗。

那么，我们能否得出结论，说纪晓岚就是貌寝、短视、口吃呢？

纪晓岚相貌大揭秘

这里，我们要注意下面两点。

第一，纪晓岚是进士出身！

第二，清朝的科举制度是有着严格的报名资格审查程序的。最主要的资格就是四个字——身、言、书、判。

“身”，长得仪表堂堂才可以进去，当官得有官威，长得太难看了让人害怕、把人吓着了，这个是不可以的。

“言”，语言流利，这都得有一个规矩，口齿清晰。

“书”，写得一手好的楷书。

“判”，考验你的智力水平！

通过这个材料，我们可以分析出来，任何人，你必须要符合这个“身、言、书、判”四个原则，你才可以报名参加科举考试。

“身、言、书、判”，这是一个最为基本的条件，考试之前会专门有人来审查您的“身、言、书、判”是否合格！

您想，“身、言、书、判”四个字，“身”居第一位，“言”居第二位。

您说他是个黑胖子，他们家又不是刘墉家。

人家刘墉家什么人啊？人家刘墉的爹是什么官啊？即使刘墉真的是驼背——还不用说的确不是——也真的能在报名的时候蒙混过关！毕竟人家在朝廷里面有那么多的朋友不是？你纪晓岚何许人也？人家就把你放进去啦？貌丑？口吃？一个结巴就给放进去参加考试？管审查的这个人明天还想不想工作了？肯定有问题啊！

所以，说纪晓岚貌丑，说纪晓岚口吃，还是有点问题的。

说纪晓岚近视，我觉得没多大问题！

有学问的人，那个时候看书多了，可能不注意用眼卫生。近视，我觉得应该说问题不大。

那普通读者到底应该信谁的呢？

我觉得您还得信我的！

我觉得纪晓岚在相貌上长相一般。但长相一般绝不是貌丑，是因为乾隆皇帝身边的人都长得漂亮。如果长相一般，没有一点特殊之处，乾隆皇帝就会人为地放大为长相不好看——纪晓岚这人长得不好看，所以就有人记载说纪晓岚貌丑。

我觉得纪晓岚是这样的一个人：长相一般、不帅气、有点口吃的一个人；

有些近视的一个人；特别爱吃肉的一个人。

您说，纪晓岚这样的一个人放皇帝身边，皇帝爱看吗？皇帝他肯定不爱看。

不爱看怎么办？

你说纪晓岚他考上进士了，本来纪晓岚考试应该是第二十二名，结果这前二十四名的试卷密封之后，主管考试的官员把二十四个人的名单交到乾隆皇帝那儿。结果，乾隆皇帝一看，这个名字叫纪晓岚的，他文章写得好，就点成第七名吧。

乾隆皇帝光看纪晓岚的文章好看了，他忘记了看人的相貌了。后来，乾隆皇帝一瞅，纪晓岚这个人长得太没特点了——怎么办呢？

于是，乾隆皇帝就想方设法把纪晓岚发到外面去了，你上这儿主持考试、上那儿主持考试去得了。就是想方设法不让这纪晓岚在北京待着。这个是后话，我们暂且不提。

相貌一般给纪晓岚带来的影响大揭秘

咱们还说他这个长相。

因为纪晓岚长相一般，所以纪晓岚不受皇帝重视。那其他的人就会觉得，你纪晓岚这个人没特点长得不好看——一般就变成不好看，不好看就变成貌丑了，貌丑就变成黑胖子了。

这样造成结果是什么呢？如果您是纪晓岚的话，您长久以来生活在这个圈子，人家皇上身边都是漂亮的人，都是相貌英俊的人，您是不是要有自卑心理？这种自卑心理，它反映在纪晓岚这儿，他就会感到自尊心受到严重的伤害。

我们现在来探讨，由于长相一般，给纪晓岚带来的影响之谜。

他的长相一般、有点口吃、有些近视，这种相貌上带来的先天的不足——人家认为是先天不足——给他带来的第一个影响就是：形成了纪晓岚这个人日后的一个巨大的缺点——尖酸、刻薄。

也就是说，纪晓岚在待人接物的问题上是讽刺多于幽默——也就是说，纪晓岚的话里话外，您听吧都是骂人的话。您一跟他说，没三句他就把您给绕里头了，像这类的事他身边可是太多了。

说两个例子。一个例子，有一个人叫牛应之，是纪晓岚同时代的人，他写了一本书叫《雨窗消意录》。在《雨窗消意录》里面，牛应之写了这样一句话："纪文达公昀，喜诙谐，朝士多遭侮弄。"我们再找另外一个材料，另外一个例子也是出自纪晓岚同时代的人，此人名叫钱泳，钱泳写了一本书叫《履园丛话》。钱泳的《履园丛话》写道："献县纪相国善谐谑，人人共知。"

我们把上面这两句话组合成一块儿，"河间纪相国善谐谑，朝士多遭侮弄"。您看看，这就是纪晓岚这个人，这是史实上记载的。

还有一些故事也可以说明纪晓岚这个方面的特点。

我引用的下面的故事，都应该是真实存在的。虽然它们都记载在野史上，但是应该真实存在。

一个是《履园丛话》记载的故事。

话说乾隆年间，京城的工部衙门（也叫水部）着火了，乾隆皇帝命令大司空金简去救火，结果这个大司空金简召集民工重建，就在这个时候，有一个无聊的朝廷大臣，闲来没事写了一副对子，对子的内容是什么呢？上联是"水部失火，金司空大兴土木"。下联他也没想起来。当时朝廷里头有一个任中书科的官员，中书科是一个什么官呢？专司缮写册文、诰敕等事。这个中书科是南方人，在那个时代南方人个儿都比较矮，但是，他是个儿比较高的一个。所以他天天说，我是南人北相。这个中书科就天天想，我怎么对上下联，对不上就找纪晓岚去了。结果纪晓岚说这个好对，就一样，就是我对完了对您有点妨碍！这个中书科说，没事没事您对吧！结果对出来就是"南人北相，中书科什么东西"。这就变成一句骂人的话了，你看上句、下句都挺好，上句写的是什么，金、木、水、火、土五行，下句写的是东、南、西、北、中五个方位，对得多工整啊，但是加在一块儿呢，人家好心好意求您来，您接过来，告诉人家"南人北相，中书科什么东西"。什么事就怕想。

还有一个，说有一个小太监找他去，小太监特羡慕他，然后说您给我讲个故事吧，听说您故事挺多，讲一个，讲一个。纪晓岚说，我给你讲一个故事："从前啊，有一个太监……"

然后就不说话了，这个太监就说，下面呢，下面呢？纪晓岚说，下面没了。闻者大笑！

如果这件事发生在我们身边，如果我们就是那个当事人，而且史书上记载，他经常对所有的朝臣都是如此，我们会怎么想，我们会怎么做，我们在皇帝面前会怎么说，我们在皇帝面前会怎么做？一件事两件事不在意，时间长了，皇帝怎么想，皇帝怎么说，怎么做？所以我说，纪晓岚的嘴比较损，也就是我们说的他比较偏激和刻薄，待人接物的偏激和刻薄便是纪晓岚不招乾隆皇帝喜欢的第三个原因。

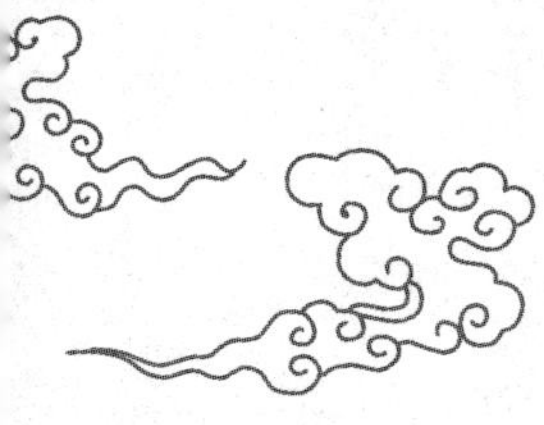

第四讲 纪晓岚的出生和特异功能之谜

孤芳自赏的纪晓岚

相貌如此一般的纪晓岚的心里面很自然地会产生一种自卑心理。这种自卑心理会有一种表现——自傲!

根据我的理解，实际上自傲也是一种自卑。你看不起我，我要再看不起我，不就更完了？所以我要时时提醒我自己，我比你强。所以我的感觉，纪晓岚这个人有些孤芳自赏。

能够证明他孤芳自赏的例子太多了。历史上，有些记载是别人夸耀他，但是更多的记载是关于纪晓岚孤芳自赏的内容，都是纪晓岚自己在夸耀自己，甚至神化自己。

有的人说，我觉得您就有点尖酸刻薄，您说的有证据吗？证据太多了，比比皆是。

首先，他的出生就跟别人不一样。

其次，他的幼年时代也跟别人不一样。

怎么不一样？都是纪晓岚先生自己说的，他说他一生下来就跟别人不一样，小的时候也跟别人不一样。本章我们就来揭示一下纪晓岚的出生之谜和纪晓岚的特异功能之谜。

纪晓岚有特异功能，这还得从他的出生讲起。

我们还是要先揭开他的出生之谜。

纪晓岚的出生之谜：火神爷下凡

纪晓岚1724年旧历的六月十五（公历8月3日）出生于直隶河间府献县的崔庄。直隶，过去咱们讲，两汉时期就有“直隶”这个概念，直，直接，隶，隶属于中央，归中央直接管辖的意思。“直隶”这个词，就相当于我们现在说的几个直辖市，直辖就是这么个意思。那么清朝的直隶，比我们今天的河北省稍大一点，这就是直隶。清朝在地方机构设省、府、州、县，府是仅次于省的，就相当于我们过去讲的一个省下面的一个大的专区。现在我们一般的都是省下面直接就是市，这是我们介绍的府。那河间府的驻地就在献县，这个崔庄现在叫崔尔庄，它现在已经归沧州管辖。所以，纪晓岚一生写自己是献县人，写献县崔庄，但是现在这个地儿属于沧县，所以献县在编《献县志》的时候，很遗憾地就没有把纪晓岚给录进去，沧县很捡便宜，就把纪晓岚说是我们沧县人。

在民间传说中，纪晓岚可不是凡人，是火神下凡，当然，民间传说不能当真的。但是纪晓岚死了以后，他的墓志铭上居然就这么写。他的墓志铭是谁写的呢？我们前面介绍过这个人，朱珪，帝师啊，嘉庆皇帝的老师也这么认为，这纪晓岚是火神爷下凡。

说他出生之前的几天，叫“水中夜夜有光怪”。这个是墓志铭里写的。而且墓志铭里还写着，在他出生的当时，有一道火光闪电一般就冲进了他当时出生的那个屋子——对云楼。所以呢，后世就有人说，他是火神爷托生了。火神爷是谁？孤陋寡闻的我，不知道，我也不太相信它是存在的。但是有这种说法，而且说纪晓岚是火神爷托生的，这种说法还居然被写进了墓志铭。那我们就可以看到，这写墓志铭的人，他应该事前征求了死者的同意。他们俩是好朋友，换句话说，您也可以这么理解，这纪晓岚本身就经常跟朱珪说，我可不是凡人，我是火神爷下凡。火神爷下凡出生之后，必然会带来什么呢？先天就有特异功能，这先天的特异功能可不是朱珪写的，而是纪晓岚自己写的。

诸位读一读纪晓岚写的《阅微草堂笔记》。他这个《阅微草堂笔记》分成几个部分，其中有一部分叫《槐西杂志》，这都是纪晓岚自己写的，其中："余四五岁时，夜中能见物，与昼无异。"这句话翻译成现代汉语，很容易理解，我四五岁的时候，夜间看东西跟白天一样，我什么都能看得见。令人非常不解的是，小的时候，这个人夜间视物跟白天一样，等长大以后就变了，白天跟夜间一样，什么也看不清了，近视了。他小的时候有没有特异功能，我们这里倒不敢说，我就想这两件事之间，火神下凡和小的时候有特异功能，它们两者之间有没有什么联系。

生下来是火神下凡，是纪晓岚自己说的话，我们找不到这样的材料，我们找得到的是他自己说自己小的时候有特异功能，他的朋友说他是火神下凡，老百姓也都是这样觉得。所以我觉得，这两个之间是有着一种联系的，这种联系就是纪晓岚自己曾经这样说。说的目的没有别的，也就是说，虽然我口吃、近视，我虽然长相一般，但我不是凡人。这是一种自傲，也是一种自卑。

聪慧异常的童年纪晓岚

我不承认他是火神下凡，也并不认为纪晓岚本人小的时候有特异功能，这些我都可以不承认，但我得承认，纪晓岚小的时候是极聪明的一个人，过目不忘，这个特点还是有的。纪晓岚很聪明，他自己的书中也记载，他小的时候如何聪明，都在他的《阅微草堂笔记》里。很多笑话都是他自己记的，不是别人记的，所以为什么他的笑话多呢？别人都把这个当成笑谈，过去就过去了，人家纪晓岚不，人家自己写上，我自己办过哪个好玩儿的事，很多事都是他自己记的。

关于纪晓岚的聪明，历史上有很多很多的记载。我们这里简单地给大家介绍其中的一个。

说有一次，纪晓岚在老家献县崔尔庄马路上跟人家踢球，正好赶上河间的知府从那儿过。我们刚才介绍“府”是省下面的一级单位，“府”的领导人叫知府。这个河间的知府正好从这儿过，六七个孩子不小心一下就把球踢到知府的轿子里去了。别的孩子一看知府大老爷的轿子让我们踢了，很紧张，四散奔逃。结果呢，当然知府得探出脑袋来，得喊，谁啊。纪晓岚一看，这个人我认识。那年我考试没考上，那都是知府出题，就是他监考。然后他就跑到前面去说，您把那球还我。人家说我干吗要还你球，我还你球也行，那年你就没考上，那年的对子你就没对上来，我给你出一副对子，你对上来，我就把球还你，结果纪昀就同意了。这个时候你看，我用的是纪昀，因为他小，还没有晓岚这个字，他就叫纪昀。知府说我给你出上联，你对下联，我说上句。上句是“童子六七人，唯汝狡”，这六七个小孩，就你狡猾，你给我对下句。结果他说，太守两千石，唯您……不说了，这个知府说，最后一个字你怎么不说了，那我不能说，您要把那球还我，我就说“唯您廉”；您要不还我，我就说“唯您贪”。你说我“童子六七人”，我说你“太守两千石”，您说我“唯汝狡”，我就说“唯您”，不说了，所以当然知府就还他了。这个故事便是说他聪明。

经常挖苦讽刺别人的纪晓岚

所以像这类的故事确实反映出了纪晓岚的聪明才智。后人就经常把这些故事到处传扬，那当然纪晓岚家很高兴。我们有的时候也会自嘲地说，我笨，我干不好，也会说，你看人家，人家天生来就聪明。所以有时可以看到，一个人出名，人们会神化或者是妖魔化他的幼年时代。

如果您出的是好的名声，那您就捡便宜吧，您生下来就不是凡人，小的时候就聪明伶俐，谁都追不上您。

如果您出的那个名是恶名，那肯定您生下来就不是好东西。人们就会妖魔化这个人的童年时代。古代的比如说和珅，人们就会把和珅妖魔化。

当然，纪晓岚的家和他们的后代很幸运，因为纪晓岚出的是个好的名声，所以人们就纷纷去传播纪晓岚的聪明与才智。纪晓岚也乐得以此作为自己孤芳自赏的一种资本。

说人孤芳自赏，一般而言要有两种表现：一种表现是美化、神化自己；另外一种表现，就是挖苦讽刺别人。这是一个问题的两个方面，不能分开的。

所以虽然我下面讲的一些事发生在后来，但是为了说明这个问题，我把后面发生的事情提到前面来说。历史上，关于纪晓岚挖苦讽刺别人的事情那太多了。有的时候人家是特好心，但是到他那儿就不得好报，这种事简直是太多了。我们这里只举两个大家都熟悉、也比较有意思的例子。

第一个例子：那个东西还在吗？

说的是什么呢？说的是有一次纪晓岚入值南书房。南书房这个地儿也在紫禁城里，离皇帝的居住地很近，南书房不是一座房子，而是一个内廷机构，所以能到这儿的都是皇帝很信任的人。说有一次纪晓岚在南书房值班，他在南书房值班的时候，有一个老先生，太监，岁数很大的一个太监，久闻纪晓岚大名，那时候纪晓岚已经编好《四库全书》了，所以他想见一见纪晓岚，但是那个太监比纪晓岚岁数大，人家是特意看他来了。结果一看纪晓岚挺有意思，穿着冬天的衣服，可是文人永远手里都得拿一把扇子，这是文人的一个标志。我是读书人，羽扇纶巾，必须得有把扇子。冬天穿得挺暖和的，拿一夏天的扇子，觉得挺有意思。然后这个老太监也自命有学问，就跟纪晓岚说，听说您爱对对子，我给您出个上联。

“小翰林，穿冬衣，拿夏扇，一部《春秋》曾读否。”太监很有学问，他的上联把春夏秋冬全写进去了。纪晓岚这个人，有前面的中书科什么东西，那个对子跟着支应着，转眼就对出来了。“老太监，生南方，来北地，那个东西还在吗？”

您说，这纪晓岚有的时候，我们是不是觉得真挺可恶的？这样的事还有很多。

第二个例子：是狼是狗？

纪晓岚有两个好朋友，一个是尚书，一个是户部侍郎，还有一个是御史。

话说有一次，尚书和御史一块儿到纪晓岚家去看他，给他拜年。

结果纪晓岚他们家不是养条狗吗——纪晓岚这个人很喜欢狗的，这个狗还有个故事呢，我们后面等讲到他发配新疆的时候，还要说到这条狗，诸位得留心记着。

这条狗有个名，叫“四儿”，纪晓岚有四个儿子。也有另外一种说法，现在纪晓岚的后代承认他们家有三个儿子，小儿子是纪晓岚六十多岁的时候才有的，所以纪晓岚家，我不太清楚为什么，他们家不承认纪晓岚有四个儿子。

但是在纪晓岚养育这条狗的时候，纪晓岚只有三个儿子，所以纪晓岚管狗叫“四儿”——看来这条狗也还在纪晓岚的儿子的排行里面呢。

话说人家尚书和御史来看他，纪晓岚家养的狗一见来人了，就跑过来了，一看这俩人是外人，就“汪汪”叫上了。

结果狗这一“汪汪”，当时的尚书就说，你瞧，“侍郎”（是狼）是狗？纪晓岚是户部侍郎嘛，尚书的意思说纪晓岚到底是狼还是狗？实际上是一句骂人的话了，纪晓岚是狗，是这么个意思。

当时那个御史还没明白过来，还在想，“嗯，不是狗吗？有什么可说呢”？

就在那个御史他还没明白过来的时候，纪晓岚明白呀，你这不是骂我呢吗？说我是狗？我也回击你一回，于是马上就说：

你不知道吧，我在新疆待过，对狼和狗，我可有一种鉴别的方法。要区别狼和狗有两种方法，一种方法是看他的尾巴，尾巴下垂的是狼；这个尾巴上竖的是狗。但他不这么说，而是说下垂“侍郎”（是狼），“上竖”（尚书）是狗。

御史到现在听得明白了，哈哈大笑，笑完了就说：我还以为你们真的说是狼是狗呢，原来说的是尚书是狗啊。

这个御史本来是好意，他开始真的没明白这是骂人，以为尚书当时真的是在问纪晓岚家里面养的是狼是狗呢。他自己觉得挺可笑的就笑。

结果当时纪晓岚就说，另外一种鉴别的方法是看它吃什么，这个狼是非肉不吃，这个狗是遇肉吃肉，“遇屎”（御史）吃屎。

这回您乐了，人家御史不乐了，你说我招你惹你了，你怎么把我也绕进去了？

你看纪晓岚这个人是不是有点过分？您说，您身边要有这么一个聪明睿智的人，搁您身边，天天骂人不带脏字的，您喜欢吗？您跟这个人打交道的时候您肯定得留个心眼儿。这是我们介绍的纪晓岚这个人。

我前面说过，纪晓岚脾气太直，满眼看到的都是别人的缺点，一张嘴就是对别人的挖苦和讽刺，所以这样就必然造成乾隆皇帝不喜欢他。是因为他的尖酸刻薄，得罪了好多大臣，皇上没法喜欢你，因为别的大臣不喜欢你。有的人肯定对我这种说法有意见。不见得吧，您有证据吗？我怎么有的证据都跟您相反呢？不要着急，我有的是证据，那个证据咱们等他发配新疆的时候再说，您那个证据我也会用到。

纪晓岚是否得罪过和珅？这个时候，您一定会想到，那他得罪的这些人里头有没有和珅呢？

诸位，没有和珅，肯定没有。为什么呢？

前面咱们讲了，纪晓岚 1724 年出生，和珅 1750 年出生，纪晓岚 1754 年中进士，和珅那年四岁；纪晓岚被发配那年是 1768 年，和珅那年 18 岁，他刚刚结婚，正度蜜月呢。也就是说，和珅还没有工作呢。而到了纪晓岚 1770 年回来的时候，他的脾气已经大为改变了——他给自己起了一个绰号叫作“观弈道人”——这个绰号告诉我们，纪晓岚决心再也不参与这种朝臣之间的勾心斗角了。跟和珅斗，最起码这个时候没有，这不是纪晓岚的作为啊。

下面，我们要回过头来，关注一下这个纪晓岚的“特异功能”问题。我们的问题是，纪晓岚的“特异功能”还能够维持多久？

我们看看他的特异功能随着他逐渐地长大，这特异功能还是不是能延续下去？也就是说，我们得看看他这个特异功能到哪一年就失效了呢？随着纪晓岚逐渐长大，他就到了 16 岁，我这里面说的都是周岁，如果有的观众看到有的书跟我的说法不太一样，我都把这个年龄换算成周岁了，我看有的书都没有换算，都是按虚岁说。纪晓岚 16 岁，他该参加科举考试了，我们看看他这个夜间看东西跟白天无异的人，在科举考试中能不能帮助他做点弊啊。我们看他参加科举考试之谜。

不过，在介绍纪晓岚参加科举考试之前，我们首先要介绍一下他的受业恩师——再有名气的人，他也得有师傅不是？他的受业恩师是谁呢？

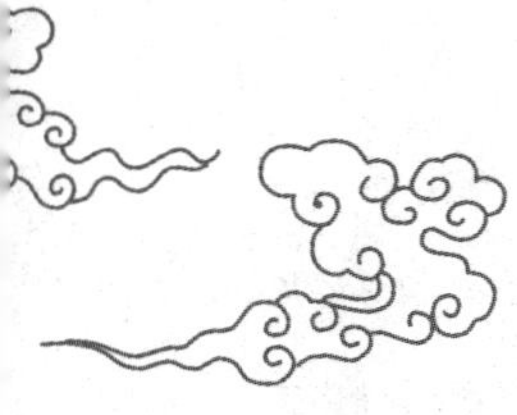

第五讲 受业恩师——不怕鬼的许南金

纪晓岚的受业恩师很多，诸如交河（今泊头）及孺爱、南皮许南金、东光李若龙、南宫鲍梓、宛平何绣、富阳董邦达等。许南金是雍正元年的举人；李若龙是雍正十三年的举人；鲍梓是雍正元年的进士；何绣是雍正十一年的进士；董邦达也是雍正十一年的进士。

这其中，“知名度”最高的恐怕就是许南金了。

不怕鬼的许南金

在1961年中国社会科学院文学研究所编著、由著名诗人何其芳作序的《不怕鬼的故事》一书中，有一则名为《南皮许南金》的故事。这个故事让许南金一夜之间成为神州大地上家喻户晓的不怕鬼的明星。

许南金的“光荣事迹”见于纪晓岚的《阅微草堂笔记》。书中记载，许南金和朋友结伴到清静的寺庙里安心读书，白天同窗而诵，晚上共榻而眠。

这天睡至半夜，蒙眬间看到北墙上点着两支蜡烛。他们揉揉睡眼，仔细观瞧，原来是一张人脸从墙内凸出，大如簸箕，先前以为的那两支幽冷的蜡烛正是它的一双鬼眼。许南金的朋友害怕得腿儿打颤、牙打架、心打蹦。许南金却不慌不忙，披衣徐起，冲着怪脸说："在下正想读书，怎奈烛已用尽。你来得正好！"于是捧书一卷，背怪而坐，就其目光，琅琅诵读起来。没看几页，怪光渐渐隐灭。许南金拍墙相叫，可那怪怎么也不出来了。时隔不久，许南金夜里如厕，小书童秉烛随行。那个怪脸突然又从地下冒了出来，对着二人嘻嘻傻笑。小书童吓瘫在地，蜡烛也扔到了一旁。许南金随即拾起蜡烛，顺手放在那怪头上："正好没了烛台，你来得又很是时候。"那怪仰着脑袋一动不敢动。许南金又说："你哪儿不好去，偏要来这儿？听说海上有逐臭之夫，阁下大概也有此癖。既然如此，不可辜负了你的一番来意。"说着，用刚擦完屁股的秽纸连连抹拭那怪的嘴巴。那怪马上恶心得大吐起来，狂吼数声，打翻蜡烛，逃之夭夭。

许南金不但不怕鬼，他还要借鬼眼读书，以鬼头为烛台，更甚的是他竟拿鬼寻开心！而那个倒霉鬼，虽也有一肠子鬼气或满肚皮鬼火，又能奈其何！许南金所凭，不仅有异乎寻常的胆量，还有那一身"检点生平，无不可对鬼魅者"的凛然正气。这个胆大惊人、处事滑稽的许南金正是纪晓岚的受业恩师。

许南金，号比庵。"南金"，是南方金石之意，借指优秀杰出的人才。康熙十九年（1680 年）许南金生于南皮许庄。幼年父母双亡，矢志苦学，曾受知于康熙名臣安溪李光地，补为博士弟子员，食于庠。雍正元年（1723 年）中举人。后连续三次应会试不第，遂不复进取，潜心儒学，家居教授，以教书育人为已任，成为当时在附近州县颇有影响的教书先生。乾隆七年（1742 年），卒于家，享年六十二岁。

纪晓岚在《阅微草堂笔记》中是这样写的：

南皮许南金先生，最有胆。在僧寺读书，与一友共榻。夜半，见北壁燃双炬。谛视，乃一人面出壁中，大如箕，双炬其目光也。友股栗欲死。先生披衣徐起，曰："正欲读书，苦烛尽。君来甚善！"乃携一册，背之坐，诵声琅琅。未数页，目光渐隐，拊壁呼之，不出矣。又一夕，如厕，一小童持烛随。此面突自地涌出，对之而笑。童掷烛仆地。先生即拾置怪顶，曰："烛正无台，君来又甚善。"怪仰视不动。先生曰："君何处不可往，乃在此间？海上有逐臭之夫，君其是乎？不可辜君来意。"即以秽纸拭其口。怪大呕吐，狂吼数声，灭烛而没。自是不复见。先生尝曰："鬼魅皆真有之，亦时或见之；惟检点生平，无不可对鬼魅者，则此心自不动耳。"

妇女解放运动的先锋许南金

《阅微草堂笔记》还记述了许南金讲的一个故事。原文是这样的。

许南金先生言：康熙乙未，过阜城之漫河，夏雨泥泞，马疲不进，息路旁树下，坐而假寐。恍惚见女子拜，言曰："妾黄保宁妻汤氏也，在此为强暴所逼，以死捍拒，卒被数刃以死。官虽捕贼骈诛，然以妾已被污，竟不旌表。冥官哀其贞烈，俾居此地，为横死诸魂长，今四十馀年矣。夫异乡丐妇，踽踽独行，猝遇三健男子，执缚于树，肆行淫毒，除骂贼求死，别无他术。其啮齿受玷，由力不敌，非节之不固也。司谳者苛责无已，不亦冤乎？公状貌似儒者，当必明理，乞为白之。"梦中欲询其里居，霍然已醒。后问阜城士大夫，无知其事者；问诸老吏，亦不得其案牍，盖当时不以为烈妇，湮没久矣。

故事的意思是说，在康熙年间的一个夏天，许南金路过阜城（今属河北衡水）某地时，坐在树阴之下打盹儿休息，恍惚之中见一女子施礼相拜："奴家是黄保宁之妻汤氏，四十年前在这里遭强盗抢掠，我虽誓死抗拒，仍失身被害。官府尽管捕获并诛斩了凶手，可是因我清白已被玷污，竟不旌表。阎王可怜我一腔贞烈，让我留居此地，管理像我这样横遭劫难的众姐妹的亡魂。试想，一个外地的讨饭妇女，猝然遭遇三个健壮男子，捆绑在树，除了咒骂以速死，还能做些什么呢？那些负责旌表的官员动不动就拿贞节来苛责，这太冤枉我们了！奴家看您像是有道儒士，一定通明事理，请代为申诉其中隐情。"许南金正要询问她的家乡住址，却霍然而醒，原来是南柯一梦。这个故事对年轻的纪晓岚震撼很大。许南金当年为此曾四处奔走，打听询察了好一阵子，可最终也没个结果。倒是纪晓岚念念不忘，终于在晚年为这些冤死的妇女们申诉了隐情，讨了个说法，也算了却了恩师当年的一桩心愿。嘉庆八年（1803年），纪晓岚上了一个《请敕下大学士九卿科道详议旌表例案折子》，言道："伏查定例，凡妇女强奸不从因而被杀者，皆准旌表。其猝遭强暴，力不能支，捆缚捺抑，竟被奸污者，虽始终不屈，仍复见戕，则例不旌表。"纪晓岚认为"此等妇女，舍生取义，其志本同"，只是由于以弱临强，或以孤遇众，才被强行奸污，"此其势之不敌，非其节之不固"，"其心与抗节被杀者实无以异"。纪晓岚还用忠臣烈士做比喻，说他们虽"誓不从贼，而四体絷缚，众手把持，强使跪拜"，能说这是他们自愿屈膝投敌吗？纪晓岚最后建议朝廷应对已被奸污的烈女"略示区别，量予旌表，使人人知圣朝奖善"，这样对风教也会大有裨益。经过他的慷慨陈词，皇帝准奏。"善歌者使人继其声，善教者使人继其志。"（《礼记·学记》）许南金对妇女贞节问题的关注，在纪晓岚身上得到了延续，理想也得到了实现，衣钵相传，足见得人。

许南金和他的弟子

"德性宽厚、充养和粹、终日和悦"的许南金先生，也有金刚怒目、耿介孤傲的一面。许氏第十六世裔人许如恭曾经讲述过一段久传不衰的故事。

某年，一个新上任的南皮县令，似乎成心要给老百姓一个下马威。他每次出行都是八抬大轿，开道鸣锣，又有一帮衙役在前头吆五喝六。路上行人躲闪不及，轻者一顿暴打，重者收监入狱。百姓对其恨之入骨，敢怒不敢言。

这一天，许先生骑驴进城办事，忽听身后一阵喧嚣，锣声当当。先生回头一看，正是官轿经过此地。他把小毛驴的缰绳一领，靠边而行，不慌不忙，不紧不慢。衙役们好生奇怪，此人如此胆大，莫非耳聋？于是上前呵斥。许南金从容说道："大路朝天，各走半边，咋唬什么！"

简直是太岁头上来动土！县官一使眼色，众衙役一拥而上，把许先生锁拿下狱。深谙衙门奥秘的老狱卒见许先生一副若无其事的样子，凑过来说："老爷子，您真沉得住气，还不赶紧托人使银子？我帮你送信去。"许南金只是不理。狱卒反倒着了急："别人进来，都是求我，看来今儿个我得求你了，祖爷爷，我可不愿意替你买棺材去！"许南金这才开口说道："那就劳你给张道儿捎个信，让他前来收尸，就不麻烦你买棺材了。"

原来那张道儿是许南金的弟子张受长。此人进士出身，当时正任直隶按察副使、兵备道。人呼张道台，所以许先生叫他张道儿。老狱卒听了，吓得差点背过气去，跌跌撞撞地跑出去禀报。不到一会儿，县令大人来到牢房。先是赔不是，又大骂狗奴才们有眼无珠。许南金说："这儿不错，有吃有喝，比外边的老百姓强多了。"县令扇着自己的嘴巴子说："老爷子，您这是骂我呢！我用轿子送您老回家去吧！"最后，许先生还是要回小毛驴，往驴背上一跨，得得儿地赶回许庄。

先生授业殷勤，积劳成疾。六十二岁那年谢世。据说，先生咽气之前，从村外来了一队人马，簇拥着八抬大轿，吹吹打打，说是来接许先生去做县令。待轿子来到许家，先生已然仙逝。此说从一个侧面反映了老百姓拥戴先生的心情。

许南金的墓碑现存于南皮城南许庄村西的许氏族茔之中，碑高约 2 米，宽约 0.8 米，背面有许南金弟子南皮人张受长撰写的碑文。

张受长，字英军，号兼山，雍正四年（1726 年）、五年（1727 年）联捷进士，曾任河南分守彰卫怀三府兵备道、江西督粮道、陈州知府等职。在《阅微草堂笔记》中，纪晓岚对这位同门师兄曾有所介绍。在碑文最后，附有受业门人名单，纪晓岚之名赫然在列，纪晓岚的从兄纪易也在其中。许南金卒时，纪晓岚十八岁，尚无功名，所以依照入门先后，在五十位师兄弟里排在了倒数第七位。纪晓岚成为一代文宗之后，光绪十四年（1888 年）纂修的《南皮县志・许南金传》里，便加上了"出其门者多通儒，河间纪文达公、同邑张兼山都转，其最著者也”的话。

纪晓岚兄弟投师许南金门下之谜

纪晓岚和从兄纪易负笈投师许南金门下，极可能是亲戚的推荐。许庄北面，不足半里，有个咫尺相邻的村子双庙。双庙村由于后来出了一位洋务名臣张之洞而闻名天下。南皮双庙的张家与当年献县崔尔庄的纪家，早在康、雍年间即“为世姻，所居相去不百里，亲串往来，两家之行事，彼此无不知也”(《纪文达公遗集》卷十六《振斯张公墓志铭》)。经常回献县探亲的纪家姑奶奶们，一定会把邻村有个“德性宽厚，充养和粹，平易近人，终日怡悦。学者侍侧，如坐春风……发明理致，通透简要”（张受长《许南金墓志铭》）的“有道君子”许南金告诉娘家人。尤其是雍正五年，张受长等人中进士后，师由徒贵，许南金的教授水平更是声名远播，这是促使纪家送纪晓岚兄弟前去就学的一个重要因素。何况守着亲戚，一来吃喝不愁，二来有人约束，远在献县的纪家长辈也就放心了。

今就许南金墓碑上所刻门人的序位来看，纪晓岚应是许南金生前最后一批学生当中的一个。许南金卒于乾隆七年（1742 年）九月，此前纪晓岚曾于乾隆五年（1740 年）自京师还乡，娶妻家居，从许读书当是乾隆六年（1741 年）前后的事。纪晓岚不仅把恩师写成了不怕鬼的经典，还从“性情和平，蔼然长者”(《南皮县志·许南金传》）的恩师身上深深体会到了处世贵宽、论人欲恕的行为准则。对待妇女贞节问题，尤其如此。

纪晓岚的另一个业师董邦达

1734 年，纪晓岚随父入京，受业于著名画家董邦达门下。董邦达字孚存，一字非闻，号东山，清富阳人。1723 年拔贡。1729 年，乡试中式，经刑部尚书励廷仪保举，以七品京官在户部行走。1733 年中进士，改庶吉士。董邦达是清代皇家画院中继王原祁之后的一代宗匠。1758 年初，董邦达与《红楼梦》作者曹雪芹在宗室敦诚家聚会，谈诗论画，一见如故。

董邦达有句话，纪晓岚牢牢记下了：人品自一事，功名自一事，此世俗之见也。砺人品而建功名乃真功名，有功名而不失人品乃真人品。

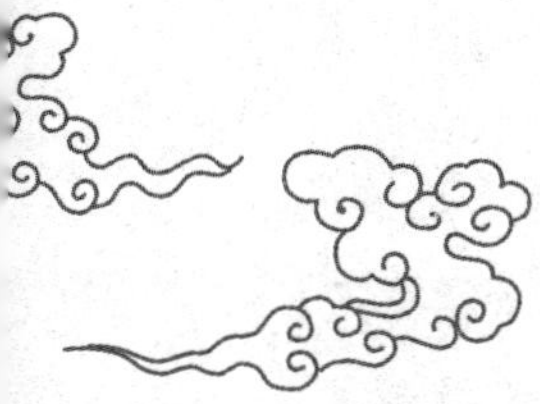

第六讲 纪晓岚参加科举考试之谜

纪晓岚参加科举考试之谜

1740 年，十六岁的纪晓岚参加了当年的童子试。童子试是科举考试的一种，科举考试自隋朝创立，隋炀帝大业元年（605 年）正式建立科举考试制度，1905 年，科举考试制度废除。隋朝创立科举考试以后，历朝历代都延续下去，清朝也不例外。清朝采用科举考试制度有三个目的：第一个目的就是选拔官吏。以前历朝历代选拔官吏都是通过科举考试，它是一种有效的办法。它能让天下的士子抱着几本书读，而不去造反，有利于社会的安定，所以通过科举考试选拔官吏，一是有利于社会的安定，二也是相对的公平。那第二个目的呢？清朝采取这个制度，他的目的就是笼络汉族知识分子，汉族知识分子一直就是参加科举考试求得功名。当时顺治皇帝入关以后，他手下有一个重要的汉族谋臣叫范文程，他就说到这样一句话，

“治天下在得民心，士为秀民，士心得，则民心得矣”。治理天下重要的在得天下，知识分子是老百姓中的优秀人才，他们一稳定，天下就稳定，他们一追随你，天下就都追随你。所以清军一入关，立即就开始科举考试，那科举考试分成两种，一种是什么呢，童试；一种是正试。童试，小孩考，当然大人也都得过这关，七老八十你没过这关也不行。童子试分成三类，一类叫县试，一类叫府试，一类叫院试。只有童子考试过关的人才能参加正式的科举考试，正式的科举考试也分成三类：乡试、会试和殿试。

我们首先来介绍这个童试，童试的第一类是县试，县试不论年龄，每年二月由县令——我们现在说县长——主持考试，考试之前要经过一套报名程序，填写姓名、籍贯、三代履历。有三种人不能参加考试，排除在外，第一种人是“倡优”，“倡优”这词不易理解，说一个好听的词吧，就是现在所称的文艺工作者，那个时代被叫作“戏子”。他们不能参加考试，永远都不能，你只要入这个门，你就别当官。文艺工作者在那个时代是不能参加考试的，这是第一种人。第二种人，罪犯。第三种人，父母死亡的，丁忧。你要以孝为先，百事孝为先，父母死亡三年之内不能考试，过三年才可以考试。然后，还有一种人不能参加考试，就是什么呢？你的父母是当年的主考官你不能参加考试，如果你要想考试，那你的父母就下台，也就是说，你是县令，县令的孩子不能参加考试，直到你调离这个县，你的孩子可以在这儿考。

童试一般考五场，也有考四场的。第一、第二场都考八股文，还考试帖诗。关于八股文和试帖诗，我们后面的内容里面会有一个比较详细的介绍。这里暂且从略。第三场考诗和赋。第四、第五场考对于四书五经的理解。

参加考试的学生得有人保你，得有人证明你是良民百姓，证明你是良民百姓的得有五个人，四个与你同时参加考试的考生，你们村里人就可以，另外一个必须是廪生。

二月考的童子试考完了以后，考中的要等到四月才能参加府试。府试就是由知府来主持的考试，考试的内容与县试完全一样，也是考四场或五场，但是不一样的是保人需要六人——童子试的保人是五人，现在则还需一名教官指派的廪生作为“派保”，即有两名廪生作保才可以参加府试。

府试合格以后参加院试。院试由中央派来的学政官员来主持。学政来主持，考两场，第一场是正试，考八股文两篇，写一首诗。第二场是复试，考八股文一篇，也写一首诗。附带说一句，所有的考试都要默写一篇文章，默写这篇皇帝写的文章《圣谕广训》。关于《圣谕广训》，我们会在后面的内容中加以介绍。

院试考试合格的叫“生员”，我们老百姓管他叫“秀才”，取得秀才资格，取得生员资格，可以参加正式考试。

正式考试考三场，第一场叫乡试，乡试是每年的阴历八月考，初九一场，十二一场，十五一场，三场。初九考那场，初八晚上进门，人家一落锁，一个人一间屋子，有一盏灯，煤油灯或者是蜡烛，你就在这儿吃喝拉撒，三天，有一个小窗户，吃喝拉撒的东西都从这个窗户里进进出出，那么考什么呢，第一场是考八股文七篇，一天要写七篇不同的八股文，还要默写。接下来第二场，第二场是十二，您看，初八进去的，初十出去，回家休息休息，十一回来，十二考试，十三再出来。第二场考得少一点儿，考论一篇，就一篇论文，没别的。然后十五考第三场，考什么呢，考经史时务策五道题。考中的叫举人，第一名叫解元。

接下来考第二场，是春天考的叫会试，也叫“春闱”。春闱考试的流程与乡试完全一样，每一天都一样，内容就是题目具体内容不一样。但是考试也是第一天七篇八股文，第二天是一篇考论，第三天是五篇经史论文、五篇经史时务策，等等，都一样。这个再考中的，叫“贡生”，第一名叫会元。

然后继续考第三场就是殿试，殿试由皇帝主持，内阁给拟题，皇帝从题里面挑，挑出几个题来，每个人发几道，不一样。然后考策问，策问就是我问你答，你答的就写上，每篇文章一千字以上，考试时间是旧历的四月二十一，时间后来是固定的，以前不固定。前十名不是皇帝判，是大臣判，判完了前十名，前十名的卷子给皇上看，皇上定这十名的次序，一二三四五六七八九十，皇上给定。但是我说前十名给皇上看是在 1761 年定下来的，纪晓岚在那次之前就考上了，他那卷子不是前十名，是所有取上的都归皇帝确定名次。前十名确定好了以后，四月二十五这一天发榜，然后二十六这个榜就公布了，贴在紫禁城墙外面。前十名取一甲三名，第一名状元，如果你乡试也是第一，那叫解元，会试第一叫会元，殿试第一叫状元，这叫“连中三元”，中国历史上连中三元的人没有几人。都想连中三元，不那么容易。第二名叫榜眼，第三名叫探花，其他的那七个人叫“二甲”。

八股文之谜

八股文，明清科举考试所采用的一种专门文体，又叫制艺、制义、时艺、时文（相对于古文而言）、八比文等。它要求文章必须有四段对偶排比的文字，总共包括八股，所以称八股文。“股”或“比”，都是对偶的意思。

八股文滥觞于北宋。王安石变法，认为唐代以诗赋取士，浮华不切实用，于是并多科为进士一科，一律改试经义，文体并无规格，不一定要求对仗排偶。但有的考生不自觉地运用排比笔法，写成与八股文类似的文章。元代科举考试，基本沿袭宋代。明代洪武元年（1368 年），诏开科举，对制度、文体都有了明确要求。不过写法或偶或散，初无定规。成化年间，经王鏊、谢迁、章懋等人提倡，八股文更为兴盛，并逐渐形成比较严格的程式。此后，一直沿用下来，由明前期而泛滥整个清代，直到戊戌变法后，才随着科举考试的停止而废除。

八股文的基本特点，大致为以下几方面：

1. 题目一律用“五经”“四书”中的原文。其中又分大题、小题两类。乡试、会试多用大题，题意比较完整。又分连章题、全章题、数节题、一节题、数句题、单句题等。童试多用小题，题意都不完整。由于童试场次多，只考“四书”义，不考“五经”义，而又要避免重题。经历几百年后，完整的句子已不够用了。考官便想方设法出怪题、难题，乃至不惜割裂原意，将上下两章、两节互不相关的文句合为一题，或各取半句凑成一题，叫作截搭题或冒上题、承下题、上全下偏题、上偏下全题等。考生只好生拉硬扯，缀合成文，近乎文字游戏。

2. 内容必须以程朱学派的注释为准。历代解经之作很多，科举考试只用程朱一派。《周易》依程传朱学本义，《尚书》依朱熹学生蔡沈传，《诗经》依朱熹《诗集传》，《春秋》依胡安国传，而以《左传》为本事，“四书”依朱熹集注。考生行文命意，必须就题阐释，依注作解，不得擅自生发，独出新论，毫无独立思考的余地。八股文还要求代圣人立言。如题目是孔子、曾子、子思、孟子及其门人的话，则必须模拟语意，即使是阳虎、齐人妻妾等各类人物，也要设身处地，肖其口吻。只有记事题和连章题不用模拟口气。

3. 体裁结构有一套固定的格式。全文由破题、承题、起讲、入题、起股、中股、后股、束股、大结等部分组成。

破题——以二句散行文字，将题目字面意义破释。

承题——用四五句散行文字，将破题中紧要之意，承接而下，引申而言，使之晓畅。要求明快关连，不可脱节。

起讲——又叫小讲、原起，以散行浑写题意，笼罩全局。

入题——又叫入手、提笔、领上、领题，作用是从上文引到本题。

起股——又叫起比、题比、提股、前股。用四五句或八九句双行文字，开始发议论。两扇句式必须相同，要求相对成文，形成排偶。中股、后股、束股也是如此。

中股——又叫中比，句式双行，多少无定制。内容是全篇的重心所在，必须尽情发挥，进一步搜剔题中正反神理奥妙，要求锁上关下，轻松灵活，宜虚不宜实。

后股——又叫后比，句式双行，多少无定制。作用是畅发中比所未尽，或推开，或垫衬，要求庄重踏实，振起全篇精神。

束股——又叫束比。双行，每扇二三句或四五句。用来回应、提醒全篇而加以收束。

大结——为全文结束语，散行，不一定用对偶。不用圣贤口气，可以发挥己意。明人大结每及时事，往往多触讳忌，清代废去，改为三四句收束。又叫收结或落下。

八股文的字数也有限定。明初制度：乡试、会试，用“五经”义一道，500字。“四书”义一道，300字。清康熙时要求550字，乾隆以后一律以700字为准。书写亦有格式。

八股文虽有大量排偶，却不是骈体文，不用四六句式，不求押韵，不事藻饰。通常禁用类似诗赋中的形容描写夸张华丽词语。虽然属于议论文，都不许引证古史，不许巧设比喻。严重束缚思想感情，文章寡淡无味。

明清两代，八股文是几乎所有官、私学校的必修课。从童试到乡试、会试都要用它。不会写八股文，就无法通过科举考试，就难以得官。而八股文的唯一用途，即在于应付科举，此外毫无实用价值。不论公私文书、文史著作，记事、抒情、说理，都无法采用八股形式。因而人们把它比作“敲门砖”，中试之后，就弃之不顾，其弊病是十分明显的。明清时期许多有识之士，均对八股文深恶痛绝。它最后终于被废弃，是历史的必然。

试帖诗之谜

试帖诗是封建时代科举取士的产物，已经随着八股文的废黜而消亡，并且久为人们所遗忘。下面，我们将试帖诗简单加以介绍。

以诗作为科考项目开始于唐代。唐宋时期的试诗称为唐律，一般用四韵、六韵，很少用八韵（每两句为一联，称为上、下联，下联押韵，称为一韵），是唐代至宋代前期考取进士的项目之一。宋神宗时期，由于王安石变法，试帖诗一项被取消，元明两代迄未恢复。

清代自乾隆朝开始，恢复试帖诗这一考试项目。但在形式上有了一定的限制，其中最重要的是将它八股化了，从而形成八股形式的试帖诗。

其中，乡试、会试的试帖诗用五言八韵，童子试的试帖诗用五言六韵。限用官韵，用的全是仄起格。所谓仄起格，就是第一句的前两个字用仄声，第二句前两个字用平声，叫作“仄起平受”，简称“仄起格”，反之即为“平起格”，这实际只决定于第一句第二个字，因为第一句第一个字是可变的。诗的前两联全用“仄仄平平仄，平平仄仄平；仄平平仄仄，平仄仄平平”，以下第三四联、第五六联和第七八联依次循环往复。因第一句不用韵，所以只用八韵，就叫作“五言八韵”。

除首联和末联不用对偶外，其余各联均要求“铢两系称”的对偶。在用韵方面，要严格遵守“八戒”，即出韵、倒韵、重韵、凑韵、僻韵、哑韵、同义韵和异义韵均不能用。

试帖诗所以采用八韵排律的形式，就是为了附和当时八股文的结构。每韵上、下两句为一联，首联“破题”，次联“承题”，三联“起股”，四、五联“中股”，六、七联“后股”，结联“束股”。每联一股，合成八股，正如文章的起、承、转、合。

试帖诗除要求对仗工稳外，最难以掌握的便是用典，又叫作用事，就是要求所用之辞要有出处，或是历史典故，或为前人用过的词句。用典还切忌牵强、堆砌和冷僻，讲究正用、借用、明用和暗用，要求“熟事用之生新，僻语用之无迹”，以至“连类比附”等手法。但当时考官因不明考生“用事出处”，斥为“用事冷僻”而名落孙山的抑或有之。

《圣谕广训》之谜

经过了明末激烈的社会动荡之后，清王朝统治者为了恢复和强化传统的社会秩序，建立自己的稳固统治，不但要“刑禁于已然之后”，而且强调“礼禁于未然之先”，防微杜渐，大兴教化，推行孝治伦理政治。早在顺治九年（1652 年），清朝统治者借鉴明朝治国经验，将朱元璋的“圣谕六言”：“孝顺父母，恭敬长上，和睦乡里，教训子孙，各安生理，无作非为”，颁行八旗及各省。

康熙鉴于“风俗日敝，人心不古”的形势，要“尚德缓刑，化民成俗”，继续加强教化，康熙九年（1670 年）向全国颁布“上谕十六条”。内容是：1. 敦孝悌以重人伦；2. 笃宗族以昭雍睦；3. 和乡党以息争讼；4. 重农桑以足衣食；5. 尚节俭以惜财用；6. 隆学校以端士习；7. 黜异端以崇正学；8. 讲法律以儆愚顽；9. 明礼让以厚民俗；10. 务本业以定民志；11. 训子弟以禁非为；12. 息诬告以全善良；13. 诫匿逃以免株连；14. 完钱粮以省催科；15. 联保甲以弭盗贼；16. 解仇忿以重身命。

“上谕十六条”发展了“圣谕六言”的思想，其内容也较前详细而全面，给清朝的统治带来深远的影响。“上谕十六条”刚颁布，御史徐越上疏，建议减少官员的考成内容，使地方官专心于教化，于是康熙要求“部院衙门将现行处分条例重加订正，斟酌情法，删繁就简”。以“上谕十六条”行世为界，清朝统治者将教化为治国重点之一。

雍正更为重视“上谕十六条”，对其逐条解释，洋洋万言，成《圣谕广训》，于雍正二年（1724 年）颁行天下。

我们再接着说 1740 年，纪晓岚从京城回到了老家。他有一段时间在北京住着，住了五六年。回到老家，他参加了当年的童子试，他能够取得成功吗？他的特异功能会帮助他取得成功吗？乾隆皇帝不喜欢他，还有其他的原因吗？

新婚中的纪晓岚首次童子考试失利

1740 年，在纪晓岚十六岁这一年，他从北京回到了老家献县的崔庄——那个时候叫崔庄，现在叫崔尔庄，参加了当年的童子考试。

他到老家所办的第一件事，不是参加科举考试，而是奉命完婚。因为他的父母给他订了一门婚事，他们家的邻县东光县马永图的女儿，在这一年嫁给了他。东光马家是河间府有名的大姓，族大人多，历代都有仕宦之人。马永图本人就是进士出身，与纪容舒私交不错，两家可谓门当户对。

新婚的纪晓岚已经无力再去专心致志地进行学习，转眼之间，他的儿子也就出生了。纪晓岚本人结了婚，有了老婆，他已经无力专心他的学业。

在这个时候，他参加童子考试，其结果显然是失败的，他没有考中，自己也很伤心。后来他写的书《阅微草堂笔记》里面，说他自己不是有特异功能吗？后面他继续说，我的特异功能，四五岁的时候很强的，能够夜间见物跟白天一样，但是到了七八岁的时候，就逐渐昏阐了。他的原话说，“七八岁后渐昏暗，十岁后遂全无睹”。神圣的光环退却以后，被人称为“神童”的他只能加倍努力。

发现纪晓岚的“伯乐”

还好，苍天不负苦心人。在 1747 年的时候，他终于考中了乡试第一名。纪晓岚在 1744 年的时候，他应了童子考试过了关，成了一个秀才。1744 年的时候，他已经是二十岁了，他应试童子试过关之后，1747 年，二十三岁的纪晓岚参加了乡试，结果他很幸运，取得了第一名。

这一年乡试的主考官是谁呢？一位是满洲人大名鼎鼎的人物，一位是汉族人大名鼎鼎的人物。这位满洲人便是阿桂的父亲阿克敦，这位汉族人就是刘墉的父亲刘统勋。这两个人对他的试卷一看以后，非常的欣赏，两个人立即共同点这张试卷为第一名，所以我们说连中三元，这是很难的。1747 年纪晓岚中了解元，第一名，他非常高兴。第二年便很愉快地去参加会试。也就是正式考试的第二级，如果他再中一元的话叫会元。

非常遗憾，他高兴得太早了。在这一年，他会试失败，没有考中。没有考中不要紧，我们说失败了，还可以重来，但是给他的重来的机会并不多。因为什么呢？他的母亲去世了。按照中国古代考试制度的规矩，如果父母去世自己要丁忧，守孝三年，三年之后才可以继续参加考试。因此从他二十四岁参加会试失败到他三十岁，这整整的六年间，他一无所获，留给他的就是失意，留给他的就是漫长的等待。

在这六年的时间里，他结识了一个朋友，这个朋友对他的将来影响是非常大的。这个朋友姓董，叫董元度，字曲江。董元度在 1752 年考中了进士，考中进士以后进了翰林院，董元度考中进士这一年，恰恰是刘墉考中进士的这一年，所以董元度和刘墉是好朋友。刘墉的父亲是刘统勋，这样，纪晓岚就认识了董元度。董元度这个人特别好玩儿，特别好旅游。后来朝廷封给他一个工作，在翰林院做编修。他经常借故请假，今天他的妈妈有病，明天他的爸爸不舒服了，借此到祖国各地指点江山，激扬文字，游山玩水。这个人给纪晓岚的影响，就是人生苦短，何不潇洒走一回呢？董元度这个人晚年非常凄凉，后来他的工作不顺心，没办法顺心，因为他不专心工作，以致后来穷困潦倒而死。

纪晓岚考中进士之谜

1754 年，纪晓岚又参加了一次会试，结果这次会试考得很好。纪晓岚考中了会试的第 22 名，进入了前 24 名。

因为前 24 名是要交由皇帝亲点的，那么主考官确定他这张试卷是第 22 名，但是还要经过殿试。在这一年的殿试时间是 5 月 12 日（旧历四月二十一），皇帝另行出题，那么在这个殿试中，他考中了什么呢？

1754 年 5 月 12 日最终发榜的结果是，纪晓岚考中了二甲第四名，一甲一共就三名，二甲一共有七名，也就是他考中了二甲第四名，也就是全国第七名！

这个时候的纪晓岚已经三十岁了，不过还不晚，三十岁的他终于考中了进士，终于圆了他的进士梦。

不过，在这里，我们有必要交代一下纪晓岚的老师了。主持这次科举考试的官员——也就是纪晓岚的老师有如下几位：正考官为大学士陈世倌，副考官为礼部侍郎介福、内阁学士钱维城，房师孙人龙，读卷官为杨锡绂。

纪晓岚的老师陈世倌谜案

在上述这些人物中，我们最为熟悉的恐怕就是大学士陈世倌了。为什么呢?

这个陈世倌啊，就是传说中的乾隆皇帝的真正父亲嘛！不是有人一直在说，乾隆皇帝是汉人嘛。看过金庸小说《书剑恩仇录》的人都知道，乾隆皇帝六下江南，都是为了去寻找他自己真正的父亲——陈世倌嘛!

海宁在清朝有“陈氏三宰相”——顺治朝大学士陈之遴、康熙朝大学士陈元龙、雍正朝大学士陈世倌，他们都不是靠裙带关系，而是靠自身能力当上大学士的。

陈世倌，俗称陈阁老，在康熙年间入朝为官。传说陈世倌与雍亲王一家常有来往，今天陈阁老的旧宅，还保存有一块九龙匾，据说是雍正亲笔书写的。

当代香港小说家、浙江海宁人金庸的武侠小说《书剑恩仇录》便是围绕乾隆身世之谜展开的。民间有种传闻，说道：

那一年恰好雍亲王的福晋和陈阁老的夫人，同月同日分别生了孩子。雍亲王就让陈家把孩子抱入王府看看。陈世倌的小孩抱进雍亲王府，哪知抱进去的是儿子，抱出来的却是女儿。陈世倌知是皇四子调的包，大骇之下，一句都不敢泄露出去。那换入宫中的男孩，就是后来的乾隆皇帝。

这个故事一出笼，乾隆是陈阁老的儿子的传说，便越传越广，越讲越真。此外，许啸天在《清宫十三朝演义》中说乾隆六下江南的目的就是探望亲生父母。乾隆六次南巡竟有四次住在陈阁老家的安澜园，为的就是与生身父母相聚。

其实，这个说法是很有问题的。

据中国现代著名清史学家孟森先生考证，乾隆南巡第一、第二次都没有到海宁。第三次到海宁，陈世倌已死。可见乾隆下江南为了看望他的生身父母的传说纯粹是捕风捉影，根本没有根据。陈家的园子叫“隅园”，因位于城的一隅而得名。

乾隆第四次南巡住隅园，同浙江海塘工程有关，所以乾隆将“隅园”改名为“安澜园”。

关于“调包”的故事，清朝中期就有传说。先说康熙皇帝出自陈家，后来这个传说不攻自破，就又移花接木，安在乾隆皇帝的头上。

其实，乾隆出生时，雍正皇帝的长子、次子虽已幼年早死，但第三子已经七岁，另一个妃子又即将临产。且这时雍正才三十三岁，正当壮年，他怎么会在已经有一个七岁儿子的情况下，急急忙忙、偷偷摸摸地用自己的女儿去换陈家的儿子？这从情理上也是说不通的。退一步说，其时雍正并不知道自己将来能否登上皇位，又怎么会知道陈家儿子是有大福之人呢？

不过，这里我们暂且不提乾隆皇帝的父亲是不是陈世倌，还是把话回到纪晓岚这里来。这个时候的纪晓岚，交了一个非常要好的朋友，他是谁呢？

纪晓岚的好朋友戴震

在这个时期，纪晓岚又结识了一个非常要好的朋友，也是纪晓岚终生的一个朋友，这个朋友的名字叫戴震。

戴震跟他是隔壁考场的考生。很有幸，他考上了，戴震没有考上。那么我们为什么说戴震对他的影响很大呢？戴震可跟他不一样，戴震是为了避仇而跑出来的。他不是不正常科考，他是被人家追杀跑出来的，他从老家跑出来，身上还带着很多的书。所以一边逃命，一边都不忘记学业。这个时候，戴震给纪晓岚的影响可以说是非常之大。戴震给他的影响最重大的一个就是在任何情况下都不要轻言放弃。戴震给他的影响还不仅仅是这些，戴震对纪晓岚的影响还体现在思想上。戴震本人读书无数，可以说是非常丰富，尤其是他对于当时社会上的主流思想“程朱理学”进行了彻底的批判。“程朱”是指宋朝的两位著名的理学家，“理学”是儒家到了北宋以后发展的一个产物。这个“程”指的是程氏兄弟程颐、程颢，这个“朱”就是朱熹，他们讲的就是“存天理，灭人欲”。戴震对于这种思想进行了彻底的抨击，而他的抨击深深影响到纪晓岚。后来我们可以看到纪晓岚的著作里面，不管是《阅微草堂笔记》，还是《四库全书总目提要》，还是《四库全书简明目录》，都有对“程朱理学”批判的话语。戴震是纪晓岚的一个非常好的朋友。

中国历史上最为成功的一次科举考试

纪晓岚在 1754 年不是考中了进士吗？他考中进士这一年的科举考试应该说在中国历史上是最为成功的一年。当时录取的人，全是日后闻名中国的人士，这中间有榜眼王鸣盛。王鸣盛这个人，我们可能不熟悉，学历史的人都知道，他写了一本书叫《十七史商榷》，他是著名的史学家、考据学家、经学家。王鸣盛是榜眼，这个人大家注意，我们后面还要介绍到他。

在这一年录取的还有一位史学家、经学家、考据学家，这个人也写了一本非常有名气的书，叫《廿二史考异》，此人叫钱大昕。

在这一年考中进士的人当中，还有北京大兴人名叫朱筠，朱筠的弟弟便是嘉庆皇帝的师傅朱珪。

在这一年与纪晓岚一同考中进士的人当中还有他的同乡戈源，两人同年、同乡，是从小一块儿长大的。

在这一年考中进士的人当中，还有一位跟纪晓岚是终生的朋友，叫王昶。这个人，大家一定要记住，后面我们还要涉及王昶这个人，他在纪晓岚一生当中可以说影响非常之大。

纪晓岚，长相不太好看的这么一个人，终于考中了进士，他来到了北京，在翰林院工作。这个时候就可以看到，他终于可以如愿以偿了，他终于有了和乾隆皇帝接触的机会。那么他给乾隆皇帝留下的第一印象是什么呢？

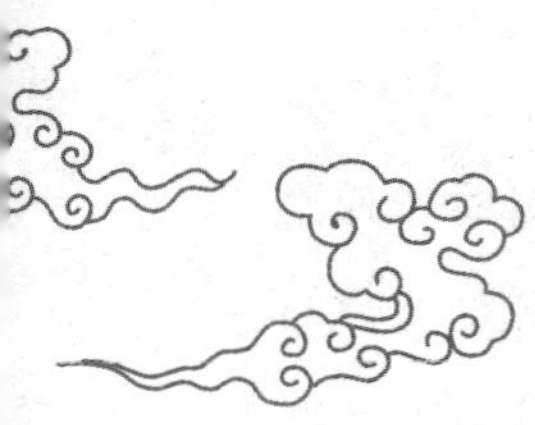

第七讲 纪晓岚入仕之谜

纪晓岚非常清楚，自己的长相太一般，自己的缺陷是人所共知的。他也非常清楚地知道，要想得到乾隆皇帝的赏识，就必须用好他的聪明才智！但是我们也非常清楚，你纪晓岚要想得到乾隆皇帝的赏识，太难了！为什么呢？乾隆皇帝一看，你纪晓岚的长相太一般了！他连理都不理你，你纪晓岚的聪明才智哪里能够得到发挥？太困难了。因为赏识你纪晓岚与否，这个机会是乾隆皇帝赐给你的，他不赐给你，你就没有机会得到他的赏识！

话说到这里，有的朋友一定要问，那么，纪晓岚会采取什么样的手段来得到乾隆皇帝的赏识呢？说起来，有下面这样一个关于纪晓岚讨得乾隆皇帝赏识的故事。

“猜谜”谜案

故事说的是在纪晓岚考中进士的第二年的正月十五。在宫廷里不以元宵节来过，是以灯节来过。

话说在这一年的灯节的前夕，乾隆皇帝命令翰林院的所有翰林：你们每人给我出一个谜语，给我挂到紫禁城。每一个地方，都要有谜语，你们每人写一个自己创编的——不能是抄的——谜语给我挂那儿。由我——乾隆皇帝和紫禁城里面的所有的嫔妃啊、皇后啊，一块儿来猜谜语。

乾隆皇帝是一个非常聪明的人，见多识广，哪个谜语能难倒他呢？这个时候，纪晓岚登场了，他给乾隆皇帝留下的谜语，乾隆皇帝费了两个小时也没猜出来。这个谜语是什么呢？他这个谜语是对联谜。是分成上下两句的：

黑不是，白不是，红黄更不是；和狐狼猫狗仿佛，既非家畜，又非野兽。

诗也有，词也有，论语上也有；对东西南北模糊，虽是小品，也是妙文。

谜底打两个字。

话说当时乾隆皇帝费了两小时都没猜着，什么字呢？

诸位朋友，这个谜底要猜出来，还真得费一番思量。

我们可以看到，上联和下联都是由两个半句构成的，那么也就是说，这一个字要由两个字拼接而成，那么这个谜要怎么猜呢？

上联呢，我们可以看到它的上半句是“黑不是，白不是，红黄更不是”，是“青”，青色的“青”；那么下面这半句“跟狐狼猫狗仿佛”，取狐狼猫狗的偏旁，反犬旁。反犬旁加一个“青”字，合起来猜一个字念“猜”。

下联呢，我们可以看到它的上半句是“诗也有，词也有，论语上也有”，我们取它的偏旁“言”字旁；那么下面这半句“对东西南北模糊”是什么？迷眼了，所以字是“迷”。“言”字旁加一个“迷”字，仍然是“谜”。

所以，这个谜底就是“猜谜”。

乾隆皇帝很聪明的，自以为聪明的乾隆皇帝没有猜出来。乾隆皇帝命令，把这个谜的制作人给我找来！结果长相不太好看的纪晓岚来到了乾隆皇帝的身边。乾隆皇帝一问，他告诉说，这个谜的谜底是“猜谜”两个字！

乾隆皇帝很是欣赏，当时在皇帝身边还有一个人呢，陪着皇帝猜谜的还有刘统勋！刘统勋明明猜出来了，但是他不说，他不能说，不能表示出比皇帝还聪明。所以，当乾隆皇帝把纪晓岚叫来以后——也就是纪晓岚揭开了谜底以后，刘统勋大加赞赏，说皇上您看，我给您点的门生很好吧，天子门生很聪明吧。

从此以后，纪晓岚就以他的聪明才智而享誉朝廷。

问题在于，人们盛传的这个故事是真的吗?

答案显然是否定的。为什么呢?

因为，这个故事完全是后人虚构的。

那么，这个虚构的故事，它出自谁的手呢?

虚构这个故事的人，是当代著名的楹联作家安徽人白启寰。

白启寰先生在 1981 年制作了这个楹联之后，又编了这么一个故事，把它发表在 1981 年 8 月 2 日的《长江日报》上。

结果，后人便以讹传讹，当了真了!

既然这个故事不是真的，纪晓岚到底是如何得到乾隆皇帝的赏识的呢?

我要说到的下面这个故事，可是真的发生在纪晓岚和乾隆皇帝的身上，可不是虚构的哟!

“容易”谜案

其实，纪晓岚的聪明才智让乾隆皇帝知道，这是一个很巧合的事件。

我们知道南书房要有很多人来值班，皇帝经常会在南书房办公，恰巧这一天是翰林院的翰林纪晓岚在南书房值班。

当时的乾隆皇帝看着《论语》。《论语·为政》篇里面有一句话是“子夏问孝”，这子夏是孔子的一个学生，他问孔夫子怎么样才能做到孝顺父母?当时孔夫子回答了两个字 :“色难”。

“色难”什么意思呢?朱熹给“色难”做的注解是这样写的，“事亲之际，惟色为难也”。

这个意思再翻译成我们现在的汉语，朱熹说的意思是，你伺候你的父母，最难的是要和颜悦色地服侍父母，你得让你的父母每天都高兴，每日、每时都高兴这是最困难的。什么叫做到孝顺?你如果能做到让你的父母每日、每时、每分、每秒都高兴，那你就做到彻底孝顺了。他说这个可是太难了！

乾隆皇帝看着这段话，他没看进去，他看到了“色难”以后，当即就说，这两个字要做一个上联的话，这个下联太难了。

当时的纪晓岚就在旁边值班啊，他脱口而出，说：“容易！”乾隆皇帝说：“容易？容易，你来。对这个词那么容易吗？你来给我对一个下联。”纪晓岚说：“皇上，我不是告诉您了，对‘容易’啊。上联不是‘色难’嘛，下联是‘容易’啊。”

乾隆皇帝一想，哎，我怎么没想起来，这“容易”的确就是“色难”的最佳妙对，再也没有比它更恰当的了。当时，乾隆皇帝就感觉到这个人比较聪明。

说到这儿的时候，您会想起来一位什么古人呢？我想起来的是曹操手下的一位谋士。这位谋士的名字叫杨修！我的意思是说，你们杨修、纪晓岚这号人物，你们尽想着如何表现出你们高超的才能了，但是你们可能忽视了别人！你们忽视了你们的上级——杨修的上级是曹操，纪晓岚的上级是乾隆皇帝——他们的想法！这也是为纪晓岚日后的倒霉埋下了一个伏笔。

乾隆皇帝五十大寿：九千九百五十年

当然皇上还是很高兴，最让皇帝高兴的是乾隆爷五十圣寿那一年，也就是1760年，这个五十圣寿实际上是虚岁，周岁应该是四十九。乾隆皇帝圣寿那一年，他要让所有的大臣们献贺词。所有的大臣们每一个人都要上书皇帝，给皇上写一些个祝寿词。这些文臣武将们上书的，无非就是敬祝皇帝万寿无疆之类的，非常简单的一些词，没有什么意思。但是，当时纪晓岚献给皇帝的一副长联，也是一副对联，非常好，让皇帝一看，太好了。他的对联是这么写的：

四万里皇图，伊古以来，从无一朝一统四万里；

五十年圣寿，自兹以往，尚有九千九百五十年。

当然，也有人说，你这个对联不对。我记得人家纪晓岚的对联是这么写的：

二万里皇图，伊古以来，从无一朝一统二万里；

五十年圣寿，自前兹往，尚有九千九百五十年。

我觉得，这都无所谓，我们就不较这个真了——我们暂且按照前面的这一种说法。

这个对联的上联说的是什么意思呢？

在大清朝的江山，西起葱岭，东到大海，北起外兴安岭，南到南海，东西南北各四万里，古今中外从来没有这么大的一个国家。当然，我们知道，纪晓岚这儿有点夸张了，据我所知，元朝的疆域就比这个大。但是乾隆皇帝很高兴啊！为什么高兴？您看看这对联的含义就知道了：

这上联的意思是什么？“四万里皇图，伊古以来，从无一朝一统四万里”，说的是乾隆皇帝统治的国家，疆土没有边，简称“无疆”，没说出“无疆”二字。

这下联的意思是什么呢？

“五十年圣寿，自兹以往，尚有九千九百五十年。”从这以后，乾隆还能活九千九百五十年。加一块儿是什么？“万寿”！

这一副对联没有出现“万寿无疆”四个字，但是他的结论就是恭祝乾隆皇帝万寿无疆。

所以这个对联乾隆皇帝一看，非常高兴，马上下令：立即将纪晓岚升官！

纪晓岚就升官了。但是说实话，纪晓岚长得实在是让乾隆皇帝不喜欢。乾隆皇帝是喜欢纪晓岚的这个对联才让你纪晓岚升官的，不是喜欢你纪晓岚这个人。

这个时候，乾隆皇帝既要将纪晓岚升官，还要不让纪晓岚在自己身边，还要让自己随时能见到他，怎么办呢？

乾隆皇帝有个很好的办法！什么办法呢？乾隆皇帝让纪晓岚主持全国的科举考试。这样，乾隆皇帝既可以让纪晓岚升官，又可以不让纪晓岚在自己身边，还可以让自己随时能见到纪晓岚！

所以，从1759年这一年，也就是说纪晓岚三十五岁这一年，到纪晓岚去世，这中间纪晓岚前后主持了全国级的、省级的、地级的各种考试十多次。

在当时的朝廷上，在乾隆皇帝统治时期，主持全国的科举考试，最多的就是纪晓岚。在这方面，没有哪个官员敢跟纪晓岚比，说我主持的考试比你纪晓岚还多。

门生众多的纪晓岚

在全国，每一次考试录取的名额是固定的，在当时的中国没有任何一个大臣的学生比纪晓岚多！

纪晓岚经常主持考试，一说今年纪晓岚主持考试，这是正常的。一说今年纪晓岚不主持考试，那就不正常了。所以您想纪晓岚长相虽然不行，但是他这个位置很了不得。他的门生遍及中国。所以为什么日后纪晓岚的名声能火起来，比刘墉、比阿桂，都更火，纪晓岚形成一个正面形象，这也是因为纪晓岚的门生太多了。门生一多，朋友也多，真朋友多，假朋友也多。因为有的时候，人家纯粹是想求你办事。

纪晓岚人长得不太好看，但是他的位置很了不起！这个年头，谁求不着谁啊，谁家孩子不想往高里考啊，谁不去纪晓岚家啊？谁敢不去？

纪晓岚的门生多了，他们的回忆录中，往往就会记载下他们老师的无量的公德。我点了你，你要清楚，“天地君亲师”，也有的人叫“天地君师亲”啊。再生父母啊，你的一切前程都是我给你的，你永远不能背叛师门啊，过去不就株连十族吗？这第十个族就是学生！所以从此以后，纪晓岚他本人的一些聪明才智留下的事迹便传扬到了祖国大地的各个角落。

在这中间最有名的故事就有几个。

第一个故事 ：“双锤擂鼓”的故事。

纪晓岚主持考试，有人会敲纪晓岚家门，说我这有一篇文章，您给指点指点。当然也有不开眼的，自命不凡，觉得我比纪晓岚还牛的。

话说当时就有这么一个不开眼的学生，他敲敲纪晓岚家的门，对门房的老大爷说 ：“我这有一篇文章，麻烦您给纪先生看看，求他老人家指点指点。”

结果纪先生一看，实在是——说难听点，狗屁不通的一篇文章，但是纪晓岚会给他们以善意的批评。纪晓岚对于小辈的，都会给予善意的批评，而不是像对于平辈那么尖酸刻薄——毕竟是小辈的嘛。当然，他的善意的批评里面，也能够体现出他的聪明才智。

纪晓岚一看，行，我给你拿笔批上一句批语，你满世界招摇去吧。这个批语写道，“此文有双锤擂鼓之风”！

表面上看，这是在夸作者呢。这篇文章好啊，如双锤擂鼓一般！这个学生满世界宣扬去了——纪先生说我这个文章“双锤擂鼓”！

当时有很多纪晓岚的门生都来问纪晓岚：“我说纪公，您为什么给他写‘双锤擂鼓’啊？”纪晓岚哈哈大笑，说：“你就没打过鼓？你打鼓试一试，一个锤打鼓，通通通，他的字是通通通；俩锤打鼓，不通、不通、不通。他很高兴啊。”最后这个故事让故事中被嘲笑的人知道以后，他马上就修改了他的文章。最起码他是高兴了一段日子，没遭到人家的公然耻笑。这就表现了纪晓岚的聪明才智。

纪晓岚的聪明才智还有很多，其中很多聪明才智的故事都是他自己记录的。问题在于，他自己记录的聪明才智跟他的门生记录的不一样。

第二个故事：“这个婆娘不是人”的故事。

纪晓岚曾记载了这么一件事。说有一年，一个姓王的翰林的母亲过八十大寿。这个姓王的翰林，不知道他的名字，纪晓岚的门生记载的也是王翰林。这个王翰林是谁呢？我考证了一下，我觉得就应该是《十七史商榷》的作者，榜眼王鸣盛。为什么呢？当时朝廷里的翰林院，满、汉的翰林就那么多，那么翰林里姓王的本身就不多，而且他的母亲过八十大寿，这个人要能请得动纪晓岚，纪晓岚是很孤傲的一个人。朋友有，但是不跟人家深交，不是谁都能请得动的。这个人还要请得动纪晓岚，那肯定纪晓岚对他有某些服气的地方。所以我的感觉，这个人就应该是王鸣盛。

我们说，王鸣盛，他的母亲过八十大寿，请纪晓岚写祝寿词，而且祝寿词要一边说，一边写。纪晓岚拿起笔，一边说，一边写。

第一句：“这个婆娘不是人。”

当时，人家母亲八十大寿，脸一下就白了。当时这个王翰林，他自己记载，脸色煞白，腿都打哆嗦了。心想：我怎么请这么一个人啊，你怎么胡说八道啊，人家都说你这个人尖酸刻薄，你也不能在我母亲八十大寿这儿……你太过分了吧。纪晓岚接下来写第二句。

第二句是“九天仙女下凡尘”。老太太很高兴啊，那是不是人啊，我是神啊。我是神哪儿能当人？很高兴，这个王翰林也转怒为喜。大家正高兴，还没高兴多大会儿呢，结果又有了第三句，“生个儿子去做贼”。说王鸣盛是贼，是一个小偷，全场立即又冷下来了。但是谁都知道纪晓岚的聪明才智，有刚才从第一句到第二句，后面那句，咱们等好吧。他最后这一句说的是什么，说的是“偷得蟠桃献母亲”。这不成孙悟空了吗？这四句话一出来，全场叫好，这是纪晓岚自己记载的。

到他的学生那儿，故事没变，这个题词完全变了，说他的题词是这样的，“八旬老太不是人，南海观音下凡尘，三个儿子都做贼”——他们家有三个儿子，“三个儿子都做贼，天宫偷桃献母亲”。到他的门生这儿，这个故事没变，词就变了。

像这样关于纪晓岚的故事，多极了。

当然，也有人把这个故事附会给了唐伯虎，还有人把这个故事附会给了其他的人！

第三个故事：巧改《凉州词》的故事。

我们知道，乾隆皇帝有很多扇子。乾隆皇帝的字很好，满世界题字。但是乾隆皇帝自己用的扇子，没有一把是他自己写的字，都得找翰林院的翰林去题。“这把你给我写一首词，那把你给我写一首诗。”乾隆皇帝都是让属下人给他的扇子题写。

乾隆皇帝的意思是说：你看我多牛啊，我这扇子都是人家送我的，都是人家给我题词。

话说这天，他就找到纪晓岚，说：“你把《凉州词》给我写在这把扇子的扇面上。”

结果纪晓岚下笔如飞，虽然字写得不好看，但字写得很快，转眼之间就写完了。

王之涣的《凉州词》原来是这样写的：

黄河远上白云间，一片孤城万仞山。羌笛何须怨杨柳，春风不度玉门关。

结果，纪晓岚写得太快了，快得就丢了字了，把其中的一个字——“间”字弄丢了。

纪晓岚写完了，他把扇子交给了皇上。

乾隆皇帝说：“爱卿啊，你先休息休息，喝点水，我瞧瞧。”

结果纪晓岚刚一端起茶杯来，这个水还没喝呢，乾隆皇帝就问：“哎，我说，纪晓岚啊，你写的是什么字啊？”

纪晓岚赶紧拿过扇子来一看，哟，丢了一个字！纪晓岚非常机敏，他立即就说：“启禀陛下，我写的不是王之涣的《凉州词》，我写的是《出塞词》。您看我给您念，‘黄河远上，白云一片，孤城万仞山。羌笛何须怨，杨柳春风，不度玉门关。’”

还好，那个时代的诗也好，词也好，它没有标点。那个时期没有标点，如果有标点，你纪晓岚这个脑袋不搬家了？

我们都知道，纪晓岚是很聪明的一个人，很睿智的一个人，但是不是说他什么事情都反应那么机敏呢？也不尽然，也有让他露怯的时候，有让人挤兑的时候。有人家前面走，自己在后面等着的时候。也有让他很不开心的时候，他的聪明才智也有不行的时候。

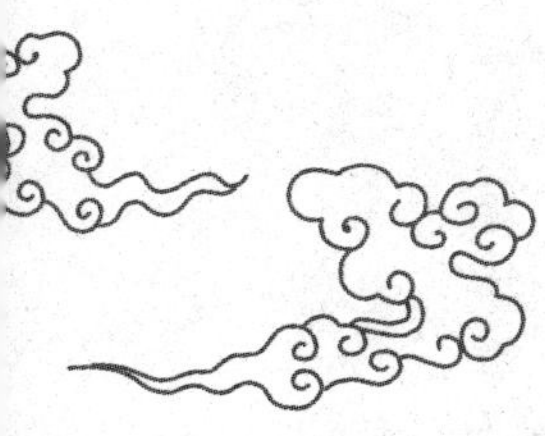

第八讲 败走麦城的纪晓岚

纪晓岚败走麦城？有的读者说了，不会吧？这一回，您还别不信。纪晓岚败走麦城，可不是我说的。这是纪晓岚在自己的书里面说的。纪晓岚说他自己有一回露怯了！这是怎么一回事呢？话还要从纪晓岚 1762 年到福建担任福建学政、主持福建地区的科举考试说起。

担任福建学政的纪晓岚

1762 年，纪晓岚被乾隆皇帝外放到福建担任提督学政，主持福建全省的科举考试工作。这是他一生中的第四次主持科举考试了（前三次分别是 1759 年夏天担任山西乡试主考官、1760 年充任会试同考官、1762 年秋天顺天乡试同考官）。

这个时候的纪晓岚是怎么想的呢？

这个时候的纪晓岚心情是非常复杂的。因为，他知道，这次他视学福建却与此前的历次主持科举考试都是不一样的。

纪晓岚以前的几次主持科举考试，都在皇帝身边，或在北京，或在北京附近。而此次出行福建，他不但要跋涉千山万水，而且要携家带口在福建长驻三年。更为重要的是，提督学政一职虽然说是品级较高，但在实际生活中却是没有什么实权，自然与扈从帝王的京官生活无法相比。

因此，纪晓岚虽然嘴里不无自豪地声称他是“皇恩四度持文柄”，但是在心里面，却是非常的不是滋味。正如他自己在诗里面说的“殷勤语妻子，莫避晓霜寒”。

看来，这个时候的纪晓岚已经意识到从此就要离开人人向往的帝京，随着不停转动的车轮到那万里之外的地方去了，看着终日奔流的苍波，慨叹着“白发几人侵”了。他应该到了已做好心理上的准备的时候了。

这一路之上，纪晓岚想到了哪些呢？至少，应该包括下面的内容吧。

行路难，难于上青天

根据原沧州师范专科学校中文系刘树胜副教授的研究，我们知道，这个时候的纪晓岚，写了大量的关于行路难的诗，来表达自己对于自己未来前程担心的心情。

下面的内容就是刘树胜副教授的研究成果。

《由杜家庙至张夏》一诗，通过对山路崎岖险峻、流水粗放悍急、地僻村荒、土瘠民贫、蓬蒿满地等旅途情况的描写，表现了行路的艰难；“关山风雪行曾惯”“山驿风霜特地寒”，则体现作者风雪兼程的苦况，而“囊橐畲盐路未贫，自出长安心似水”和“词臣只是儒官长，已办三年苜蓿盘”的自我表白，既是对旅途贫苦生活的描写，又是作者冷官况味和清廉本性的流露。

《渡黄河》一诗用铺张排比的手法，极写其声势浩大、水深流急、浊浪排空的险恶，表现了渡河情势的艰难与危急：“屈伸臂顷已十里，瞥然何止鹰离鞲”，“回帆脱手倘一误，咫尺便入鲛宫游”，“回头却顾真险绝，微茫淮济非其俦”；《渡江》虽不重在写大江的险恶，但也通过对船公与江水奋力搏斗的勇武之举的描述，侧面描写了“鼋鼍窟”般凶险的长江风大浪急的特点，与《渡黄河》可谓异曲同工；"萧萧风雨冷，寂寂舟中居"是岁末小除日里的境况，既有旅途的艰辛又含有冷官的况味；

而《舟泊常州闻湖南抚军将至》一诗，第一次将"冷官"的况味淋漓挥洒到极致：

薄暮萧然且赋诗，冷官风味本如斯。

租来淮上船三板，沽得兰陵酒数卮。

寒犬争偎新拨水，啼鸦乱拣最高枝。

一川瞑色推篷望，隐隐笳萧送画旗。

萧然是冷，赋诗是闲；租船是闲，船小是冷；饮酒是闲，酒少是冷；其寒犬争偎火、啼鸦拣高枝，既是对冷的客观描写，又是对趋炎附势者的隐喻，交代的是冷官所以冷的原因；而瞑色里推篷看到的、听到的画旗笳箫的热闹场面，又与自己此时的冷闲况味形成鲜明的对照，其情调更是凄凉；《由枫桥移泊盘门》从自身角度破解了冷闲的内在原因："平生意萧散，逼侧寡所悦。既不访娉婷，亦非事哺啜。"无世俗之好是导致他郁郁无聊的根本要素；

《初到江船》其一又借小婢之口道出了自己的冷官身份："借得轻舟三板宽，萧萧风雨夜深寒。侍儿不省江船样，只怪词臣是冷官。"

《滩河谣》以民歌的形式描述了七里滩"有风七里，无风七十里"的险恶，抒发了怵怵惕惕的行路难之叹："惊起沙鸥眠不稳，可怜风味似粗官"，所表现的是夜泊旷野难以成眠的情景，抒发的是冷官的感受；

《江船二十韵》对江船逼侧、昏暗、低矮、脏乱、噪杂、颠簸和行进艰难等情况的描写，也正是对粗官、冷官况味和行路艰难状况的形象说明，而"诘屈仙霞岭，驿路弥崆岘"的结句，又将行路难的描写自然地延入到对仙霞岭驿路的描写中去；

《衢州登岸题江船》以少总多，高度地概括了乘江船七日来的情况，通过"夜寒惊水气，风急怯滩声"两句，既写出了行路人的冷官况味，又写出了行路的艰辛；《过岭》描写了仙霞岭环境的荒寒、驿路的艰险、行进的艰难："前者偻而援，后者耸而赴。石磴滑屡颠，林风吹欲仆。徒侣递相呼，十步九回顾。果然悸心魄，失足愁一误。”其举步维艰、战战兢兢、失魂落魄之态赫然在目。

《建溪二十四韵》描写了建溪滩险而多、河道狭窄曲折、高崖夹持、水大流急的情景，表述了船行的艰难：“捩船毫厘差，触礁分寸徙。前碍狼跋胡，后罥狐曳尾。撑柱转丸蜣，缭绕旋磨蚁。一步逾九折，尺地距千里。颠簸苦悸魂，喧呶患聒耳。瞬息变险夷，顷刻交忧喜。鱼腹纵然脱，虎牙劘亦几。天心欲奚为，地势乃若此。行者意云何，睨之怖尚耳。”其跋前疐后、撑柱盘旋、一步九折、颠簸喧嚣之态，无不形象地说明了行路的艰辛困苦，抒发出九死一生的慨叹。作者在延平登舟后对建溪尚有这样的议论：“江河万古流，梗阻竟何益。徒使不平声，日夜交冲击。安得巨灵胡，奋掌巉岩辟。百转绕青山，潆目一线碧。”指责建溪梗阻无益、不平徒劳，渴望巨灵神劈开危岩，使江流萦绕平缓。其危途惧怖之情可以想见。甚至在将至水口滩水渐平船行变缓时，作者仍对远从建溪直到古田这段时间的嘈嘈滩声和触石频惊耿耿于怀；

《阻风泊水口口号》是作者对南行途中最后障碍的歌咏，作品先写平常无风时上下滩的情形，继而又写了东风起时的情况，重点突出了作者下滩的困难。

南北风光各不同

第二，根据刘树胜副教授的研究，我们还知道，这个时候的纪晓岚，还以生花妙笔描写了沿途的自然风光，表现了南方不同的特点。

“万里通南北”，想象超迈，视通万里，以极小写极大，正写出卢沟桥居于要路的特点。“沧波终日注”又展示出永定河浊浪滚滚的特点。“一片西山色，黄尘向暮深”则从大处远处着眼，写出了于平川旷野眺望京西山地的朦胧景色；“乱石磋砑碍马蹄，羸骖几度欲鸡栖”，表现的是京西南山路的崎岖，以人困马乏衬托了道路的难行；“琉璃河上挂斜晖，瑟瑟寒流一线微。洲渚都教鸿雁占”，描写了日暮黄昏时的阔大之景，以苍茫天地为背景，将长河、落日、沙渚、鸿雁笼而有之，以小见大，写尽宇宙的宏阔；“一带寒波作怒声，石梁断处气纵横”，表现的是拒马河作为北方河流的奔腾雄放；

“荒原尽处乱山青，一片风沙接郦亭”，描写的是平原尽处的山色和北地风沙迷漫的地域风光；“一片深秋画不成，芙蓉杨柳夜深情”，以概括的语言表现了北方深秋时节如诗如画的美丽景色；“蟹舍渔庄认旧游，两行衰柳入雄州”，则以典型化的手法写出了平原水乡的古朴风貌；《赵北口》一诗则以细腻生动的笔墨形象而具体地描写了华北明珠白洋淀的美丽富庶：水淀星罗棋布，河流交错纵横，水面辽阔无际，长堤高大蜿蜒，水乡的荷香柳影，水上的红桥雁阵，浅渚回汀的菱藕鱼蟹，水中的鱼欢鸟乐，还有那点缀于浩渺烟波上的容肘小艇；《由杜家庙至张夏山路崎岖戏为六韵》以白描的手法具体描写了泰山山地的崎岖、陡峭与荒寒：山势粗豪，水声悍急，山路坡陀，地僻村荒，土瘠民贫，蓬蒿遍野;《晓发泰安距泰山二十五里不及登》则主要通过想象描写了泰山的伟大、高耸与雄浑；“路人颛臾故壤中，乱山重叠认东蒙”，只一“认”字便写出沂蒙山区“乱山”迷人的特点。以上诸作所描写的北方风景，雄浑，壮大，粗犷，豪放，苍茫，邃远，恰似北方大汉的沉郁、威猛。

《红花埠》一诗，与其将其看成是纪昀《南行杂咏》组诗中所记南北方自然风光的分界点，倒不如将其视为其所记南方风光的总序言。红花埠，古驿名，属沂州府郯城县，其地乃苏鲁二省分界处，其南为江苏省新沂市。“老屋初编篾，高烽忽架楼。人言从此去，山水渐清柔”，正是概括地写出了水乡的“清柔”特征。《十一月初一日渡黄河》重点描写了黄河水急浪高、滩险水深的特点。《渡江》诗虽没有直接描写江山风光，但通过乘舟渡江过程的记述，间接地表现了江水怒吼、长波浩荡、风急浪高的情景；在自镇江至杭州的途中，作者大部分时光是在船上度过的。“冬冬闻津鼓，睡起已午初。饱食推篷坐，烟水皆画图”，所描写的是江南运河两岸的水乡风景；《夜泊吴江》是一篇写景之作，作者运用听觉和视觉，从高低远近等不同层次围绕“夜”字将吴地景物细腻生动地刻画出来，创造了一种静谧、恬淡的优美意境：银月、柳梢、官舫、塘坳、昏烟、孤城、小港、渔火、寒鹭、栖鸟、古塔、檐马，静的动的，声光形色，随意点缀，形象地表现了人间仙境的吴地夜风景；而《舟至嘉兴拟谒香树先生》一诗中的写景则分明是越地夜风景的生动描绘：依稀的楼堞，俯仰的青山，傍人的白鸟，天边的弯月，加之泊于水滨的小船，构成了一幅动静结合而生机郁勃的水墨丹青；与途经泰山而未登一样，作者泊杭州两日亦未游西湖，但西湖的风姿却也通过他的想象得其大概。

“青山是处好留客”，满目的空翠，明镜般的水面，参差的青山，诗意的斜阳流水，点缀在山间江面的点点沙鸥，行驶在画境里的一片征帆，甚至那山中的疏林破屋，在那位因短视而“一霎飞帆看不真”的诗人看来，无不显示出特异迥殊的特点。这组诗所描写的自然风光正可与吴均的《与朱元思书》两相对比、巨细互参；《滩河谣》八首以民歌的形式形象地描写了七里滩水清鱼美、水急滩险、行船艰难的特点;《阻风野泊》所描绘的“斜阳点破半江烟”“处处青山好往船”的图景,也是对浙西山水的总体概括;《过岭》描写了深冬季节仙霞岭银装素裹、山高路险的南国奇景;《建溪二十四韵》又通过铺陈、夸张的描写，为我们刻画了自建阳至南平沿建溪船行所见到的闽北风光:曲溪、危滩、险礁、高崖、怒涛、急湍，触目惊心，夺人心魄；而《交坑夜泊》则生动地描绘了过南平进入闽江后夜泊交坑时所睹的宜人风景：

青绿苍莽的群山，树尖上透出的悬天飞瀑及琤琮的流响，爬满藤萝的山间戍楼，天上云破月来的情景，构成了一幅动静相得、声色相渲的立体画卷。

如果说《红花埠》是纪昀南行所记南方风光的总序言，则《将至福州》二首就是其尾声了。将冬景似秋、草碧杉青、南风醉人、青山留人等“山水渐清柔”的特点概括出来。至此,《南行杂咏》所描绘的风光长卷宣告杀青。

浓烈的师友之情

第三，根据刘树胜副教授的研究，我们还知道，这个时候的纪晓岚，还抒发了浓烈的师友之情。

《南行杂咏》是纪昀的行旅之作，所至之处或是师友故里，或与师友迎迓，对已故师友的怀念和对新朋的感念无不撩拨着诗人的情怀，致使诗人凄然成诵或欣然成咏。此前的纪昀曾三度“持文柄”，曾经在科举途中遭受挫折的他对在举业中浮沉的士子们怀有深切的同情，因此他十分注意对人才的发掘、提携与鼓励。

纪昀自称："平生无寸长，爱才乃成癖。每逢一士佳，如获百朋锡。"纪昀南行出都门所作的《留别及门诸子》，就是写给其及门弟子刘权之、诸重光、孟生惠等人的。其握手频频、告诫谆谆的依依惜别之情，其期待桃李勃发、激励后学努力的殷切之情，饱满而深挚。

《却寄旧寓四子》一诗则从另外一个角度，回忆了数年来的追随深情，而重点抒发了对故人的留恋、担忧、关切之情，对四子的前途充满了信心。

《任邱晤高近亭因怀边徵君随园》是与老友高近亭的彻夜晤谈："草草荒鸡夜未央，挑灯话旧一回肠"。更是写对老友边连宝的怀念和对其坎坷命运的深切同情："故人踪迹言难尽，行子关河路正长。敢道功名由命数，且凭科第论文章。"

《宿阜城怀多小山》对老友多小山才高命蹇、仕途蹉跎、志不获展、飘泊不定的痛苦经历抱以深深的同情，抒发了自己负约怀人的憾恨之情。

《德州夜坐悼怀亡友李秋崖国柱成二绝句》将其与唐代李洞之志相比，赞扬了秋崖的高远志向与忠贞情怀，抒发了自己与亡友阴阳异处、人鬼阻隔、怀恋伤悼、期待入梦的悲痛之情。

《又悼田白岩二首》是诗人驻跸德州时的创作，作品对其孤苦无依、一世飘零的经历寄予了深深的同情，并对其清廉自修、安贫乐道的崇高品格予以了深情赞美。

《留别平原县令夏清溪》和《新泰令使馈食品诗以却之》两首诗对二人的款待报以感激之情，并表现出不事苞苴的清官本色。

《访李西轩前辈故居谒其尊人悽然成咏》二首通过对李西轩死后家园破败、父母无依的贫困生活的描写，和对李西轩仁厚长者之风的颂美，表现了对亡友身前清廉品质的赞美和身后情形的叹惋，抒发了难以扼制的凄怆之情。

纪昀南行多赖随行的四位幕友之力，其四友是钟忻湖、俞佑申、顾东田和赵春磵。诗人与之多有唱和。如《小除日丹阳舟中示幕中诸友》二首、《以诗投诸友索和竟日无耗走笔戏促》、《昨以长句促和小除诗》二首、《忻湖佑中东田各以和章见示春磵诗亦踵至》、《舟中诸友小饮倒押前韵再恼春磵》、《江船无窗暗不睹物求所谓明瓦者不得戏柬诸友》、《泊杭州二日不至西湖诸友颇讶不情因示此作》、《又咏钓台示诸友》等诸作，虽题曰“戏”，而其呵护羽翼之情昭然可鉴。

纪昀南行至盘门时途遇图南公车北上，为诗记之。诗作直抒胸臆，先言相见晤谈的情景，次言离别时境况，再言临别时的劝勉，最后以别后情景作结，抒写了刚刚相聚、倏又别离的难舍难分的深情。

《舟过嘉兴拟谒香树先生》“溯洄无限伊人思，一见挑灯眼定明”，表现了纪昀对这位有道君子的深切思念。

纪昀所抒发的师友之情，无论是与老师宿儒的望年交谊，还是与同侪朋辈的朋友之情，还是与僚宾幕友的宾主之情，无不真挚深厚，直抒所想，感人至深。

一片忠心侍君王

第四，根据刘树胜副教授的研究，我们还知道，这个时候的纪晓岚，还抒发了对于乾隆皇帝的感激之情。

《南行杂咏》是纪昀南行赴官途中的作品，而作为一名恪尽职守的封建官员，对于皇帝命他“四度持文柄”的殊恩自当是分外感激的，这与前文提到的冷官况味并不矛盾。这种感激表现在行为上就是时时刻刻想着皇上，时时刻刻不忘王命，时时刻刻想着事功。

《督学闽中十月初八日出都作》二首是其代表作。通过对未来情形的想象，将诗人尚未离京时那种感念君王、系心君王的情感和盘托出。而“殊恩报称难”和“莫避晓霜寒”，则表述了诗人思报“殊恩”、不辞艰辛的心理；诗人并非不愿游览名山大川，其所以过而不游者，乃是因为身负王命。经白洋淀，畅想往日繁华，大有道逢故人之慨，虽有再游之想，由于王命在身，唯存憾恨而已；过泰山而不及登是一大遗憾，而其自述原因曰：“壮游良所爱，于役自有程。”可见他心里面装着的是王命；泊杭州两日而不游西湖，却想象着西湖的好处，犹过屠门而大嚼。其原因是今日身不闲，是“既已谢邱园，焉能遂偃仰。人生各有分，无取首鼠两”；过子陵钓台而未登，其原因是清浊随人，非必做隐士才能成为君子，意在奉劝诸友关心政治、有为于社会；诗人南行途中屡屡涉险，渡黄河，险象环生，命握人手，但诗人却说“区区忠信宁敢仗，所凭王命轻阳侯”，表现了对君王的赤胆忠心。渡长江，自云“可信北伧真强项，鼋鼍窟里放歌行”，洋溢着乐观向上的精神品格。过七里滩，自云“滩浅尔莫怨，滩深尔未见。阿弥陀佛滩，吾今往福建”。不避滩险命悬，心中系想的是完成“往福建”的王命。过仙霞岭，虽云举步艰难，但想到“丈夫志四方，感激酬知遇”，便平添了必胜的信念。其所云“酬知遇”者，即是报答帝王的知遇之恩。无论是过胜境而不登临，还是遇险境而不退缩，所有这一切举动，无不体现了纪昀对君王的一片忠心，无不体现了他感恩图报的思想感情。

吊古抒怀的情绪

第五，根据刘树胜副教授的研究，我们还知道，这个时候的纪晓岚，还抒发了吊古抒怀的情绪。

《南行杂咏》是纪行抒怀之作，而其中亦不乏吊古抒怀的情绪。在涿州道中联想到生于范阳（古涿州）的几位历史人物：由郦享想到北朝的地理学家郦道元及其所著《水经注》，由张飞的摩崖大字想到张飞的能文能武、粗中有细，由卢充想到《搜神记》中的金碗轶事，由此体现了纪昀对这个文化昌炽之区的热爱；过景县，吊周亚夫祠，颂扬了周亚夫治军严整、军令如山、指挥有方的大将风度；游景州塔，生人间兴废沧桑之感，为高适咏长安慈恩寺塔而不咏故乡之塔而抱憾；过德州，谈东方朔故事，慨想其诙谐正直之为人，因与自己的经历联系起来，抒同病相怜之怀，总结了为官的经验教训：过晏城，凭吊晏子故垒，颂扬了晏子生活节俭、雄辩善言、不辱使命、机智善谑的精神品质，并追悔自己少年时代的直率少智，将晏子作为学习的榜样。以上两首均可视为纪昀借古伤今、自抒性灵的有感之作；过蒙阴，联想到《论语 · 季氏》中所记颛臾、《诗经 · 豳风》中所记东山旧地，慨然想起杜甫、李白寻范十隐居的旧事，发思古之幽情；过沂水，考证《论语·侍坐章》所云“浴乎沂”非当地之沂水，表述了“儒者求其实”

的学术思想；过郯城，联想到《论语·子之武城》闻弦歌的故事和南朝琅琊多出名士的历史掌故及神话传说，表现了对往日风雅遗韵的倾慕与向往；驻扬州，“可怜豆蔻春风过，十里珠帘不上钩”的现状，与梦里曾游的杜牧风流的巨大反差，发出的是今昔沧桑之感；夜泊枫桥，引起的是对张继诗的怀疑；过钓台，遥想光武帝朝严子陵和牛牢同为隐士而遭际不同的往事，抒发了经历虽同而命运不齐的人生感受；过仙霞岭，想起清初李文襄公转战兹处、仰攻克敌的往事，慨然兴“人生才地悬，宁止恒沙数”之叹；至建阳访谢叠山卖卜处，对谢叠山偶遭兵败、流宕江湖而方志未提的经历深表同情，并对武夷地方“喜以理学相矜诩，尊性命而薄事功”的流弊予以批判，表现了纪昀反理学的思想。此类作品或纯为吊古，或以古喻今，或借古抒情，无不典雅厚重、意味深长。

浓浓的乡情

第六，根据刘树胜副教授的研究，我们还知道，这个时候的纪晓岚，还抒发了浓浓的乡情。

《南行杂咏》还有一些抒写乡情之作，如《赵北口》写白洋淀风光；《河间太守郊迎赋赠》所云“枌榆旧社犹前日，风雨孤村有敝庐。我是州民应下拜，邑人莫拟马相如”，情意殷殷，绝无大僚返乡炫惑乡里之气；《单家桥道中赠驿卒》是过献县单桥时所作，既有对失足驿卒的安慰，又有对他的俏皮。而“我是故乡人”的揶揄，不但缓解了失足者的窘态，更体现了纪昀引故乡以为荣的心理。

深刻的人生哲理

第七，根据刘树胜副教授的研究，我们还知道，这个时候的纪晓岚，还有一些富含人生哲理的诗句，颇耐寻味。

如“多应未读淮阴传，不见英雄胯下生”，道出的是大丈夫能屈能伸的人生哲理；“山灵岂解作变态，正由眼底生媸妍。诗情画意两如此，此中有悟无人传”，借看山的感受，表述的是妍媸由心的美学思想；“得见固自佳，不见当何须。纵令入我掌，寒讵堪为襦”，借甓社湖千岁珠阐发了金珠宝贝饥不当餐寒不当衣的朴素哲理；《蚤虱》一诗，滑稽戏谑，是俗语“因虱烧袄”的变相说法，其中似乎有着作者廓清吏治的社会理想：“十年饱啖江瑶柱，应与黄齑是等闲。”借饮食比看景，亦有俗套生厌的人生哲理在其中；《江船豕》诗是借物抒情的哲理诗，作者借江船上的猪阐述了天下众物秉气而生、妍媸美丑各有其道的道理，劝人不必为此而烦恼，且做得万事随顺物我齐一，体现了道家的人生观；“须臾来去互相羡，舟子无劳拥楫叹。人间苦乐递乘除，封姨于尔何恩怨”，则以劝船夫的口吻，表述了苦乐相抵、不必怨天尤人的达观立场。这些诗句虽非纯属义正辞严的哲理诗，而往往借事借物有感而发，但合情入理，耐人思索，非饱谙世事者不能语。

纪晓岚也有败走麦城的时候

纪晓岚走京杭运河向南去的路上，正好赶上一个老者也上南方。这个老者是一个武将，由于京杭运河很窄，不能两艘大船同驶，谁也不相让——船是挨着的。

这个时候，这个老者在一张纸上写了一段话，让摇船的人送给纪晓岚。

结果纪晓岚打开一看，上面写着一段话，说：我一个老者，给你出一副对子，你对上来，你先走，你对不上来，对不起，我走，你后面先休息休息。

结果这个上联是这么写的，“两舟并行，橹速不如帆快”。纪晓岚一看，橹速，表面说的是橹不如帆，实际上“橹速”指的是三国的人物鲁肃啊；帆快，刘邦手下的大将樊哙啊，他的意思是文臣不如武将，你必须得用人来给我对，“橹速不如帆快”。纪晓岚在那儿待了一个时辰，没有对上来，人家船早走出好几十里地了，你就是不能走。可是对不上来也要走，毕竟还有任务在身。一直等到福建，福州，考场，考试，考试的时候鼓乐齐鸣，这个时候，他突然之间想出来，哎呀，我当初要是对出来多好？“八音齐鸣，笛清哪如箫和？”可是，人家已经走得没影了，这时说晚了，这就是我们介绍的纪晓岚，他这个人也有露怯的时候。

纪晓岚这个人我们知道，他是一个非常聪明的人，皇上不太喜欢他的相貌，但是又很欣赏他的文采，所以在这种情况下，乾隆皇帝就决定，这个人这么聪明，还是调到我身边来吧，别老在外面飞着了。因为乾隆皇帝老让他主持地方考试。算了，还是把他调到北京来吧。这样，1767 年，纪晓岚就奉皇帝之命回到了北京。回到北京的纪晓岚，这回真正开始了他直接和皇帝接触的生涯，到了北京的纪晓岚与乾隆皇帝能够每天接触，这对于纪晓岚来讲，是福是祸呢？

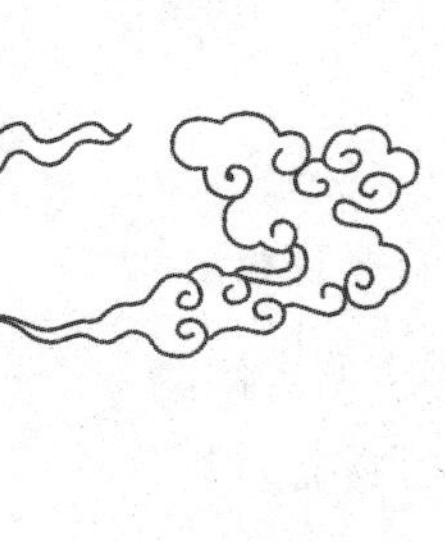

第九讲 纪晓岚发配新疆之谜

纪晓岚回京之谜

1767 年，乾隆皇帝把纪晓岚调回了北京。上一讲我们讲过，1762 年，他出任福建学政，主持福建的考试，一去就是几年，那么他在北京的宅子（他父亲置的）就出租给了别人。为什么呢？因为他到福建去了，他父亲当时已经年岁很大，在北京无人照料，所以就把北京的房子出租给别人，自己回到了献县崔尔庄，旧称崔庄，他的老家。这个地方现在归沧州管辖。不巧的是，就在纪晓岚的官运亨通之际，他的父亲病死了。1764 年他的父亲病故，纪晓岚只能是丁忧回家。

我们前面给大家介绍过，清朝的官吏在父母病故以后，必须在家守孝三年。纪晓岚辞去了一切官职，回到了献县，回到了崔尔庄，回到了他的家。1767 年，丁忧期满，乾隆皇帝把他调到北京，那个时候的纪晓岚，四十多岁，应该说是春风得意，正当年。他想，这回皇帝把我调到了北京，我该不会外放了吧，我该永远地留在皇帝身边了吧。如果那样，我就不如把我租出去的房子典回来，把我的妻儿老小全都带到北京，作为一个天子脚下的臣民。所以他迅速地把他的妻儿老小，从献县老家全都搬到了北京，搬到北京住哪儿呢？住在宣武门外。

那个时候，清军入关以后，我们今天讲的东西城，二环路以内的东西城地区，当时都是满洲人（旧称，即满族人）住的地方，汉人住在外城，满洲人住在内城。汉人住在城外，官员都住在哪儿呢？官员多数都住在南城，南城外。也就是我们今天讲的原宣武区和原崇文区。相对而言，住哪儿的比较多呢？住宣武区的比较多，那个时候崇文区还很落后，宣武门外到处都是汉族高级官吏的宅子。所以我们今天到宣外地区，你随便走进哪一个胡同，你都能够看得到，这是某某名人的住宅，那是某某名人的住宅。

纪晓岚在京住宅之谜

那么纪晓岚他的住宅在哪儿呢？在宣武门外的珠市口西大街，原来的编号叫 241 号，现在把宣外打通了，所以我现在就不太清楚到底是多少号了。原来叫珠市口西大街 241 号，现在它是一个独立的单位，它的旁边都是马路。

说起这个宅子，原来还住着一位伟大的人物，这位人物是谁呢？是岳飞的后代，岳飞的二十一世孙——岳钟琪。这个房子可不是纪晓岚他们家的，是纪晓岚他们家买的岳飞的后代岳钟琪的房子。

提起岳飞这个人，我倒很感兴趣。你说，岳飞以什么闻名啊？岳飞抗金闻名啊。金这个政权，它的建立者是谁啊？女真，女真人日后繁衍成什么人了？满洲人啊。

岳飞抗金，他的后代岳钟琪保卫大清。

结果呢，一不留神，在雍正年间岳飞的二十一世孙岳钟琪犯案被缉拿下狱，他的宅子也就被拍卖了。这个时候，正好赶上纪晓岚的父亲从云南姚安调到北京来，正好没宅子，就买下来了。所以纪晓岚九岁的时候，就曾经在这儿住过，来到北京就在这里居住。但是到了 1762 年，把这个房子典租出去了。直到 1767 年，他赎回来，把他的家人统统带回了北京。

看来，纪晓岚真的是想在北京大干一场了，真的企图在北京扎下根来了。但是，他高兴得太早了。他在北京待了一年不到，乾隆皇帝一怒之下就把他发到了新疆乌鲁木齐，这是为什么呢？纪晓岚因为什么得罪了乾隆皇帝呢？

话还得从一个叫卢见曾的人谈起。

卢见曾何许人也

说起这个卢见曾，他在清朝可是一个很有名气的人。卢见曾出生在 1690 年，他和纪晓岚的父亲是同一辈的人。比纪晓岚大三十四岁。他的儿子都比纪晓岚大十多岁，卢见曾于 1721 年考中进士。当时还是康熙帝在位，转眼之间，康熙病故，雍正帝上台，对于卢见曾非常器重，因为卢见曾有一个拿手好戏就是善治水，修水利那是行家。所以雍正帝认为这个人才不可多得，总想重用这个人。可是老天爷不知道总是跟雍正作对还是跟卢见曾作对，两个人总是碰不到面。雍正帝刚一上台，卢见曾的父亲就去世了。他的父亲一去世，没办法，守孝三年。这守孝还没满呢，卢见曾的生母又去世了，继续守孝，生母守孝还没满呢，他的嫡母去世，就是大太太去世，所以他又继续守孝。雍正帝非常生气，最后没办法，就说你也别守孝了，你赶紧给我当官吧。

当时中国的水患哪儿最多？安徽。安徽北边有淮河流经，南边有长江流经，所以安徽经常发水，皇帝没办法就把卢见曾调到这里来，让他担任几个地方的头儿，既担任这个府的头儿，又担任那个府的头儿，让他担任了好多官职。在这个时期，卢见曾可以说是春风得意，而且治水有功，皇帝非常器重。雍正帝在位才 13 年，很快就病故了。

盐运使卢见曾曾经有过贪污的历史

乾隆皇帝继位以后，也知道这是一个不可多得的人才，但是卢见曾这个人岁数已经大了，所以不让他亲临治水前线，就让他当别的官，当一个什么官呢？当盐运使。开始让他当两淮盐运使。

盐运使，我们要注意这个官职。中国从汉朝的汉武帝就开始规定“盐铁官营”。你买卖东西，市场上你买卖什么都可以，但是就是没有买卖盐的，就是没有买卖铁的。这都得政府官营，所以这个盐是归政府运营的。“淮”是淮河。“两淮”，淮南淮北。也就是整个淮河流域的盐都归卢见曾管。

结果卢见曾担任没多长时间，被人弹劾贪污公款1060两白银。人赃俱获。

乾隆皇帝听说之后非常生气，你卢见曾给我回家吧！就这样，乾隆皇帝把卢见曾给发回了原籍扬州。

提起扬州，我们会想到什么？扬州八怪。不要着急，扬州八怪，那么怪的人，你说他何以为生？就天天在那儿画个画，吃谁喝谁？吃的喝的便是卢见曾。

乾隆皇帝把卢见曾给发回了原籍扬州之后的第三年，就是1740年——乾隆皇帝还是气不打一处来，又命令把卢见曾发往新疆军台效力。你干活去吧你，你别在扬州了，你倒美了，天天跟那儿扬州待着，那么多人围着你？就这样，乾隆皇帝又把卢见曾发到了新疆。

治水能臣卢见曾

四年之后，滦河发水。滦河离北京非常近，在这个时候乾隆皇帝又想，算了算了，卢见曾你还是赶紧回来吧，你当滦州的知州吧，你赶紧给我治水吧，结果卢见曾官复原职，这是1744年。此后，卢见曾的官职一天比一天大，直到1753年，仍然担任了两淮盐运使，他在两淮盐运使任上干了10年。

1763年，这个时候，他已经七十三岁了，他向乾隆皇帝告老还乡，再也不能干了，再干就累死了。皇帝很高兴，那你就回家吧，对他很钦佩，觉得这个人很好。1765年，乾隆皇帝南巡的时候，亲自到他们家，给他题写了一个牌匾，牌匾上写了四个字“德水耆英”。“耆”是老的意思，老年英雄啊，治水就你最棒。

享誉文坛的学者卢见曾

这个时候，卢家门庭若市，每天在他们家吃白饭的有好几十人，除了扬州八怪是他们家的座上宾之外，他们家还有一位座上宾，这个人就是终生不得意，考了一辈子试也没考中秀才的吴敬梓。他写了一本书——《儒林外史》。在哪儿写的？在卢见曾他们家写的。后来有一年吴敬梓出去玩儿，结果病死在船上，还是卢见曾亲自打点，付了丧葬费给处理善后事宜，又把吴家的老老少少都接到自己家来养着。所以，如果说谁是中国第一个读《儒林外史》的人，那肯定非卢见曾莫属。

卢见曾还是一个享誉文坛的学者，除了他和文人交情好之外，那不是有钱就能够把文人请到家来的，您首先也得是个文人。那他在文学上也很有造诣，他最大的贡献就在于考证李清照的晚年是否改嫁。李清照我们知道，早年嫁给了金石学家赵明诚，后来不幸的是北宋灭亡，宋室南迁，赵明诚也在南迁的过程中病故。李清照晚年孤身一人，凭何生活？南宋有一个人叫赵彦卫，他是赵明诚他们家的一个亲戚，他写了一本书，这本书叫《云麓漫钞》。在这本书上，记载李清照晚年被一个叫张汝舟的人给骗了，被迫跟他结婚，后来两年以后，双方发生了冲突，最后打官司告状，官府才判她离婚，是否有这么回事呢？对此卢见曾进行了考察，进行了考证，结论是此事纯属虚构。关于他的考证，我们略过不提，下面来说卢见曾。

卢见曾再发贪污案

1768年,也就是纪晓岚回到北京的第二年,他在北京刚刚当了一年的官,在1768年就发生了一件事，什么事呢？两淮历代转运使贪污案发，不是一代，是历代转运使贪污，一个新任的两淮转运使尤拔世，他到了这儿一看，亏了，盐运的钱没有了，哪儿去了呢？他一查，都被人贪污了，被谁贪污了呢？他就直接上报皇帝！

历代盐运使都有贪污嫌疑，结果乾隆皇帝大怒，一方面命令江苏巡抚彰宝，会同尤拔世审案，另外一方面秘密地让人去缉拿卢见曾，同时做了第三手准备，查抄卢见曾的老家，同时告诉诸位，任何人不得走漏风声。卢见曾当时在扬州，他的老家不在扬州，在乡下，被缉拿、问罪。卢见曾却拒不交代，说自己没有贪污。

谁走漏了消息？

结果皇帝派人到卢见曾的老家查抄，仅有铜钱数十千,一千的铜钱算一贯,连像样的衣服都没有。没钱,乾隆皇帝纳闷儿,不对啊,他们家应该有钱,我1765年去他们家的时候，还很排场，见过他们家的钱，怎么没有钱呢？一定是卢事先得到风声把钱转走了。继续审查!

结果卢见曾老家的一个人，他们家的一个邻居叫李容的揭发，卢见曾的确是事先把钱转走了。卢见曾他哪儿得到的消息呢？乾隆皇帝就想，不对，一定是有人走漏了消息，事先通报了他。这个人是谁呢？查！一方面命令继续审查卢见曾，如若不说，重刑伺候，豁出去打死他。当时卢见曾七十八岁，另外一方面继续查他的老家。结果，查来查去，这个案子的走漏风声者正是纪晓岚。

纪晓岚与卢见曾的关系谜案

问题在于，纪晓岚为什么要把历代两淮盐运贪污案的消息走漏给卢见曾呢，这还要从卢见曾的孙子卢荫文谈起。还要从纪晓岚家与卢见曾家的特殊关系谈起。卢见曾的长子叫卢谦，生于1713年，比纪晓岚大十一岁，卢见曾的长孙卢荫文可是一个非常了不起的人物，很有学问，自从1789年考中进士以后，官衔直线上升，但是他这个人的脾气秉性跟谁比较相似啊，跟袁枚比较相似，当了几年官不当了，虽然当得很好却不当官了，游山玩水去了，那年他才四十多岁。再不当官，拒绝出师，就玩儿。

卢荫文何许人也？卢荫文是卢见曾的长孙，是纪晓岚的长女婿，纪晓岚的大女儿便是嫁给了卢荫文。话说到这儿，我们就知道，如若纪晓岚得知消息的话，他一定会将消息走漏给卢见曾了。一定会告诉他，那他是怎么样走漏消息的呢？说纪晓岚得知皇帝要查处卢见曾家之后，有两个版本的故事，《清史稿》上都没有这个记载，这个纪晓岚怎么走漏消息，正史上没有记载，谁记载这个啊，是教人学坏呢？《阅微草堂笔记》上也没有记载，所以你查这两本书没有。您查什么才能有呢？只能查野史，《清朝野史大观》第六卷里面，有一个非常生动的记载，这只是其中之一。

“盐茶”之谜

在这个记载下面，他说，纪晓岚得知消息以后，想来想去，怎么办呢？没有主意之际，灵机一动，忽然灵光一闪，拿了一个空信封，里面装了一把盐，装了一把茶叶，把它封上，派人送到卢见曾家。卢见曾一看，开始很不理解，什么意思啊？想了半天，恍然大悟，盐，盐案；茶，查封，盐案亏空查封。这个信封一个字没写，卢见曾便破获了这个无字信之谜，盐案亏空查封。

中国从汉朝开始，国家的税收除了向老百姓征的人丁税、地税之外，最主要的收入有两个，一个就是卖盐的收入，一个就是卖铁的收入。从唐朝开始，增加了一个，就是卖茶叶的收入。盐、铁、茶，这是三大支柱之一，国家收入的三大来源之一。而且这盐、铁、茶中最重要的一个来源就是盐。它跟铁不一样，我们家有铁农具，可以使好几十年，盐是每天都要吃的，所以盐在这三个里面，是最重要的。国家非常重视盐税。卢见曾知道这个事以后，他很快就转移了全部的家当。

野史上还有另外一种说法，不是一个信封、一把盐、一把茶叶，而是说当时纪晓岚看到这个消息情况紧急，立即在一个小孩子的手上写了一个字——“少”。你去到卢见曾家，见到你卢爷爷，让他看一看手上这个字然后洗掉完事。卢见曾一看，手，少——抄，哦，要抄家。

纪晓岚如何得知消息？

不管这两种说法哪一种说法是真实的、正确的，但是这至少证明纪晓岚这个人非常聪明。遗憾啊，这个聪明用的不是地方。还有个问题，诸位，不知道您想到没有，纪晓岚，他一个翰林院的侍讲学士，一个从四品的官，他打哪儿知道卢见曾盐案亏空查封呢？谁告诉他的呢？野史上没有记载，正史上也没有说明，这就成为一个无头公案。后来我考证了半天，我从和纪晓岚同一年考中进士的人员情况中一步步排查，最后我认定告密者便是王昶，为什么是王昶呢？我的证据在哪里呢？我们首先来看我的证据。

王昶的秘密

王昶出生于 1725 年，他这个人 1754 年考中进士，我说到这儿的时候，诸位有没有一种想法。哎，跟纪晓岚同一年考中进士。太巧了，两个人是极好的朋友，这是我的证据一。同年考中进士，很多的巧合，巧合还远远没有结束，还有第二个巧合。

王昶考中进士之后，不像纪晓岚那样，就进了翰林院了，他没有。当时一个很有名的文人叫秦蕙田，秦蕙田写了很多书，但是有一本书他岁数大了，写不过来了，但自己应了人家差事，没工夫写怎么办呢？就转托给王昶，你替我写一本书，这本书的名字我都给你定好了，我应人家的，《五礼通考》，你给我三年写出来，我给你多少钱。王昶没有为官，而是去替人写书去了，写完书之后他就应该回去当官了吧，他仍然没有当官。他又应当时的两淮盐运使卢见曾之邀请，跑卢见曾家教卢见曾的几个孙子去了。更为巧合的是，他教的卢见曾的孙子中便有卢荫文，即卢荫文是王昶的徒弟。卢荫文又娶了纪晓岚长女。王昶，卢见曾，纪晓岚，就这么神奇地走到了一起。

但是，仅有上述证据还不足以说明王昶是告密者。别着急。王昶后来开始为官，在翰林院当一个很小很小的官，不值得一提。但是，到 1767 年，也就是纪晓岚回到北京这一年，王昶升官了，升了一个什么官呢？他担任的官职是刑部郎中。刑部，他的头儿，第一把手，刑部尚书，当时刑部尚书是谁？刘墉的父亲刘统勋。第二把手，有两位，左右副手叫侍郎，第三把手叫郎中，后来我们管医生也叫郎中。因为在两汉的时候，医生的官职就是郎中。所以后来我们一说请郎中去吧，请医生不说请医生，请郎中就是这个意思。

王昶在 1767 年担任的官职便是刑部郎中，官不大，正五品。纪晓岚从四品，上下差半级，官不大，消息灵通，而且王昶这个人就是直接主抓卢见曾案的这个人。现在我们再把前面的经过，完完整整地叙述一番。我们可以看到，新任两淮盐运使尤拔世，看到国库亏空，立即上报皇帝，皇帝立即命令刘统勋查出，刘统勋把这个案子交给了王昶，王昶连夜就告诉了纪晓岚，纪晓岚又马上交给下人一个信封，信封里装了盐，装了茶叶，什么都没写，你给我送到谁谁家，咱们一个字不能写，还要把这个事通报出去。然后，卢见曾家转运财物。一件大案——遮天的大案就这样做好了。

提起王昶和纪晓岚的交情，多好的交情，多仗义的哥们儿啊，就是用的不是地方。一旦被亲情蒙住了双眼，理智便丧失殆尽。

谁来审理纪晓岚案件？

乾隆皇帝知道是纪晓岚走漏消息之后，非常生气，立即下令，查。在正史上没有说是谁来审讯纪晓岚，野史上对此可有个详细的交代。谁来审讯呢？命令刘统勋来查这个案子。那么刘统勋真的是这个案子的直接经办人吗？我们要知道，刘统勋当时担任的官职太多了，三部尚书，三部——工部、刑部、礼部，哪个部都归他管，尚书房总师傅，翰林院的掌院学士，东阁大学士兼首席军机大臣。如果真的交给了刘统勋的话，他会不会利用他在满汉大臣中的崇高威望出面来保纪晓岚过关，纪晓岚会不会逃过这一劫呢？难道审案子的人真的便是刘统勋吗？

我们还得去查一下。这个案子的审案人是不是真的是刘统勋？判断是否是刘统勋，并不难。我们查一下 1768 年这一年，也就是清乾隆三十三年这一年，刘统勋担任什么官职就可以了。我查了一下，果然在 1765 年的时候，他兼管刑部，他不是直接管，他管别的，他兼管刑部，直到 1768 年，他仍然担任刑部尚书，果然是他，而且后来的史实证明，这一年，由于他处理某个案子得到皇帝的欣赏，皇帝还给他题了一个四个字的匾额呢。看来，纪晓岚通风报信案的直接审问者便是刘统勋。

问题就出来了，刘统勋会不会与大臣勾结，保自己的学生，毕竟纪晓岚是刘统勋的门生。他虽然是天子门生，但是是刘统勋点出来的。会不会呢？诸位，您多虑了，历史证明，刘统勋不会做这样的事。刘统勋本人一生刚正不阿，如果他做了这种事，他就不会在死后得到整个清朝历史上给文臣的最高谥号了，最高谥号是“文正”。在所有的满、汉大臣中，从获得时间顺序上看，刘统勋是第二个得到“文正”这个称谓的人。

所以我说您多虑了，刘统勋不会帮助自己的门生安然过关，那么现在的问题是，乾隆皇帝手下的大臣，他们是否会帮助纪晓岚渡过难关呢？您又多虑了，两个方面的问题导致当时朝廷中的大臣没有多少人会协助纪晓岚：一个方面，由于前面我们说纪晓岚这个人有些尖酸刻薄，有些偏激，有些讽刺多于幽默，造成了纪晓岚得罪了不少朝廷中的大臣，所以这个时候，他的这些朋友不会帮助他，朝廷中的大臣多数都不是他的朋友，不会帮助他。

为什么没有人帮助纪晓岚？

有的读者就会提出疑问，难道纪晓岚就真的没有一个朋友能帮他吗？纪晓岚的朋友不少啊：刘墉，纪晓岚的朋友，那个时候在翰林院当七品的小官，从七品，能帮他吗？能见得到皇上吗？七品官就见皇上啊，没那种可能啊。董元度，每天不好好上班，出去游山玩水，这个案子案发的时候，他正在外地玩儿呢。咱们再说，他老师，前面有一个戴震，戴震我们没给你交代，戴震这个人，他压根儿就没考上进士，你别看他学问很大，他没考上进士。他一生不得志，他没考上进士不是官啊。

所以我们可以看到，他的朋友无非就是几类，一类不好好干工作的朋友，没在身边，一类是知心朋友没当官，还有一类知心朋友王昶掉进去了，您说他这些朋友除了走的就是跑的，要么就是进监狱的，谁来帮他呀？朋友有，帮得上忙的朋友没有，其结果我们就可想而知。

纪晓岚倒了霉，被发配到了新疆乌鲁木齐。要说起来啊，纪晓岚被发配到新疆乌鲁木齐，这个也是活该，给我的感觉也是有点罪有应得。但是问题在于，犯案的其他人员如何了？卢见曾本人当时判定抄家，秋后问斩。卢见曾本人没有熬到秋后，应该十月问斩，他活到了九月就以周岁七十八岁的高龄去世了。所以，卢见曾没有受到任何处分，卢见曾全家也只是被抄家而已，所有的人都没有进监狱，所有的人都继续在那儿生活，一个人都没有被发配，就把谁发配了呢？就把纪晓岚这个通风报信的人给发配了。您说这个时候，您如何评价纪晓岚这个事呢？是不是责罚得有点太重了？有点重。皇帝有点狠了，皇帝下手如此之狠绝不是吓唬别人，这中间有一点，乾隆皇帝对于纪晓岚本来就讨厌，我好不容易看到你有才，我给你调到北京来，你还这样做，我就更加讨厌你。

但是，我们可以看到，从纪晓岚最终没有逃出被发配的下场来说，没有什么朋友帮助他来说，这也是他本人长期积累下来的恶果。

话说，纪晓岚被发配到了新疆，他还能回来吗？如果当他回来的时候，他看到了一个新的更年轻的人已经成为他上级的时候，他又会如何打算呢？

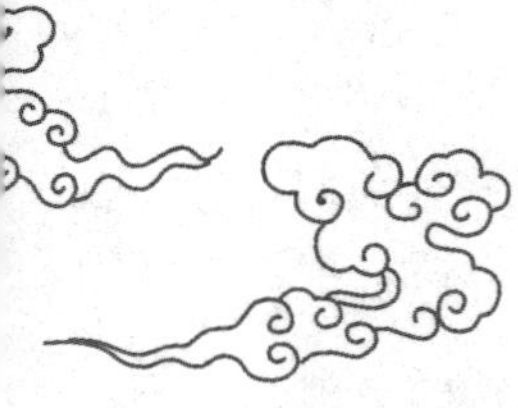

第十讲 纪晓岚发配新疆与漏网之鱼王昶

纪晓岚发配新疆与漏网之鱼王昶

前面我们给大家介绍了本来就不太喜欢纪晓岚的乾隆皇帝终于抓到了纪晓岚的一个把柄，就是纪晓岚通风报信。一怒之下，就把纪晓岚发配到新疆。发配到新疆哪里呢？是乌鲁木齐。有的人会问，怎么有的书上写到的是发配到新疆伊犁啊？我也看到过这种说法。清朝当时一般而言都会把罪犯发配到新疆的伊犁，因为伊犁当时是新疆地区的一个首府，但是乌鲁木齐这个地方是很少被发配人的，纪晓岚便是少数人之一。发配到新疆伊犁的有后来人所共知的林则徐，还有纪晓岚的学生洪亮吉等人。

接下来我们想一想，还有一个人是漏网之鱼，谁向纪晓岚通风报信的呢？这个人叫王昶，他怎么样？乾隆皇帝没有抓住他的任何把柄，但是明知道他走漏消息，这个消息就是一说，没有字，也没有盐也没有茶，怎么办呢？乾隆皇帝很生他的气，但是对他没有任何过分的处置，只是将他免职。就是你别干了，回家吧！但是他回家怎么见人啊？自己又不好意思见人，所以他就在北京待着。天无绝人之路，这个时候，就有一个人帮助了他。这个人是谁呢？他的老师的儿子。他有两个老师，一个是阿克敦，一个是刘统勋。是谁帮助了他呢？刘统勋肯定不会做这种事。阿克敦的儿子叫阿桂，大学士阿桂说，哎呀，看你怪可怜的，算了，你跟我走吧。当时阿桂正好担任云贵总督，带兵打仗，所以，王昶就跟了阿桂了。王昶就跟着阿桂跑到了云南和贵州地区，在那儿协助阿桂统兵打仗。王昶这个人晚年很好，八年之后，官复原职，后来呢，一路升迁，晚年还是得以善终。

电视连续剧《乾隆王朝》的三个谬论

说完了王昶，我们回过头来继续说纪晓岚被发配到了新疆乌鲁木齐充军一事。因何发配我们似乎是讲完了，但是，我们还要纠正两种社会上流传已久的谬误，一种谬误来源于电视连续剧《乾隆王朝》，它有三个谬误。我们说《乾隆王朝》作为一种影视艺术，它是艺术，源于生活，高于生活，跟历史的真实并不相像。本来无可厚非，但问题在于《乾隆王朝》的影响太大了，大到了我们老百姓都认为这里面说的都是真的，所以这就需要我们史学工作者来纠正一下。

《乾隆王朝》里面关于纪晓岚被发配一事，有三个错误，第一个错误是审案人员错位，到底是谁审的纪晓岚通风报信案。

在《乾隆王朝》里面，它说的是刘墉查的这个案，而不是刘墉的父亲刘统勋，这个说法肯定是错误的。因为我前面讲了，刘墉在1768年的时候，他是翰林院的一个七品小官。

第一，翰林院不是办案机构，它没有资格审案，它不是刑部，不是大理寺，它不是办案机构。

第二，翰林院的七品官也不能审纪晓岚这个从四品的官，必须得比他的官职高才可以审他，所以说办案人员是刘墉，这个说法是完全错误的。

这部电视剧里面第二个错误在于什么呢？是案发原因错位。在这部剧作里面，表面上我们知道，这个案子发生好几十年了，好几十年纪晓岚都掩盖过来了，只是到什么时候呢？到了乾隆皇帝该选择接班人了，也就是乾隆五十九年必须确定谁是自己的接班人的时候。我们算了一下，这个时候，应该是 1794 年。那么在 1794 年，纪晓岚是怎么犯的案呢？这个电视连续剧里面写的是什么？写的是乾隆有两个儿子都想接乾隆皇帝的班，两个儿子互相之间争得很激烈。说纪晓岚不愿意卷入皇子们之间的这种皇位竞争，而自揭老底。这里面还把纪晓岚拔高了一下。这个案子谁都不知道，他自己告诉皇上，我曾经办过一件什么事，然后人家才派刘墉来审。这个不对，1768 年案发的时候，皇子才多大？后来继承皇位的嘉庆皇帝，那个时候才八岁，争什么啊，他懂什么？所以说案发原因错位。

第三个就是案发时间错位。它那个戏里面很明显，这个案子是 1794 年露馅，然后将纪晓岚发配，但实际上我们查了一下是 1768 年，与 1794 年相比前后差了 26 年！这是我们讲的一种谬误之处。

另一种谬误是来源于一本文学作品——《纪晓岚全传》的谬误。《纪晓岚全传》是一个文学作品，文学跟艺术一样，源于生活高于生活，本身我们没有什么可说的，但是这个谬误以至影响到什么呢，很多的书上都已经把这个小说中的东西当成真实的，在《纪晓岚全传》里头，它塑造了一个什么形象呢？塑造了一个和珅的形象，说和珅盖了个房子，一栋新别墅，我们知道别墅实际上就是日后的恭王府，这个恭王府是 1788 年前后建的，说盖了一个别墅之后，请纪晓岚题字，纪晓岚写了“竹苞”两个字，和珅怀恨在心，于是乎每天盯着纪晓岚的行踪，终于被和珅跟踪到了通风报信这个事，和珅上报给皇帝，所以才把纪晓岚发配的。

我后来又上网搜索了一下，百分之九十九的关于纪晓岚和和珅的关系的文章，都说到这件事。他们两个人怎么结的仇呢，就是因为纪晓岚给和珅题了“竹苞”两字，然后和珅就恨上纪晓岚了。实际上我们可以看到，我们前面多次说过，和珅 1750 年出生，1768 年他刚结婚，度蜜月，还没有参加任何工作呢，那个时候是一个白丁，没有工作的一个无业青年。他上哪儿见皇上？他还盖别墅，还跟踪纪晓岚，他有那么大胆量吗？那阵他是谁啊？我看到的很多作品都是这样说的。这两种谬误我们纠正完了，现在我们再来看看纪晓岚是如何到达新疆的。

纪晓岚是否测过字

纪晓岚被发配到新疆乌鲁木齐。野史上说，纪晓岚在监狱中等待审案的时候，看门的正好是个测字先生，说会测字。纪晓岚闲来没事就跟他很无奈地聊天，说你给我测个字吧，测字先生说，您得写一个字。纪晓岚说我写什么呢？您姓什么啊？我姓董。那我就写您这个“董”字吧写了一个“董”字。测字先生一掐算，不好，您要发配了。纪晓岚说，为什么？您看，这个字上头是一个草头，底是一个“千”，“千”下面是一个“里”，您将被发配到几千里外草木丰盛的地方。纪晓岚说我再让您测一个字，那我发配到哪儿呢？测字先生说您再写一个字，他就写了一个“名”。测字先生说，完了，您得往西走了。为什么？名上头是个“夕”，底下是个“口”，您得发配到西边口外，没有特殊情况就是新疆了。你看这个测字的先生说得多准啊，你不服气不行啊。我就不服气，让我算我也会，你不用写字，我都知道把你发配到哪儿。

康熙年间，犯案的大臣都发配到黑龙江。那个时候的罪犯为什么要被发配到黑龙江呢？

康熙皇帝经常在黑龙江打仗啊！所以那个时候都是发往军台效力。

乾隆年间，你不用算，大臣一发配都发配到伊犁去了，为什么？

因为伊犁那儿正在打仗呢！我们讲，从康熙到雍正，到乾隆年间，新疆这个地方一直不消停。先是噶尔丹叛乱，后是回部叛乱。所以但凡有罪犯都给发配到新疆充军，而绝大部分人都是被发配到伊犁去。

当然了，纪晓岚这个人是个例外，他被发配到了乌鲁木齐，为什么呢？

纪晓岚为什么会被发配到乌鲁木齐

1762年，乾隆皇帝刚刚平定了回部大小和卓的叛乱。回部，就是我们今天所说的维吾尔族。那个时期回部有两个贵族，他们违背回部绝大部分人的民意，发动叛乱，叛离中央政府，企图独立。这两个人自称是伊斯兰教的创始人穆罕穆德的后代。因为只有穆罕穆德的后代才可以管自己叫和卓，所以这两个人一个叫大和卓，一个叫小和卓，他们两个人是亲哥俩。结果乾隆皇帝派兵平定了叛乱，就是在1762年平定的，纪晓岚这个案子是在1768年案发的，中间差了六年。当时新疆被平定以后，清朝政府在伊犁设置了将军，管辖全疆事务。新疆以天山为界，分成南疆、北疆，乌鲁木齐在南北疆的正中间，在天山正中间的盆地里，他就直接负责南疆的军垦工作，新疆那么多军队吃什么？吃当地老百姓？当地老百姓都是游牧民族，他不种地，你再跟他要粮食，不就更加容易让人造反吗？所以当时清朝在那里的军队都是自种自食，这个制度一直延续到了今天，我们今天不也是有新疆生产建设兵团吗？

在那个时候，乌鲁木齐作为一个南北疆正中间的地方，它是主管南疆的军屯工作的一个要塞。那时，乌鲁木齐老城刚刚建好三年，没有现在的乌鲁木齐新城。有东西南北大十字街，乌鲁木齐老城就是一个大大的“田”字。东西南北两条大街通向四个城门，纪晓岚就是发配到那儿。

郁闷的纪晓岚

我们现在再说纪晓岚从北京出发去新疆。毕竟是罪犯，所以呢，纪晓岚本人心里头闷啊！

罪犯被发配，那时什么都不能带啊，罪犯出行只能带什么？衣服、粮食，不能带别的。

纪晓岚一想，我是个文人啊，笔不让我带，墨不让我带，纸、砚都不让我带，那你杀了我得了。于是他几次上书给乾隆皇帝，我错了，我罪该万死，但是您让我活着，您让我带个砚台吧。我求求您了！结果皇帝发了善心，算了，让纪晓岚带个砚台吧。

纪晓岚很高兴，当即就在这个砚台上刻了几个字——一首诗，刻在这砚台上，这叫砚台铭。这个诗是这样写的，"枯砚天嫌似铁顽，相随曾出玉门关。龙沙万里交游少，只尔多情共往还"。

什么意思呢？文人发配一路上萧条啊，连个说话的人都没有，只能带个砚台出发，只有这个不会说话，但能被别人写出字来的砚台，与纪晓岚做伴了。纪晓岚带着这个砚台就出发了。一路上他经常会想，此情此景正应了"渭城朝雨浥轻尘，客舍青青柳色新。劝君更尽一杯酒，西出阳关无故人"这首诗的意境了。

他在想：我还回得来吗？恐怕我这辈子就交代在新疆了。他一路上经常发出这种感慨。但是转念之间，他也经常想起他的朋友董元度！

你看看别人身无分文却能畅游天下，指点江山，激扬文字，别人能做到，我为什么做不到？读万卷书不如行万里路，与其悲伤，还不如潇洒地走一回。这就是董元度对他最重要的一个影响。

想到这里，他就高高兴兴地西行了。

《乌鲁木齐杂诗》与《阅微草堂笔记》的创作

纪晓岚一路西行，边行边谈，每走到一个客栈，每见到一个朋友，都会主动与人家搭讪，都会主动与人家进行谈话，你们这儿有什么风土啊，有什么人情啊？去主动采风，走一路，写一路，两年多下来，他就写了160首诗。后来回到北京，他编了一个集子，集子的名字就叫《乌鲁木齐杂诗》。这些诗不是关在屋子里面作出来的，是访出来的，是说出来的，这些诗的清新气息，是当时文坛上其他人所不能比拟的。所以这个诗一刻出来，立即就闻名全国。

纪晓岚在新疆的那段岁月里，写下了不少诗文，并记载了当年他在新疆的两个真实案例、真实事件。这两个事经常被经济学家所引用——经济学家就拿他这两个案子，拿他这两个事件来评论当初和今天的中国与世界。

这两个事件我介绍一下。

一个是采金，我们知道，新疆是中国两个最大的黄金产地之一。另一个是山东省，山东招远的黄金很多。而山东出金是很晚的事，新疆出金那是几百年几千年前的事。新疆出金，90%都出自阿尔泰山，阿尔泰山可是一个宝山，阿尔泰山位于中、蒙、俄三国交界，这个山，阿尔泰山的意思就是“金子”，这个地儿出金子，阿尔泰山的每条沟里都有黄金。

所以呢，别说从清朝开始，从汉朝开始，就有很多人在那儿沙里淘金，到清朝依然如此。你没法禁止。每条沟里有好几百人在淘金，一共有二十多条沟。纪晓岚被发配到新疆乌鲁木齐的年代，最盛的时候，阿尔泰山有五万多人淘金，在那里淘金的都是什么人呢？流民，百姓，淘完了金子，这个金子就是自己家的了，也不向政府交税，政府也不知道，转眼之间就成了亿万富翁。所以，乌鲁木齐的大臣很生气，金子都归他们了，国有资产白白流失啊，这怎么能行呢！不行，我得想个办法，谋士们给我出个主意。当时有个谋士就向这个大臣出了一个主意，这个主意有点馊。他说，所有去阿尔泰山淘金的人都只有一条道进去，您把这条道堵上，人可以进，粮食不能进，不就完了吗？没粮食，最后都饿死了，没人淘金了吧，多简单啊？结果这一堵不要紧，里面的好几万人没饿死，全都跑出来了，他们跑出来见谁杀谁，见谁逮谁，见谁抢谁，打家劫舍！一下转眼之间，五万罪犯，横行霸道啊。朝廷一看，这些罪犯有五万人，咱得派十万人围剿吧。你知道这五万人跑哪儿去了，围追堵截好几年，花费了不知几百万两、几千万两黄金和白银，最终才把这几万人给消灭下去，得不偿失啊。

经济学家每次讲到这儿的时候都说，你看，多简单的一个问题让他复杂化了吧，那就一条道，设置一个关口，进进出出的人，不要钱，出来的人交一半，就完了，收点税。我觉得这个经济学家说得简单，真做起来他们交吗？我觉得，有点悬，但是经济学家有他的道理。

第二件事是养牛。新疆的部队是军垦，军垦的军人打仗有马，您见过军人骑牛打仗吗？这个马不能用来种地，那阵，马是军马，只能养着，只能吃，不能干活的。种地全都是军人自己，谁来帮助他呢？军队你又不能养牛啊，所以他是雇牛。一到春耕大忙的时候，找新疆老百姓家，我给你多少钱，你借我这头牛，给我干一天活。人家新疆人养牛干吗？吃啊，养好多牛，今儿杀一头，吃几天，过两天再杀一头，所以家里有的是牛啊。人家新疆人养牛是为了吃的，军队到那儿借牛是为了种地。结果赶上这一年，军队的地开垦得多了，牛用得也多了，可是牛用得多了，新疆人还得吃呢，相对来讲就显得土地多，耕牛少，地和牛的矛盾就产生了。这个时候，乌鲁木齐大臣手下的这个谋士，又出了一个很馊很馊的主意，他说，你看这新疆人他把牛都给吃了，你要不让他吃，这牛咱们就都能租来了吧。所以，乌鲁木齐大臣就立即下令，任何人不允许宰牛了。这牛不宰了，牛没见多，倒少了。

人家养牛是为了吃，谁养牛是为了给你种地？你不让我宰，我不养了。所以转过年来牛更少了，这个地更没法种了。经济学家也说，你看，违背经济规律。你要是按照我们经济学说的，你给他涨点价，比如说，租牛的时候，一天原来每天给五块钱，现在给十块钱，你涨价不就完了，多简单啊。但我总觉得这个新疆人他会为这点钱就给你吗？我觉得经济学家说得也有点悬。但是不管怎么说，纪晓岚将他在新疆的所见所闻，写入《阅微草堂笔记》，会使后人或多或少地从中受益。

纪晓岚在新疆两年多的时间，感触颇多，这也是他的人生观、世界观发生重大改变的时期。这两年多对他的影响实在是太大了。尽管在他的笔下，新疆一片歌舞升平、风景秀丽，但是，他还是有点住够了，他不想在那儿待了。想来想去还是北京好啊，我有什么机会回去就好了。皇上也不知道什么时候能发善心把我调回去，皇上我求求您，发发善心吧。

纪晓岚回到北京之谜

你别说，老天爷对纪晓岚不薄，纪晓岚想什么，人家乾隆爷就办什么。

他这正想着何时回京呢，人家乾隆皇帝就一纸调令，你啊奉旨回京吧，纪晓岚说回京他就回京了。

为什么呢？我们还得从乾隆皇帝修《四库全书》说起。乾隆皇帝修《四库全书》我们在《历史上的和珅》《历史上的刘墉》里面都介绍过，但和珅与刘墉在修书过程中那都是配角，《四库全书》还是纪晓岚修的不是？纪晓岚是总纂官不是？这里我纠正一种说法，纪晓岚是1771年回到的北京，但是呢，乾隆皇帝有修书这种想法是产生于1770年。

1770年，乾隆皇帝终于想起了要修《四库全书》，为什么呢？他感觉到当时的天下歌舞升平，大清朝康乾盛世已经110年了，110年的盛世。在这个时候，他认为老百姓生活富裕了，就需要对他们进行教育，富而思教。所以他就想，一定要提高百姓的觉悟，百姓的水平，知识层次，这就需要一部特别大的书。同时，他还有个自私自利的目的，即一定要在自己的统治时期修成一部前无古人、后无来者、空前绝后的书，这部书一定要比明朝汉族人修的《永乐大典》还厚，也要比他父亲修的一万卷《古今图书集成》厚，一定要比这两部书都厚，修一部空前绝后的书，以完成自己"三立"的愿望：立功，立德，立言。"立功"，他有十全武功。"立德"，他的统治之下，老百姓丰衣足食。他认为现在就差"立言"了，他本人也深深知道思想统治的重要，所以他要下决心修一部书，这个时候（1770年），他就找到了东阁大学士、三部尚书、翰林院掌院学士、尚书房的总师傅兼首席军机大臣刘统勋。刘统勋在这个时候趁机就向乾隆皇帝提出，您要修书，总裁、副总裁我们老头们都可以干，挑挑书的毛病，哪本书不能写，哪本书不能用，哪本书应该改，我们都可以做，但是真正做总纂官，做好几百人抄书的领导，我们这些人都老了。您得找一个什么书都读过，而且学问又很深，还年富力强的这么一个人。全天下这样的人，我跟您说就一个。要不然您就别修这个书，要修这个书您就把我的门生纪晓岚调过来，除了他，谁都办不好这件事。结果呢，乾隆皇帝想想也是，算了，那就把他调回来，于是，一纸令下，将纪晓岚调回北京。命令下得容易，到新疆远着呢，好多天呢，等纪晓岚接到圣旨回来那就到了1771年了。纪晓岚终于回到了北京，回到了他的家，我们后来所说的阅微草堂，现在叫纪晓岚故居，那个时候纪晓岚他们家大，连现在的晋阳饭庄那儿，都是他们家地盘。

纪晓岚终于回到了北京。在新疆这两年多的时间，给纪晓岚的感慨太多了，给他的印象太深了，他将永世难忘。在他新疆流放的前前后后，有很多不幸的事情发生。

纪晓岚的不幸

第一件不幸的事，他的大儿子纪汝佶病死了。纪晓岚在他的书中最恨的一个当朝的人——蒲松龄，写那些妖魔鬼怪的书——也不知道自己的儿子打哪儿抄来的。看着看着，最后，陷在这妖书里死了。纪晓岚这个人对蒲松龄的恨都写在他自己的书里，他儿子还真是不知打哪儿淘换来的，那阵那书是不让印的，刚写出来，它是手抄本。

这里我要交代一句，一般说来，纪晓岚有四个儿子，长子叫纪汝佶，次子叫纪汝传，三子叫纪汝似，四子叫纪汝亿。四子生得比较晚。现在纪家的后代，有人说纪晓岚就有三个儿子，所以我前面说是一般说来，认为他有四个儿子。

纪晓岚除了有四个儿子之外，历史上记载纪晓岚还有三个女儿。他的大女儿嫁给了卢见曾的孙子卢荫文。他的二女儿嫁给了山西按察使袁守诚的儿子袁煦。三女儿打算嫁给纪晓岚的同乡戈源的儿子。为什么说打算呢？还没成婚，三女儿就死了。所以我说呢，这是他的第一个不幸，儿女先后去世。死了一个儿子，死了一个女儿，这都是发生在他流放的前前后后，让他很伤心。

第二个不幸，就是他的一个爱妾郭彩莲也死了。纪晓岚虽然说妻妾众多，但是他最喜欢的还是郭彩莲，长女就是郭彩莲生的，结果郭彩莲也去世了，这也很让他伤心。

第三个不幸，是他的一条心爱的狗死了。前面我就说过，纪晓岚养了一条狗，这狗有一个名字叫“四儿”。为什么？那阵他那个四儿子还没有呢，他已经有三个儿子了，所以这条狗叫“四儿”，跟他的三个儿子是平辈，是这么个意思。为什么狗死了很不幸呢？我们前面说过，他流放新疆，带了一个砚台不是，除了带了一个砚台之外，还带了一条狗，就是这条狗。是他在发配新疆及返回京城后这接近三年时光里唯一的一个朋友，会叫唤的朋友，虽然不会说话，但是它会表达感情。他回北京时，只有这条狗跟着他，陪伴着他。这条狗就再容不下别人，心里只有纪晓岚，他们家仆人偷着喝他家的酒，或者偷他家的东西，这条狗天天盯着人，一见仆人偷酒、偷东西就叫。狗毕竟是狗，还是斗不过人，仆人就下了点药把狗毒死了。狗死了以后，纪晓岚非常生气，厚葬了这条狗。他找人定作了一个牌匾，上面他亲自写下了三个大字“师犬堂”，钉在仆人住的大门上。让你们每天过来过去都看看，做人家的仆人应该像条狗一样，学习一下这狗怎么看家护院。

当然让他更不如意的是，回到了北京，他就归和珅管理。

纪晓岚、乾隆皇帝、和珅，三个人，终于走到了一起，这三个人到了一起，有什么新的文章可以述说吗？

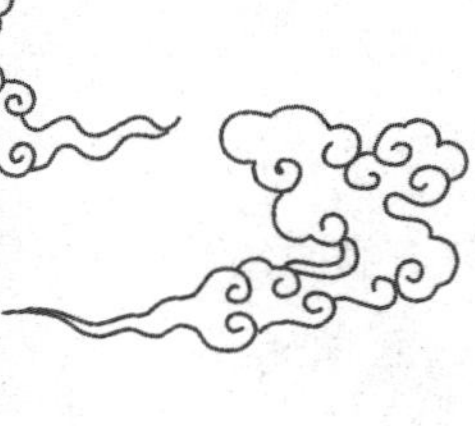

第十一讲 『个个草包』之谜

纪晓岚经过两年零八个月的新疆流放生涯，终于回到了北京。回到北京以后的纪晓岚，就成了年轻、英俊的和珅的下级。和珅这个乾隆皇帝最为欣赏的年轻大臣、纪晓岚这个久经颠沛流离的中年学者、乾隆这个老而不服老的老年皇帝，三个人终于走到了一起。那么这三个人在一起会发生什么故事呢？真的像电视中演的那么多故事吗？我们这一讲就来揭示一下纪晓岚与和珅的关系之谜。

纪晓岚与和珅的两个故事

在纪晓岚与和珅这两个人的传说故事当中，有两个故事最为闻名，其中的一个故事就是我们前面给大家介绍过的，说纪晓岚在 1768 年被发配，是因为他为他的亲家、姻亲、前两淮盐运使卢见曾通风报信。我们看很多的书包括《乾隆文圣——纪晓岚大传》，包括现在的一些回忆文章，网上登载的文章都不约而同地登载了这么一件事，说是纪晓岚通风报信是被谁查出的呢？是被和珅查出的。那么这个故事，我们在前面给大家介绍的时候，已经批驳了。我们说前两淮盐运使卢见曾贪污案属实，实有其事，纪晓岚为他的姻亲通风报信案属实，实有其事，那怎么通风报信的呢？

如果说和珅是侦察者，这个就纯属胡说八道了。因为我们知道，那个时候的和珅刚刚结婚，他还没有从政，没有踏上政治舞台，所以这个结论我们前面已经给大家揭示了，它不是真的。

那么另外一件事呢？第二件事也是网上或者是书里面记载最多的。有一本书叫《清朝野史大观》，编撰者叫小横香室主人，这里面有一个第六卷，叫《清人逸事》，记载了一个故事，故事的题目叫《纪晓岚之机警》。

这个故事里面就说，乾隆皇帝非常宠幸和珅，当时周围的大臣也都拍马奉迎。一时之间，说和珅的府邸前前后后每天都是车水马龙。但是在这群人当中，看不到纪晓岚的身影。

故事里面就说，有一年，和珅给自己盖了一栋房子或别墅，那么这个房子也好，别墅也好，我们现在能够判断出来，它就是后来的恭王府。盖了这个房子以后，他开始附庸风雅，他就觉得这个房子不能空空荡荡的，总得挂些字画。在这个时候，和珅就想到了当时被誉为一代文宗的纪晓岚，纪晓岚的墨宝是很难求的，所以他就决定求纪晓岚给他写几个字。结果没有想到，一直以来，非常不喜欢和珅这个人、跟和珅没话说的纪晓岚，这次非常痛快，提笔就写了两个大字“竹苞”。而且纪晓岚还告诉和珅，说我给你提的这两个字是取自《诗经·小雅·斯干》。这首诗的意思呢，你可以去查这个诗，说这个诗它就是讲人家新房落成的，新房落成时的吉庆话。那么事实上是这样的吗？我们来看看《诗经·小雅·斯干》。

“竹苞”的由来

我们知道，《诗经》是我们国家一个最古老的诗歌总集。《诗经》的出现是我国诗歌成熟的一个标志。《诗经》是众人写的，把这些诗收集起来的人，是我国著名的教育家、思想家、儒家学派的创始人孔子。《诗经》分成“风、雅、颂”三部分。《诗经》中的精华，一般认为都是在“风”里面，“风”分成十五国风，一共有160篇，都是取自下层劳动人民的诗歌。《诗经》的“风”中的第一篇写的就是“关关雎鸠，在河之洲，窈窕淑女，君子好逑”。

“颂”是什么？就是在祭祀祖先的时候演奏的一种乐曲，一共有40篇。这个“风”是160篇，“颂”是40篇，这是200篇。剩下这105篇就是“雅”。

“雅”是什么呢？“雅”原来是一种音乐的乐曲，曲调叫“雅”，这个曲调是因为它们前面有一种乐器叫“雅”。现在这种乐器没有了。原来有两种乐器，一种乐器叫大雅，一种乐器叫小雅。大雅弹奏出来的曲子就叫“大雅”，小雅弹奏出来的曲子就叫“小雅”。大雅这种乐器和小雅这种乐器在哪儿比较流行呢？就是在今天的西安，那个时候叫沣、镐，是西周的两个都城，一个叫沣京，一个叫镐京，在沣、镐这两个地方。

那么“大雅”适合什么环境下弹唱呢？这个乐曲是国家的礼仪大典的时候弹唱的。“大雅”有31篇。

“小雅”与“大雅”不同，“小雅”一般用于贵族宴会，在贵族的宴会上需要弹奏的曲子那就跟国家的礼仪大典不一样，礼仪大典需要很庄重。贵族的宴会就需要的是一种诙谐、幽默，就需要一些轻柔的曲子，这就是“小雅”。“小雅”一共有74篇。

我们刚才说的“竹苞”这个词，就出自《诗经·小雅·斯干》这首诗。这首诗太长了。我看了《诗经》中的诗，这诗是其中比较长的一首。它分成两部分，前一部分说的是怎么盖房子，房子盖在哪儿。第二部分说的是房子盖完了什么用途。这第二部分，是迄今为止，受到全世界的女权主义者极力抨击的一部分。女权主义者没有不知道这首诗的。它说盖了房子干吗使呢？盖了房子的目的是给儿子讨老婆的，讨了老婆怎么办，要结婚，结完婚生孩子，生了男孩怎么办呢？生了男孩给他放床上，给他买好玩儿的，好吃的，好用的，随便让他玩儿，将来把他培养成贵族，将来再让他讨老婆。如果生的是女孩呢？如果生的是女孩给她扔地上，猪吃什么，就给她吃什么。女权主义者因此得出，中国重男轻女持续的时间在世界上是最长的，西周初年就开始重男轻女。不过“竹苞”这个词是出自《诗经·小雅·斯干》中的前几句 ：“秩秩斯干，幽幽南山。如竹苞矣，如松茂矣。兄及弟矣，式相好矣，无相犹矣。似续妣祖，筑室百堵。”这讲的是他盖房子，房子盖在哪儿。第一句“秩秩斯干”，“秩秩”是流水的声音，由上往下，流水的声音也指一种顺序，依水而建的意思。“斯干”，“斯”没有意思，是连接词。那么“干”是河岸的意思，水边的意思。这个房子要建在水边。“幽幽南山”，这个房子要建在水之南，而且南边是什么，我们知道，是秦岭的支脉终南山，我这个房子要建在山北水南，这是一栋别墅。这是前两句。“如竹苞矣”，“竹”是竹子，“苞”是形容草木茂盛；“如松茂矣”，“松”是松树，“茂”是茂盛。那么“如竹苞矣，如松茂矣”，连起来就是这家的后代，这个房子及其后代应该像什么？应该像竹子那样繁衍，应该像草木那样生生不息，应该像松树那样，种哪儿哪儿活，好养活。孩子要养活一大堆，房子也要盖一大片。是这么个意思。

那么“兄及弟矣”，这没有什么意思，就是兄弟，这一句连起来是什么，兄弟之间要怎么样呢？“式相好也”，说兄弟之间永远要和睦，“无相犹”，“犹”是过错，“无相犹矣”是什么呢？不要打架，兄弟之间要永远友好。“似续妣祖”说的是什么？要继承祖宗的家业，“筑室百堵”，要盖很多房子，要发扬光大，大致是这么个意思。

“个个草包”谜案

和珅拿过来一看，哎哟，是这么回事。他那儿也有《诗经》啊，拿过来一翻，确实是这么回事，特别高兴。立马让人家给装裱起来，挂在他亭台楼阁中最显眼的地方，每天人来人往的地方，谁到他们家一参观，只要一到这儿，他都领人家看，这是纪晓岚先生给我题的字。似乎这个时候，每当他带着人家看这个字的时候，他身上的铜臭味也少了很多，似乎是这种感觉。

但是这个故事就没记清楚，说直到有一天乾隆皇帝来，也有另外一种说法，说的是直到有一天刘墉来，看到“竹苞”这两个字，心想这是什么意思？开始是不理解，后来一看，恍然大悟，哈哈大笑，为什么笑呢？“竹苞”，和珅，你看我给你念啊，“个个草包”。乾隆把“竹苞”两个字给分解了。说和珅，纪晓岚骂你呢，说你们家个个都是草包。和珅这回恍然大悟，得把“竹苞”两个字给拽下来不说，牌匾拽下来砸碎了不说，而且还特别生气。从此以后，就跟纪晓岚记仇了。

这个故事的真假我们下面再考证。有好事者把这两个故事给拴一块儿了，把我刚才讲的这个故事和前面咱们说的那个故事给拴一块儿了。说什么呢？从此以后，和珅怀恨在心以后，每天盯着纪晓岚的左右，终于找了一个碴儿，就是卢见曾贪污案，就是纪晓岚通风报信，他抓到以后告诉皇帝，最后纪晓岚被发配。把这两个故事给结合得天衣无缝，典型的就是《乾隆文圣——纪晓岚大传》，不过人家那是文学作品，本身就可以虚构。

我们现在来考证一下，我觉得这个故事不是真的。因为故事中的漏洞太多了。我说一个有点过分的话，就是打死纪晓岚，他也不敢给和珅写“竹苞”这两个字。他没有这个胆量，我为什么说他没有这个胆量，我有两个证据，我从两个方面来说这个故事的主要漏洞。

第一个漏洞：故事的主角不对。

第一个方面，这个故事的主角不对，也就是说如果有这个故事，那么故事不应该是纪晓岚。给和珅写字的绝对不应该是纪晓岚，应该是另有他人。那么他人会是谁呢？我们依据下面的三点来判断。

第一个证据：纪晓岚的墨宝。

我们从墨宝这个角度来判断。说纪晓岚的墨宝，故事中说纪晓岚是一代文宗，“宗”的意思就是头儿。文宗，文化界的头儿。说纪晓岚是当时文化界的头儿，这点我同意，我也承认，确实在当时的中国，说读书比纪晓岚多的，在那个时候少。没有人在纪晓岚面前叫板，如果有人在纪晓岚面前叫板，那肯定他就去修《四库全书》，他就当总纂官了。所以说纪晓岚是一代文宗这是真的，符合历史事实。但是你要说他的字好，这个我可不同意，因为是一代文宗，就天天有人找他求字，找他签个名儿，我觉得可以，求他写个字挂上？他的字并不好看，那么在当时的中国，谁的字好看？最好看还得说是乾隆皇上，他的字好看。除他之外，当时乾隆朝一共有五个人的书法都不错。

这五个人，一个是刘墉，刘墉被称为“浓墨宰相”，他当了很多官，相当于宰相。宰相明朝时就不再设立了，但是他的官职相当于宰相。所以刘墉被称为“浓墨宰相”。与他相对应还有一个人，是在科举考试制度中考了第三名，叫“淡墨探花”，那个人叫王文治。王文治这个人曾经跟着修过《四库全书》。除了这两个人之外，当时著名的书法家还有三位，一位是翁方纲，翁方纲是著名的诗人、学者。

此外还有一个人就是满洲人了，叫铁保。铁保的书法很好。最后一个人就是乾隆皇帝的儿子成亲王永瑆，这几个人的字都是不错的。如果和珅请人题字，我的感觉，请这五个人可以。那么这五个人中间，我们再来判断谁能够给他写“个个草包”呢？这五个人当中，应该说能写的，我的感觉只有两个人：一个人是刘墉。为什么说刘墉可以给他写？谁说刘墉一个汉人不能跟满洲人斗，但是你要记得刘墉，和珅不敢得罪他。刘墉的父亲刘统勋当过三部尚书，当过翰林院的掌院学士，当过首席军机大臣，当过尚书房的总师傅。那么，以家庭背景来说，刘墉有这个胆量，可以写。而且以刘墉与和珅的关系，我们前面在讲刘墉的时候，应该说刘墉也有这种可能。

另一个敢给他写的是谁呢？成亲王永瑆，成亲王这个人出生于1752年，比和珅小两岁，也就是两个人年龄差不多，但是成亲王字好，他还有一点是什么？他毕竟是皇上的儿子。皇帝的女儿又嫁给和珅他们家，所以成亲王永瑆他可以开和珅的玩笑，而且和珅不会当真。所以单纯从墨宝的角度来讲，单纯从书法的角度来讲，我判断写这个字的人或刘墉或成亲王永瑆都可以，但是从刚才的故事里面说是刘墉戳穿的，那么刘墉的嫌疑就排除了。这是说我们这个故事的主角不对。从书法角度来讲，不应该是纪晓岚。

第二个证据：纪晓岚的家庭背景。

从家庭背景来讲，敢写和珅是“个个草包”的人，你的家庭背景应该是来历不凡，世代高官，最基本的你应该做到这一点。纪晓岚的家庭背景跟和珅的家庭背景差不多，这两个人，你看，都没有凭借祖先。纪晓岚稍微好一点点，他爸爸当过知府，和珅他父亲当过副都统，但是他从小就死了父母。但两个人最后都官居显位，都是通过什么？没有靠自己的祖宗，都应该是通过自己不断的努力。所以呢，从这点来看，我们从和珅他的为官之道来讲，纪晓岚这样的人正是他拉拢的对象。从纪晓岚他本人年轻的经历，他与和珅一见面应该是惺惺相惜才对，应该是觉得咱们相见恨晚，他不应该开这种玩笑。那么从家庭背景来看：第一个，我得是世代为官。第二个，是我根本就看不起你。第三个，你还不敢得罪我，你办什么事都得请我。这样的人，我们再来看一看，那能写这个字的人，我觉得就一个——刘墉。他也很厉害，符合这个道理。第二就是阿桂，阿桂的父亲阿克敦，我们前面讲过，所以阿桂也是可以。第三，福康安，而且最有可能是这第三个人。福康安可以，福康安的家庭背景很好，福康安老想收拾和珅这个贪官，但是收拾不了。为什么？我们前面介绍了，和珅把福康安的弟弟拉下水，所以福康安借故写四个字“个个草包”，我损损你，你这个人太可恨了。当然也有可能，这三个人都是有可能的。这是从我们讲的第二个角度，从家庭背景来讲。

第三个证据：纪晓岚与和珅的关系。

如果从第三个角度，就是从与和珅的密切关系来讲，那就是得跟和珅有点过节的人，与和珅有过节的人前面我们讲的阿桂、福康安，这都与他有过节，如果是他们两个人写的还可以。如果说是从关系密切的程度来讲，我可以负责任地说，纪晓岚和和珅的关系好着呢，很好。有的人就觉得，这不会吧，不会很好吧。我还真的有证据，咱们前面给大家介绍过，说《四库全书》修了十多年，在这十多年中，和珅是总裁，当然不是当时唯一的总裁。在这中间，和珅对纪晓岚是很照顾的。但是我们要清楚，人一走了“背”

字，你就倒霉了，你的朋友都会离你而去。嘉庆皇帝一处死和珅，和珅这个人就被永远钉在了耻辱柱上，你就是中国第一大贪官。谁敢在自己的笔记、在家人的回忆录上写着，我父亲跟和珅关系挺好，谁敢写？但是你不敢写，别人敢写。

我这儿就给大家介绍两个证据，一个出自清朝的一个皇族，姓爱新觉罗，这个人叫舒坤。他看着人家写一本书叫《随园诗话》，看到《随园诗话》里经常说纪晓岚这么好那么好，所以他写了一本书叫《批本〈随园诗话〉补遗》，他把人家那本书拿过来，在人家那儿指指点点，写了一些字。他这个《批本〈随园诗话〉补遗》有一句话，他说："晓岚父曾官太守。少年纨袴，无恶不作。"这个过分了，但是这个纨绔我们不妨理解成为贪玩，比较劳神，纪晓岚很聪明，小的时候比较劳神，这是真的。下面还有，"尝考四等，为乃父所逐出"。什么意思？有一次他爸爸让他写作文，分五等文，一等文是最好的，写了一个四等文，他爸爸就生气了，就把他轰出去，这个也有可能是真的，谁没有个淘气的时候，这是一个。然后说"中年狡猾"，说纪晓岚人到中年越来越狡猾了。还说"为和珅文字走狗。所著《阅微草堂》诸种，大抵忏悔平生，惧有报应"。怕报应，所以写一本书。这个文章里面就记载着这么一段，说他是和珅的文字走狗，和珅让他写什么字，就写什么字，俩人关系可好了。还有一本书叫《清朝野史大观》也介绍，和珅每当写出一本什么书，现在都见不着和珅的书，那时候和珅也是一个满洲人中多产的作家，"和珅有所做，私倩彭文勤（元瑞）、纪文达（昀）为之润色，二公虑被龁龁，恒为捉刀"。这句话说的是什么意思？就是和珅每当有什么作品发表的时候，就私下里找来一个人，叫彭元瑞。彭元瑞这个人死了以后，皇帝给他的谥号叫"文勤"，说他也是写文章比较多的人。看来这个人是一个翰林院出身的，他这个人是当时的《四库全书》的十个副总裁之一，和珅是当时十六个正总裁的头儿，这是一个。

"纪文达昀"，"纪"，纪晓岚，他的名叫"昀"，字"晓岚"，"文达"是他死了以后，皇帝给他的谥号。所以过去人，叫名字是可以这么叫的。说每当和珅一有文章的时候就会找彭元瑞和纪晓岚给他润色。两个人经常给这个人“捉刀”，即代笔。都两条了，一个说他文字走狗，一个说经常捉刀。

所以我们可以看到，其实在历史上，我们说以纪晓岚个人的特点，年轻的时候，也是嫉恶如仇，也很偏激。最后也终于吃了亏了，在新疆流放两年零八个月之后，纪晓岚这个人的风格，已经大大改变。而他回来，面对和珅这个年轻有为的上级，和珅的脾气跟他当年的脾气在某种程度上是如出一辙。纪晓岚经常会有意识地提醒和珅，你这个做得不对，你那个做得不对，你应该改，所以两个人是朋友关系，很好的关系。和珅死了以后，你看到的是，别人落井下石，你找不到一个材料说纪晓岚在和珅死了以后，说一些怪话，您找不到。别人可以做到，纪晓岚做不到。人不能昧了良心，他贪污的是朝廷的，自然有朝廷处理，他对我不错，我不能在他死后落井下石。落井下石是别人的风格，这个不是我纪晓岚的做法。我也有过患难的经历，我也有过不幸的经历。所以这是我介绍的第一个问题。

就是说这个故事的主角不对，换谁都可以，就是不能是纪晓岚。

第二个漏洞：故事的时间背景不对。

我们可以看到，这个故事的背景说是和珅盖房子，历史上记载，和珅就盖了一回房子，就是后来的恭王府。那么这个房子是什么时候盖的？历史上没有明确记载。但是如果我们来判断，说这个房子是给谁盖的，那肯定是给他儿子盖的。那么他儿子是哪年结的婚？ 1789 年结的婚，那这个房子就是在 1789 年，或者是在 1788 年盖的，新房，新人。实际上我们就可以看到，他不是给自己盖的，他是给他的儿媳妇盖的，对不对？是给人家固伦和孝公主盖的，是给皇帝的女儿和女婿盖的，不是给他自己盖的。所以从这个角度来说，我们就可以看出，这个故事不对。如果我们讲到这儿的时候，我们可以看到，在这种情况下，你要是纪晓岚，你会写“个个草包”吗？你能写吗？你敢写吗？这都是不可能出现的事。

就是说他不敢写，从时间背景上看，为什么？因为这个家真的没有一个草包，你怎么能说人家是“个个草包”呢？我们来看看这家到底有哪些人？

到底和珅家谁是草包？这句话是给谁题的？

和珅的家里到底有没有草包

第一个——和珅。和珅家第一个人就是和珅。咱别人不说，先说和珅，那和珅是草包吗？一个皇帝，虽然说老了点，老年的乾隆皇帝也看过了那么多人，一下子给和珅压了五十多个官当，五十多个官职都让和珅一人兼任，您说和珅是草包，那活儿都是您干的？这个不对。再说了，您要说和珅是草包，那提拔和珅是草包这个人是谁？那肯定是傻瓜呗。您明着说和珅是草包，你暗着不是说皇上是傻瓜吗？你敢写，皇上看了还能高兴？不可能吧。

第二个人，这家第二个人就是和珅的妻子，冯氏，冯氏可是又有文才又有相貌的一个人。和珅和冯氏生的孩子，丰绅殷德刚五岁，不就被皇上看中了吗？你说，和珅的妻子是草包？肯定是你纪晓岚看着人家吃不着葡萄，就说葡萄是酸的，肯定是这样。再说了，我们中国有句古话，“女子无才便是德”嘛，没有笑话女人是草包的。你要笑话女人是草包，你是什么人？

这家里第三个人就是丰绅殷德，要说起来丰绅殷德这个人，还真有可能是草包。写四个字“个个草包”送丰绅殷德，还真可以。但是咱别忘了丰绅殷德的身份，他是和珅的儿子不假，但是更重要的他是什么？他是皇上的最小的女儿的丈夫。他是皇帝最小的女婿。过去我们叫驸马，是皇帝的驸马，你敢说皇帝的驸马是草包？太不可能了吧。

这家的第四个人就是丰绅殷德的妻子，固伦和孝公主。如果说，你说丰绅殷德的老婆是草包，我还真信。但是您敢说皇帝最小的那个女儿是草包？我们前面关于这个固伦和孝公主可说过多次了，说在皇上所有儿女当中，固伦和孝公主也是长得最像他的，也是他最疼爱、最喜欢的。所以呢，在他晚年曾经说过一句话，可惜你是女孩，如果是男孩呢，我一定让你来继承皇位。原话说：“汝若为皇子，朕必立汝储也。”一定要让你来继承皇位，您敢说这个人是草包？

第五个人，和琳——和珅的弟弟。和琳这个人长期在外，冲锋陷阵，身先士卒，一生征战无数，为国家的稳定，为民族的团结作出了重大的贡献，死后被封为公。这个人，您说他是草包，那一看就是您纪晓岚在新疆前线没待够。您回来后悔了。您还想再上前线冲杀一段时间，您想代替和琳的职位，那历史事实是这样吗？

“个个草包”谜案追踪

我考证了一下，“个个草包”这个故事不是纪晓岚的事。那么历史上有没有“个个草包”这个故事呢，还真有。比《清朝野史大观》更早的一本书是徐珂写的，叫《清稗类钞》。“稗”，野草，这里的“稗”指的是野史。我给你抄几段野史叫《清稗类钞》，在《清稗类钞》里头，有一个故事，故事特简单，故事的题目就叫“个个草包”。故事连题目加故事的内容一共就两行字，写的是什么？某名士给某总兵题匾曰“竹苞”。就是说有一个很有名的读书人，给一个总兵写了两个字——“竹苞”。人家一看，“个个草包”，哈哈一笑，这个故事就完了。还真有这个故事，但是不是发生在纪晓岚身上，看来是别人把这两个故事给搁一块儿了，算成了纪晓岚的蹊跷故事。

另外，据我们所知，郑板桥也露过这么一手。据说，有个暴发户弟兄三人要他写块匾，为新砌的华堂题名，但是态度十分倨傲。郑板桥受气不过，就给他们写了个“竹苞堂”！“苞”的上端，用隶法写了个“艸”字。三人得意地悬匾堂上，大宴宾客。饮宴中，有个明眼人说：“这匾上写的，不是‘个个草包’么？”众人细看，果然如此，惹得哄堂大笑。

可见“竹苞”被曲解为“个个草包”本是民间幽默，被许多人移花接木安到了名人身上。

另外，把“竹苞”二字题写到厅堂上是很普遍的，如南浔的张钧衡，字石铭，系清光绪二十年（1894 年）举人，酷爱收藏古籍、金石碑刻和玩赏奇石，为南浔清末民初四大藏书家之一。他家北侧原为顾氏旧宅，正大厅腰门上有吴昌硕手书的匾额“世德作求”和吴淦题写的匾额“竹苞松茂”。

此人生活在乾隆、纪晓岚、郑板桥之后，并不把“竹苞”理解为“个个草包”，可见“个个草包”的笑料在那时还没有流传。

其实人人都可以把“竹苞”曲解为“个个草包”，只有乾隆皇帝不可以也不可能。因为沈阳故宫中有一联就用了“竹苞”二字，“云缦日华，诒谋承燕翼；竹苞松茂，肯构焕翚飞”。沈阳故宫是乾隆皇帝祖先的宫殿，若按乾隆皇帝的御解，进关后的清朝皇室都是草包了。即使是乾隆皇帝本人也不回避“竹苞”二字，《清史稿》中记载得清清楚楚，“坤宁宫祀神昉自盛京。既建堂子祀天，复设神位清宁宫正寝。世祖定燕京，率循旧制，定坤宁宫祀神礼。宫广九楹，东暖阁悬高宗御制铭，略言：‘首在盛京，清宁正寝，建极熙鸿，贞符义审。思媚嗣徽，松茂竹苞，神罔时恫，执豕酌匏’其眷眷祀神如此”。高宗就是乾隆皇帝的庙号，他该不至于把自己也列入草包的行列。

“个个草包”谜案引发的故事说到这里，似乎已经完结了。其实，围绕这个故事引发的故事，才刚刚开始。

故事的起因，是我在中央电视台录制《“个个草包”谜案》之后不久。

本来呢，我这期故事的名字叫作《“个个草包”谜案》，可是到了后来，编导给我打电话说，要把《“个个草包”谜案》改名为《“竹苞”谜案》！

我当时就问编导，为什么要把《“个个草包”谜案》改名为《“竹苞”谜案》呢？编导告诉我说，到现在为止，我们的领导还不清楚中国古代到底有没有这个“个”字！因为，在中国古代，我们现在的这个“个”字的写法应该是“個”和“箇”！至于中国古代，有没有这个简写的“个”字，我们还不得而知！

当时，我也一愣，说实话，这个问题还真的难住了我。因为，当时的我也不知道中国古代到底有没有这个简写的“个”字。

而现在的问题是，《“个个草包”谜案》马上面临播出，我也没有时间再重新搜集、整理资料，更没有时间重新录制《“个个草包”谜案》。因此，不得已，我只能够答应编导的要求：把《“个个草包”谜案》改名为《“竹苞”谜案》播出！

更加有意思的事情还在后面呢!

《“竹苞”谜案》播出之后，我果然接到了很多的观众来信! 他们纷纷告诉我说，中国古代的“个”字，应该写为“個”和“箇”! 也就是说，在中国古代，根本就没有这个简写的“个”字! 所以，他们说，我在说这个《“竹苞”谜案》的时候，本来应该是一个非常简单的问题：中国古代根本就没有这个“个”字，换句话说，这个“竹苞”两个字根本就不能分解成为“个个草包”四个字! 而我居然用了整整一集的时间,来叙说这个《“竹苞”谜案》，这简直是浪费时间!

我听到之后，真是觉得惭愧。一方面为编导的善意提醒而感到欣慰；另一方面也为自己耽误了别人的时间而感到对不住广大的电视观众!

也正是因为上述的原因，我在 2006 年 6 月录制《实话实说纪连海》的时候就公开地表达了我的两点看法：

第一，衷心感谢那些善意地给我写信、告诉我知识的朋友；

第二，向广大电视观众道歉。

后面才到了最为关键的时候!

当我的这期《实话实说纪连海》播出的时候，我又接到了更多的电视观众的来信，他们告诉我说：在中国古代，早就有这个“个”字了。

后来,我在广大电视观众朋友们的带动下,下决心搞清楚“个”“個”“箇”这三个字的来龙去脉!

经过我的查阅，我知道了下面的内容。

早在中国的宋代，有一本书，叫作《集韵》。这本《集韵》的编者是宋仁宗时期的丁度等人。在这本书中，明确地告诉我们：“个，枚也。”

还有比这个字更早的呢!

《仪礼•士虞礼》中就有“俎释三个”一词;《史记•货殖列传》中也有“竹竿万个”一词；《史记 • 正义》解释说：“竹曰个，木曰枚。”

由陈彭年、邱雍等人奉旨编撰，成书于北宋真宗年间的，中国现今保存最完整、最古老、也是最重要的一部韵书《广韵》里面说：“个，字亦作箇。箇，箇数，又枚也。”

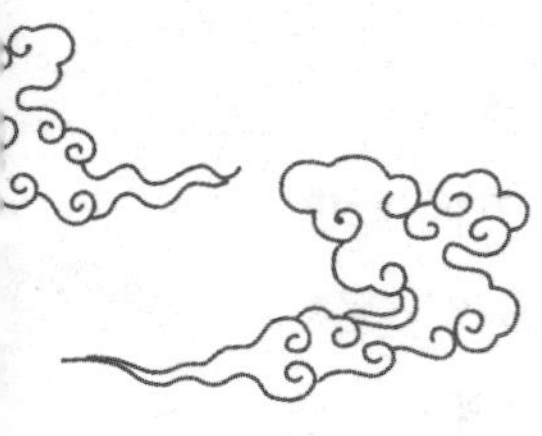

第十二讲 纪晓岚与和珅关系之谜

上一章我们给大家分析了纪晓岚给和珅题写“个个草包”这件事的真伪，我们考证了一下这个故事的来龙去脉。我们知道，故事是假的，那么真实的纪晓岚与和珅的关系是什么样的呢？

真实的纪晓岚与和珅的关系：忘年交

其实我们说啊，纪晓岚与和珅的关系就像是忘年交一般，我说的这个词可能有些夸张，说忘年交，两个人相差二十多岁，所以这是忘年的。我们说一个老年的，或者是中年的纪晓岚，他看到和珅，一个青年的和珅的时候，他每每看到和珅就会回想起自己年轻时候的样子。偏激、单纯、孤傲、桀骜不驯，他知道和珅的如此作为一定会吃大亏。所以，每当看到他的上级和珅发生一些问题的时候，他都会善意地去提醒，毕竟纪晓岚从家庭背景来讲，他与和珅很相似。从两个人的学问来讲，咱倒不敢说，和珅能跟纪晓岚比，但是和珅在满洲人当中，也是人中龙凤。所以从这一方面来讲，应该说，纪晓岚觉得，有这种责任、有这种义务去提醒和珅。那和珅呢？在生活上会经常给纪晓岚照顾；在工作中，纪晓岚与和珅两个人既有因政见不同带来的激烈争吵，也有两个人配合得非常默契的时候，最默契的就是后面要介绍的修《四库全书》了。

其实更多的情况是什么？是在年轻气盛的和珅与别人发生冲突的时候，纪晓岚充当什么样的一个角色。纪晓岚是和珅与他人发生矛盾时，乾隆皇帝委派的仲裁者。

与和珅发生冲突的人有两种。从纪晓岚这儿来讲有两种，一种是跟自己没关系的人，另一种是与和珅发生冲突的是自己的好朋友。

面对这两种不同的人，纪晓岚充当的角色是不一样的。面对着第一种人，与和珅发生冲突的，跟他没有关系的人，更多的情况下，纪晓岚是一个旁观者，不去管和珅。和珅这个人很有本事，他会自己处理掉。但是如果这个人是皇帝心中的另外一个红人，而和珅是皇帝心中的第一红人，这两个人要吵起来的时候，乾隆皇帝他就会想到，还是让纪晓岚来吧。所以这就是我们要讲到的第一个问题：纪晓岚是和珅与他人发生矛盾的时候，乾隆皇帝委派的仲裁者。纪晓岚的角色就是裁判，就是那个法官。下面我们就来谈其中的一个故事。

要谈这个故事，我们还得从清朝的考试制度说起。我们在前面讲纪晓岚的时候，曾经讲过清朝的考试制度。我们知道，清朝继承了中国以前科举考试的办法。

但是科举考试分成两类：一类是童试。童试要经过三个阶段：县试、府试和院试。冲出这三次考试重围的人叫生员，也就是我们通常说的秀才。只有取得生员，或者是秀才资格的人，才能参加正式的科举考试。正式的科举考试分成三类：第一类是乡试，乡试的第一名叫解元，考中者叫举人。第二类叫会试，会试的第一名叫会元，考中者叫贡士。然后，贡士再参加考试叫殿试，殿试的考中者叫进士，第一名叫状元。如果三类考试都取得第一名就叫连中三元。

中国从唐高祖武德五年，即公元622年，中国出现了第一位状元，名叫孙伏伽，从他开始，到1905年，光绪三十一年，中国科举考试制度作废，出现的最后一位状元叫刘春霖结束。在前后1000多年的科举考试中，一共出现过约1400位文、武状元。

我们再说大清朝。大清朝从1646年开始开科取士，这一年是顺治三年，到1905年结束科举考试制度，前后一共考了112期，一共有112次殿试。其中出现了114位状元，怎么多俩？是因为顺治九年（1652年）和顺治十二年（1655年），是满、汉单独分科考试，所以这两年每年出两个状元，这样就是114个状元。中国一共是1400位状元，清朝一共是114位状元。那么在所有的状元当中，连中三元，中解元、会元、状元者，一共是15位。我看到有的人说13位，有的人说14位，还有的人说15位，我考证了一下，15位，这种说法是正确的。

那么第一位，是唐朝时期出现的，这一年是建中二年（781年），辛酉科考试出现了中国的第一位连中三元者叫崔元翰。他之后又出现14位，这15位当中唐朝有两个，除了崔元翰之外，还有一位，便是张又新。

宋朝最多，有6个，宋朝有6个连中三元者。两宋300多年，出现6个连中三元者，他们是孙何、王曾、宋庠、杨置、王若叟、冯京6人。

金统治的一百多年中也有一位连中三元者叫孟宋献。

元朝也有一人，叫王宗哲。

明朝有两位，一位叫黄观，一个叫商辂。

清朝一共有3位，一位是王玉璧，一位是钱棨，还有陈继昌。有的老师讲是2位，这3位我介绍一下。

王玉璧是清朝唯一的一个武科连中三元者。而且这个人他不是在清朝连中三元，他是从明朝考到清朝。1639年，他参加明朝的科举考试，武科的乡试，武科第一名叫解元。然后到了清朝，他又去参加考试，1652年，顺治九年，他连续参加了会试和殿试。在会试上他取得第一名，会元，然后又参加殿试又取得第一名，状元。所以他这个状元有点特殊，是中国唯一的一位武科连中三元者，是唯一跨明、清两朝的连中三元者。所以有的人统计的时候就把王玉壁这个人抛开了。这样说那就是 14 个。

那还有第二位呢？是江苏人钱棨。他在 1779 年乡试中解元，在 1781 年他进京参加考试，先参加会试中了会元。当年殿试后，他原拟在第十名，乾隆皇帝以本朝尚无连中三元者，特拔第一。当时可是举国同庆，乾隆皇帝亲自写诗，大清朝到这儿一百多年了，可出来一个连中三元者，人家哪朝都没一百多年才出，开国几十年就会出一个连中三元者，我盼星星盼月亮，盼了一百好几十年。其实钱棨这个连中三元者是打折扣的。当时很多人都写诗赞赏他，给他专门编了一本书，这本书里面全都是诗，称赞他连中三元的，大清朝为什么急于出现这么一个呢？那讲究的就是国泰民安，讲究的就是人人好学嘛，这是一个文三元。下一个连中三元者是广西人陈继昌，于嘉庆二十五年（1820 年），连中三元，他是大清朝也是中国最后一位连中三元者。这是我们介绍的参加科举考试制度，中国有多少个状元？ 1400 位文武状元，有 15 位连中三元者。我们再接着讲第一点，纪晓岚是和珅与别人发生冲突时，乾隆皇帝派去的仲裁者。

王以铻、王以衔案件中的纪晓岚

1795 年，即乾隆六十年，这是乾隆皇帝在位的最后一年了。就在这一年，科举考试在会试的过程当中发生了一个案件。会试的主考官叫窦光鼐。说起这个窦光鼐可不是别人，这个人比刘墉的父亲刘统勋的年纪小二十多岁。而且他还跟刘墉他们家是一个县的，山东诸城人，两家关系很好。窦光鼐当时年岁比较大，资格比较老，他比皇帝的岁数小几岁而已。这个人一生耿直，长期在浙江为官，他在浙江主管了几十年的学政工作，学政工作就是主管科举考试，主管了几十年浙江地方上的科考工作。

1795 年这一年，皇帝命他为当年的会试主考官，聚集天下举子来北京参加会试，会试成功之后，再把这些考生调到皇帝那儿，由皇帝主持殿试。结果窦光鼐在主持会试的时候就犯了一个错误，什么错误呢？他公然违背了大清朝科举考试的一个原则——省级平衡的一个原则。当时考试不是像我们想像似的，择优录取，全国大排队，不是这样。当时是怎么考呢？清代科举考试采取分省取士制，就是根据各地的文化发展水平的不同，对各地考生的录取名额进行定额分配。该项制度防止录取进士人数每个省差距过大，保证了各省士人进入中、高级官僚队伍的机会，增强了清王朝在全国的统治基础。

但是窦光鼐认为这不对，应该怎么录取呢？应该全天下排队，第一就是第一，第二就是第二，凭什么每个省分开录取？

窦光鼐自以为自己的资格老，他觉得这一百多年都错了，从我这儿开始改，他就擅自给改了。就按照考试的实实在在的成绩为标准录取。结果考试下来，出了大问题，什么大问题呢？前两名都出自一个省，这一个省是浙江省，他在那儿待了好几十年了，这还不是天下怪事，怪事在于这两个人都出自一个县一个乡一个村，都出自一家，亲哥俩。弟弟王以铻是会元，第一名，哥哥王以衔是第二名。当时，这一公布，“群议哗然”。这是史书的原文。

所有的大臣议论纷纷，社会舆论从上到下全乱了。这一全乱了不要紧，朝廷就没法维持下去，社会就处于动荡了。你为什么要这样做？您浙江省人高兴了，全国其他省的人都不高兴。浙江省出两名，其他那些省咋办？那么多官员，一下就急了。在这个时候，和珅出面了。

为什么呢？和珅跟窦光鼐可是有仇的，关于他与窦光鼐的仇，我们没有详细地讲。窦光鼐在浙江得罪了几个和珅的亲信，把和珅的几个亲信给弹劾下去了，王亶望就是从浙江出事的，还有陈辉祖，还有富勒浑等人都是和珅的亲信，都让窦光鼐给弹劾下去。和珅记着这个仇恨，又得罪不起，这个人资格太老了。好不容易见到这次机会，所以立即决定弹劾他。于是找到皇帝，在皇帝面前开始说坏话了。

和珅对皇帝说，这个案件有两种可能，一种是窦光鼐为了显摆自己长期以来主持浙江工作的功劳，所以这样做。

第二种，很有可能这两个人根本就是科场舞弊，窦光鼐受了贿了，拿了人家东西，事先把考试题告诉人家。我建议您查办他。这个时候皇帝一听，啊，前两名，亲哥俩儿，千古奇闻，从有科举考试，第一回，天下奇闻。皇帝认为这中间肯定有问题，查。派谁去查呢？派纪晓岚。为什么派纪晓岚？这个时候的纪晓岚已经修成了《四库全书》，纪晓岚在文学造诣天下第一，所以他去肯定没问题。这样我们可以看到，纪晓岚在平行四边形的一头，他的前面是乾隆皇帝，他的两面是和珅和窦光鼐，形成了个平行四边形，那平行四边形这个力怎么使？谁都不能得罪，还要把这个事让你对面这个人觉得处理得很好，这个时候纪晓岚可就为难了。

怎么办呢？他做了以下三项工作。

第一项工作，与和珅等人联名上书弹劾窦光鼐，要求将窦光鼐以四品官衔致仕，皇帝同意。其他两个副主考连同降四级处理，分别降四级。这是否能够证明纪晓岚站在了和珅一边呢？不能这么说，因为事是由窦光鼐挑起来的，就得由他负责。首先是你违背了祖制，破坏了省级平衡的原则，导致朝廷所有官员人心大乱。是你把这个长期存在的矛盾又给挑出来了。我们客观地说，南方的教育水平是高，北方、西方当时确实是低。但是你作为一个满洲人的皇帝，入主中原，你必须要搞省级平衡，否则的话，你的这个政府就没法运转。你窦光鼐，一个朝臣，你不经皇帝同意，擅自改变原则，你降四级罪有应得。这不存在纪晓岚涉嫌打击报复的问题，没有这个问题，不存在纪晓岚支持和珅的问题，他就是从全局来考虑。这是第一点。

第二，纪晓岚的做法是什么呢？经过深思熟虑，他决定，取消第一名会元王以铻的考试资格，你就到这儿，就完了，你只是中了贡试，而不是第一，第一叫会元。你就贡生，等着吧，等着过些年再考，这轮没你了，你见不着皇帝了，给你轰回家去。轰回家去得有个说法，什么说法呢？他看到王以铻的试卷上多处涂涂抹抹，卷面模糊，试卷比较脏，这样的卷子得第一会让天下人耻笑。第一名的卷子应该从头到尾一个字都没有改动。虽然说涂抹之后，文章也尚算流利。但是从字上来讲，就不值得一看，不值得天下效仿。发回去，这个卷子进前十名没戏，不能成为进士，你没有资格。那么这是不是打击报复？不是。这哥俩儿当中必须得有一个人回家，不管是谁。亲哥俩儿，不把你们发回去，省级平衡的原则怎么做啊？谁让你是弟弟，你不回家谁回家啊？谁让你小呢？回去吧，过两年再来，还有时间。事后证明确实有时间，和珅一死，他就来考了，虽然没考中第一，但是考中进士。王以铻回家，和珅高兴，我纪晓岚也高兴，我也是北方人，天下人都高兴，除了你们浙江人不高兴，大家都高兴。多好？这是第二。

第三，对于这个哥哥王以衔怎么处理呢？他这个试卷原来点的是第二名，现在经过重新点之后把他弟弟弹出去了，他由第二名降到第四名，他前面增加了三个人，降到第四名重新考试。重新殿试之后再定名次，这次不是皇帝出面，这一年特殊，由纪晓岚定。将这十个人的试卷打乱封卷，重新阅卷之后，确定王以衔为状元。打击了窦光鼐，是因为他破坏了省级平衡原则，他违背了祖制。将王以铻轰回家之后是因为哥俩不能同场，必须得有人回家，所以让弟弟回家。但这两种做法不能证明说这哥俩确实没本事，不能这么说。王以衔中了状元，殿试结束。

纪晓岚把前十名的试卷，封着的试卷，交给乾隆皇帝。乾隆皇帝打开第一名一看，王以衔？谁录的？纪晓岚说，臣。谁同意的？和珅说，奴才。那时汉人在皇帝面前得说臣，满洲人在皇帝面前得说奴才。皇帝给汉人布置事情汉人得说“是”，满人得说“喳”。皇上说，啊？你录的？是你同意的？第二升第一了。

这个时候，和珅就开始说话了，这次啊，皇上我跟您保证，所有的人都没有作假。但是如果您不同意，您换一个也行。皇上说换什么换，都点出来了，撕开了，皇上说话不算数，皇上看着第一就换，这是皇帝的作为吗？不换了。看来这第一和第二联名高中，很偶然的事，还真是在我们大清朝发生了。算了，算了，下回再考。这个事情就过去了。

后来弟弟王以铻也考中了进士，但是那个时间已经是1801年的事了，那个时候和珅已经死了两年了。我们可以看到，纪晓岚在这个案件中所走的这三步棋得到当时所有大臣包括和珅的赞同，皇帝也觉得这件事做得漂亮，这是我们讲的第一点。

纪晓岚是和珅与纪晓岚的朋友发生矛盾时候的协调者

旁观者与和珅闹矛盾，纪晓岚是仲裁者。如果与和珅闹矛盾的恰恰是纪晓岚的朋友，那纪晓岚的作用就不是仲裁，他夹在两个人中间他没有资格做裁判，他是当事者，所以他的职权是什么呢？他是一个协调者。当然协调得成功与否，这个咱不敢说，也不是所有的人都听你的话，因为你不是裁判，你不是皇帝命令，你只是凭着你同他们两个人的感情。当然这两个可能都是纪晓岚的朋友，但是两个人可能完全不说话。

比如说阿桂，纪晓岚见着阿桂得叫师哥。但是阿桂这个人，与和珅从来不和，这是可以的，不过两人都算是纪晓岚的朋友，纪晓岚经过新疆的发配应该说改变了很多。我们说第二个案子，就是曹锡宝弹劾刘全超制案，这个案子我们在《历史上的和珅》里面谈过。

曹锡宝弹劾刘全超制案件中的纪晓岚

说乾隆皇帝晚年，和珅派管家刘全给自己盖一栋别墅，和珅没有出面，一切由刘全操办。结果被曹锡宝，也是一个御史发现了。他发现刘全一个奴才，怎么能盖这么大房子，超制了。转身就找到自己的好朋友纪晓岚，他说我想弹劾刘全。当时，纪晓岚就劝说，你可不能弹劾他，详细的弹劾的过程，我们在《历史上的和珅》里面说过，这里就不再说了。问题在于，曹锡宝没有听从纪晓岚的劝说，没有服从纪晓岚的协调，没有给纪晓岚这个面子，而是毅然决然地跑到皇帝那儿，写了一个奏章交给皇帝，弹劾和珅的家奴。纪晓岚劝，你搞明白再说，再弹劾，搞不明白千万别弹劾。不听，曹锡宝非得要弹劾。他不明白，纪晓岚也不明白，刘全为什么盖那么大房子。纪晓岚是一个书生，他哪儿知道人家和珅该办喜事，该讨儿媳妇了，他不知道，他不懂这个。你不懂，人家皇上懂，你还弹劾人家。人家皇上一瞧，曹锡宝，弹劾谁？弹劾刘全？你不知道刘全盖的房子，是给我闺女盖的？你还想弹劾谁？你弹劾我得了。你怎么认识刘全这个奴才的？你那么大一个官员你怎么知道，你天天跟这个奴才混在一起，主子跟奴才混在一起，这本身就应该是处死的。

皇帝想，第一，曹锡宝是冲我来的，收拾他。第二，曹锡宝一定知道内情，谁告诉他刘全盖房子？这个人一定同时也是和珅的朋友。这个人是谁？谁跟曹锡宝好又跟和珅好？曹锡宝一定有后台，后台一定是纪晓岚。查，圣旨就下来了，这边查曹锡宝，那边就查纪晓岚。纪晓岚在皇帝面前写奏章，皇上一连下了两道圣旨来申斥纪晓岚。你什么作为？纪晓岚在那儿申辩，不是我，不是我。最后，曹锡宝被发配，很快就死了。纪晓岚好在经过一番辩解，而且毕竟编了《四库全书》，所以没有受到处分。还好，这个协调者虽然没协调好，但是没有受到处置。

纪晓岚思维方式上发生变化的原因

从这儿我们可以看到，纪晓岚从新疆回来以后，他居然在其他的大臣与和珅发生冲突的时候，或者是仲裁者，或者是协调者。他为什么是这样的一个角色呢？主要原因就在于新疆两年零八个月的经历，使他认识到人间的冷暖，得饶人处且饶人吧。

新疆留给纪晓岚更多的是各种各样的感悟。最大的感悟就是他给自己起了个别号“观弈道人”。

纪晓岚晚年很喜欢下围棋，在下棋的同时，他也从中体悟官场、世道、人心。1786 年，他曾经请朋友沈云浦画了一幅《桐荫观弈图》，自题诗一首：

不断丁丁落子声，纹楸（qiū）终日几输赢。道人闲坐桐荫看，一笑凉风木末生。

在这里，他以“观弈道人”自比，闲看世间风云变幻。七年后，他再次检视《桐荫观弈图》，又有感叹。他认为当初请人作观弈图，也不过是道人（也就是纪晓岚自己）不亲自参与胜负而已，但其心中仍然存在着胜负之心，而如今看来，连这个胜负之心也都是幻象呢。这种心态在另一首与弈棋有关的诗中暴露无遗。这首诗是写《八仙图》的，图中八仙，各具情态：何仙姑与韩湘子对弈，其余五仙旁观，而铁拐李一个人却在一旁呼呼大睡。纪晓岚写道：

局中局外两沉吟，犹是人间胜负心。那似顽仙痴不省，春风蝴蝶睡乡深。

“顽仙”既指铁拐李，也是纪晓岚自喻；“春风蝴蝶”，化用庄子化蝶故事，比喻自由自在，不存人间胜负之心。纪晓岚在这里表达了超然世外的态度，可算是看透红尘。不过，他在乾隆官场上摸爬滚打了半个世纪，想要超然也不是那么容易的事情。

纪晓岚与刘墉的关系之谜

最重要的是，两年多的新疆之旅使纪晓岚的思维逐渐地向他的师兄刘墉看齐，越发地油滑起来。纪晓岚与刘墉的关系也日益融洽起来。

纪晓岚出自刘墉之父刘统勋的门下，两人有师兄弟之谊。纪晓岚才思敏捷，刘墉字写得很好，故纪晓岚常请刘墉为自己写对联。比如“浮沉宦海如鸥鸟，生死书丛似蠹鱼”，是纪晓岚非常喜欢的诗句，他生前曾将此诗作为自挽联。

刘墉与纪晓岚都好收藏砚台，两人也时相赠送唱和。1792 年，刘墉赠给正任左都御史的纪晓岚一方砚台，还特意在上面题识：纪昀喜欢我的黻（fú）文砚，因而我把它送给他，而书之以铭文“石理缜密石骨刚，赠都御史写奏章，此翁此砚真相当”。1803 年，刘墉又曾送给纪晓岚砚一方，称：“送上古砚一方，领取韩稿一部。砚乃朴茂沉郁之格，譬之文格，为如此也。”纪晓岚也记载到：刘墉送我砚一方，左侧有“鹤山”字，认为是宋代的东西，但我并不以为然。但刘墉又说：“专诸巷所依托，不过苏黄米蔡数家耳。彼乌知宋有魏了翁哉？”大意是说，仿照宋代的古董，一般都宣称是苏东坡、米芾等人的东西，怎么会假冒魏了翁的名号呢？纪晓岚承认，刘墉所言，“是或一说矣”。1804 年，刘墉去世之前，还给纪晓岚送过砚，纪晓岚在砚上题词说：“余与石庵（刘墉）皆好蓄砚，每互相赠送，亦互相攘夺，虽至爱不能割，然彼此均恬不为意也。太平卿相，不以声色货利相矜，而惟以此事为笑乐，殆亦后来之佳话与？”

除了写诗赠砚，两人还经常在一起畅谈佛法。可见两人感情之深，私交之好。

您想，像纪晓岚这样一个历经沧桑的人，他会与和珅结怨吗？

从上述内容我们可以看出，新疆发配回来的纪晓岚的思维方式发生了巨大的变化，任何说纪晓岚与和珅发生过冲突的说法都是站不住脚。

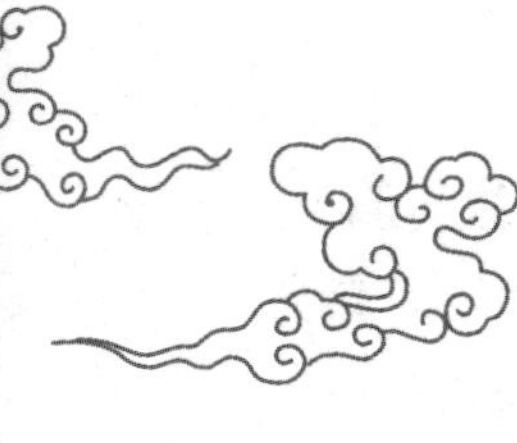

第十三讲 纪晓岚编纂《四库全书》之谜

纪晓岚在中国历史上的地位是什么呢？他对于中国文化最重要的作用，就在于他领导众人编了一部书，这部书就是《四库全书》。

编《四库全书》是一件非常不容易的事。我们前面提到，说乾隆皇帝在1770年就想编一本书，那么直到1771年，他把纪晓岚从几千里之外的新疆乌鲁木齐调到北京之后，这件事才开始启动。

纪晓岚对于《四库全书》的编订一共做了十件工作，也就是说，编订《四库全书》，他的作用在于十大方面。

第一，协调调度人员。

第一个工作就是协调调度人员。《四库全书》在中国史上，在世界史上应该说都是规模最大的一部书，那么面对这么一部厚重的书，需要很多人员齐心协力才能完成。据统计，总裁就有16个，副总裁有10个，加在一起就是26个人。这是纪晓岚的上级，每天都在检查工作的人。纪晓岚的下级有360个官员，任编纂，这360个人下面，有4300多人承担抄写、搬运。

整个加在一块儿，这是 4600 多人，编纂这么一部书可不是一件容易的事，4600 多人如何安排，谁来干什么，要完全清楚。每个人长处是什么，短处是什么，应该去做什么？所以要把这四千多人调度开，十多年的时间完全听您指挥，是非常不容易的。下面还要设分机构，这 360 个人，他分成下面几个机构：总审阅，总阅，然后是总纂，编纂，负责抄写工作，然后是总校，校订负责校对工作。还有提调，负责书的搬运、调度，然后还有缮书负责书的修整、保存工作。所以纪晓岚负责的是一个最头疼的事，让纪晓岚写书、抄书那他肯定没问题，但是做人事工作就非常不容易了。

第二，收集史籍材料。

第二个工作就是收集史籍材料。编纂一部空前绝后的丛书你就得有书啊，就是要把天下所有的书都抄下来，分门别类地抄下来，要征集这些书，书的来源是什么？这个时候纪晓岚就要求助于乾隆皇帝。乾隆皇帝就下圣旨，他在圣旨中说：“择其中罕见之书，有益于世道人心者，寿之梨枣，以广流传，余则选派誊录，汇缮成编，陈之册府……所有各家进到之书，俟校办完竣日，仍行给还原献之家……钦此。”什么意思呢？就是说向天下征集书，如果这本书特好，有利于世道人心，就要将它们刊印出来，谁让这本书重要呢？等书都校办之后，要物归原主，将书返还给原献之家，我们都抄完了以后，还退回去。天下征集书目工作就开始了。所有的书全都先运到圆明园，圆明园所有的房子都腾退出来存放书。纪晓岚先不编书，先得站那儿，所有的书纪晓岚都过一遍，这本书属经部的，那本书算子部的，那本属史部，那本书算集部。分门别类，搁在不同的屋子里，每天都忙于这些工作。纪晓岚还身先士卒，他本人也捐了很多很多的书，而且还专门因为这个得到了乾隆皇帝的嘉奖。

第三，寻找《永乐大典》。

他的第三个贡献就是找到了《永乐大典》。编书得有一个捷径，《古今图书集成》，主要编撰人是陈梦雷，10000 卷。《永乐大典》，明朝解缙带着编的，22877 卷，加目录 60 卷，是 22937 卷。如果我拿到这本书，再重写抄录不就好了吗？但是找《永乐大典》，难于上青天，明朝解缙也是带着好几千人编的这部书，《永乐大典》22000多卷，存起来了，就存在咱北京的皇史宬了。到皇史宬专门的柜子里，今天你偷两本，明天我偷两本，后天他偷两本，等到明朝灭亡的时候这部书就没了。我看有很多书上说，这个烧了那个烧了，实际上，没烧的时候，它就不全了，就丢了很多。清初，顺治皇帝非常欣赏汉族的文化，就曾寻找这部书，没找着；整个康熙朝也没找着。

谁都知道有一部书叫《永乐大典》，可书在哪儿？说在皇史宬，皇史宬没有啊。书哪儿去了呢？没这个书，你要编一部三万多卷的书，两万多卷你都找不着，你怎么编？《永乐大典》是编好的，而且编得很好。如果你把《永乐大典》抄过来，那该多省事。当时，找了很长时间，一个姓朱的，是个编修，就跟纪晓岚说，我说，看来这部书找不着了，纪晓岚说为什么？那人说，或许没准让李自成进北京的时候给当马垫子用了。另外一个人，我们前面讲过，叫王文治，人称“淡墨探花”，是清朝中期的四大书法家之一。刘墉写字下笔特重，这个探花写的字，下笔特轻，他科举考第三名，所以叫“淡墨探花”。这个老先生就说，我说啊，要实在不行的话我给你出一个主意，你斋戒三日，你吃三天素，说不定这个书就找着了。前面说过，纪晓岚非常爱吃肉，史书上记载，他一天不吃粮食只吃肉，这是正史。野史上记载他每天吃好几斤肉，你让这么一个人斋戒三日？你别说，人家纪晓岚还真干，斋戒三天，没到三天，第二天晚上《永乐大典》就找着了好多本。你说也怪啊，他刚一斋戒，刚一吃素就找着了。在哪儿找着了呢？在宫中的敬一亭，紫禁城的敬一亭里面有一个柜子，柜顶上有好几百本《永乐大典》。这样，《永乐大典》的重现对于编书应该说做了重大的贡献。

第四，应对皇帝干扰。

纪晓岚编订《四库全书》做的第四个事就是应对皇帝的干扰。《四库全书》这是皇上编的，不是纪晓岚编的，人家写的就是皇上编的。皇帝亲自审定的，皇帝特别重视这件事，这毕竟好几千人干的事，是自己立功、立德、立言中最重要的一个——立言，而且要编那么大部头。编书期间，皇上经常下圣旨。既然是皇帝编写的，皇帝就得亲自来检查工作。他不来还好点，一来就乱，为什么？因为谁都知道是皇帝编的，所以每一本编完了以后，第一篇都要留几个错误，等皇帝一检查这个怎么错了。故意出错让皇帝发现，好给皇帝一个面子，这是皇帝亲自改的。所以您说纪晓岚的工作好做不好做？他一看，你这个怎么错了，这个能改吗？不能改，因为这是留给皇帝改的，结果这个错就交上去了，让皇帝看吧。您知道这《四库全书》全读下来有多少字？上亿啊，字太多了，哪儿看得过来，而且《四库全书》您知道不是一套，七套呢？每一本都得皇上看，每看完一本都会发现有错，开始皇上特高兴，你看，你们都不如我。后来看看哪本都有错，皇帝就烦了，不看了，这个错就留下了。皇帝审阅了，过了，皇帝没看的，也过了，这些错误就都保留至今。这错就没法改了。皇帝一说过关了，这个错误就谁都不能改。皇帝还嫌麻烦，经常下圣旨批评纪晓岚。

举一个例子，在 1776 年，这一年，皇帝在农历七月二十六、农历九月三十、农历十一月十七,三次批评纪晓岚，说他这儿不对，那儿不对，工作一塌糊涂，应该撤职查办。鉴于离不开，这个职就甭撤了，工资别给，工作照做。而且皇帝一来，他是满洲人啊，古代中国那么多汉人的学术著作，一提周边的少数民族没有好听的词什么夷、蛮、戎、狄、寇，无非就是这些词，面对这些词，乾隆皇帝命令一个一个给我改，他就对这些字感兴趣。怎么改，见着胡字就写金，见着虏就写敌，见到贼就写人，见着虏廷就写北廷，见着入寇改成入塞，见着南寇改成南侵。这回您再一读，岳飞的《满江红》，“壮志饥餐胡虏肉”。就得改成“壮志饥餐金敌肉”，就没法读了。这文章全都得这么改。

所以，有人说《四库全书》在当时的条件下明明可以排版铅印的，为什么不排版铅印？《四库全书》都是手抄本，为什么？所以有人就猜，乾隆皇帝有这样想法，手抄好改，错了就改了，一铅印印出来了这个怎么改，重新排版，这本书就都完了，觉得那样不好改。

皇帝天天跟纪晓岚碍事，当然偶尔皇帝也有高兴的时候。皇帝一高兴，赏大家吃哈密瓜。真有一回，赏所有的大臣吃哈密瓜，是在 1777 年，阴历的十月二十九，阳历的 11 月底、12 月初了。当时只赏大臣，抄书的那些小卒没有资格，哈密瓜没那么多。154 个大臣每人吃之前写一句诗，154 个人排队，拿一块哈密瓜，然后写一句诗，第一个人压什么韵，后面接着写的还都得合这个辙压这韵，最后，是纪晓岚写。皇上赏赐吃哈密瓜，当时多不容易，这是从新疆运过来的瓜。这个诗写得非常长，最后呢，纪晓岚不但写尾，而且前面要写一个序，他写这个序的题目很长，叫《恩赐四库全书馆哈密瓜联句恭纪一百五十四韵》，他给这诗作序说，“此日分尝，真作逢春之草，恩逾常格”。皇上也有高兴的时候，但是不高兴的时候多，批评的时候多。

第五，调节同僚矛盾。

纪晓岚为编《四库全书》做的第五个工作就是调解同僚矛盾。总共四千多人，咱别提那么多人了，咱就提 360 个官员，他们的师傅不一样，师承不一样，接受的教育不一样，虽然都是通过科举考试上来的，但是在中国，当时各个派别之间矛盾成见是非常深的。所以他们到这儿，除了打架就是打架。但是文臣打架经常打嘴架，你这儿不对我的对，本身文人放在一块儿就是文人相轻，而且他们矛盾很深。《四库全书》四个馆，经、史、子、集，在其他三个馆里还好，就是在经部馆里头矛盾最深。当时的清朝，研究儒家经典的分成两派，一派叫汉学派，一派叫宋学派，什么意思呢？汉学派的创始者是明末清初三大思想家之一的顾炎武，顾炎武老先生讲究学以致用，顾炎武还留给我们一些话，比如“天下兴亡，匹夫有责”。他给我们留下最重要的就是学以致用，所以他反对宋朝的程朱理学。程，程颐、程颢；朱，朱熹。二程和朱熹，他对于孔夫子、孟夫子的儒家思想解释是微言大义。孔夫子一句话，我就扯得老远老远去，孔夫子这句话是什么什么意思，把自己的思想全都算作是孔夫子的思想了。把自己接受的别的教育，比如说儒家的思想，比如说佛教的思想，比如说道教的思想非得塞进去，认为这就是孔夫子的思想，这是一派。继承程朱的这一派人叫宋学派。

但是顾炎武老先生反对这样做，他认为做学问应该学以致用，我们应该像汉朝的那些研究儒家思想的大家一样。像王充那样，从文字怎么写，怎么念，音韵，训诂（训诂就是考证这个字错没错，这个字的来源是哪儿。

这个字为什么这么写）。

还有就是考据、校勘，哪儿错了，怎么改，提议这个书丢了，我怎么找到这本书？然后还有辨伪，拿到一本书之后，这个是真的是假的，来考证一下，这是汉学的长处。当然汉学也有问题，什么问题呢？就是挺烦琐的，你得一大圈的考证，你全得考证完。

这就是汉学，它有优点也有缺点。汉学的代表人物就是戴震，戴震这个人，只考中了举人，没考中进士，按资格都不能进《四库全书》馆，但他不但进了《四库全书》馆，而且还当经部的头儿，经部馆的第一头目。所以，给戴震手下做事的全都是进士，而戴震是举人，所以戴震都不好意思说自己是举人，给自己起一个名儿，"布衣戴震"。布衣，老百姓，我什么都没考，我就是一般普通老百姓，我就领导你们这些进士，戴震就是一个典型的汉学的支持者。以他为首的这些人，长于考据。所以从他这儿开始，就形成了中国清朝最著名的乾嘉学派，乾嘉学派的头儿就是戴震。

那么宋学派呢？它也有啊，典型如书法家翁方纲，还有姚鼐。这两个人的学问也很棒，一套一套的，你要跟他辩论，跟他吵嘴你吵不过他，他一套一套的都是理论。所以这两派，在这个编书的过程中，经常是吵架。那纪晓岚的任务就是告诉他们，咱们个人之间的成见，个人之间的见解不一样。下面说，咱们现在是工作，都该干什么干什么，经常给他们劝架。所以这本书编了十多年，编完了以后，他感觉自己也挺辛苦，天天看这么多书，还得调解这么多人打架，还得应对皇帝干扰。最后编完了以后，他写了一首四句的诗，叫"检校牙签十万余"，他不管这叫书，他管这个叫十万个牙签，他不说他读了10多万本书，对于他来讲不是书了，"检校牙签十万余，濡毫滴渴玉蟾蜍。汗青头白休相笑，曾读人间未见书"。他也很高兴，觉得自己天天玩弄牙签似的，好像工作不累，这是他的第五个工作。

第六，承担死亡危险。

第六个工作就是承担死亡危险。在《四库全书》馆，工作没日没夜地抄，说死人就死人。戴震，1773年进入《四库全书》馆，这个人连进士都没考中。1773年进来的，结果在这儿待了4年，1777年戴震就病死了。没白天没黑夜的工作，说死人就死人。像这样病死在工作岗位上的，在 360 个官员里面是极多的，都是累死的。

还有我们后面要提到的比如说陆锡熊，陆锡熊这部书的副总编纂，编纂官是纪晓岚，副总编纂官就是陆锡熊，就是累死的。还有比如我们不太了解的，比如说周永年，累死的人是极多，所以每死一个人，纪晓岚的心就揪一回，指不定哪天谁又死了，指不定谁又累死了。

第七，苦中寻找乐趣。

那么，他的第七个工作呢，就是给大家找一个乐，这叫什么，这叫苦中寻找乐趣，没乐你得找乐。每天编书很劳苦，很劳累，尤其是又矮又胖的纪晓岚，夏天一屋子书，密不透风，在那个屋子里面编书很不容易，也没有空调，什么条件都不具备，所以纪晓岚经常是甩开膀子大干。结果有一天，他抄书的时候，乾隆皇帝来了，他一看赶紧躲起来，好在那个屋子也好躲，为什么呢？到处都是书，我躲一个书墙后面。皇上从外面一看就知道他正跑呢，一看光着膀子跑了，甭理他，示意诸位，谁都别言语，开始说了两句话，我走了，然后有一个大臣踩着脚步点就出来了，乾隆皇帝往这儿一坐。这个时候纪晓岚探出脑袋说："老头子走了？" 皇上回过头来："你说谁呢，你给我说清楚，什么叫老头子？你要不给我说清楚，欺君之罪今天我就给你办了，我就杀掉你。"

这时候纪晓岚开始解释，什么叫老头子。他说了三句话，"万寿无疆为之老，万民之首为之头，昊天之子为之子，老头子者"，是我对您的尊敬的称呼。皇上说，行，算你过关了。从此以后"老头子"这三个字就成为了笑料，天下奇闻。纪晓岚背着皇帝就可以管皇上叫老头子，别人还不敢，这是一个专有称谓，所以这也是为人们所津津乐道的。每当发生这样的故事的时候，朝臣中间就会笑那么两三天，所以在编书的过程中也是一种乐趣吧。

第八，分色区分类别。

第八个工作是分色区分图书类别。《四库全书》那么多本，怎么分出来这是经、史、子、集。大臣陆锡熊向皇上建议，说那么多本，应该用四种颜色来区分，以经、史、子、集配以四种颜色，象征春、夏、秋、冬四季，四书配四色。

经部，陆锡熊认为，经是所有书中的头儿，东方为头儿，经部的著作应该犹如新春伊始，当标以绿色。

史书，人不能忘了本，这个史书呢著作最多，如夏之炽，应用红色。如夏天一般火热，你每当读起这个书，你都会感觉到心跳噗通噗通的，感到那种激动，所以应该用红色。

子部，他认为呢，文稿特别多，采撷百家，所以他认为这么多家的思想都在这里面，那么就如同秋收一般，应用白色。白色象征西方，象征秋天。

集部，文稿荟萃这是所有著作中最多的，好似冬藏，宜用黑色。编完了以后，乾隆皇帝下圣旨，就这么做。

第九，放弃著书机会。

他的第九个贡献就是放弃著书机会，纪晓岚每天沉浸在《四库全书》的编纂工作之中，编纂《四库全书》，让他有两大经验或者是教训，第一就是自己没时间写书了，而且也没有必要写书，天下的书还哪儿有比《四库全书》更多的，您再写出什么书，能比《四库全书》的书能冒出新鲜思想来、新鲜故事来？他认为没有必要再写了。

所以，索性就我安安心心的，我有那工夫，还不如多抄一本《四库全书》呢。他认为《四库全书》就完全反映了自己的思想。不用再写了，这是他的第一个想法。第二个想法是什么呢？编《四库全书》出了多少的文字狱啊，人家好心好意献书，结果这本书里面有个字错了，有个字写明朝，有的写北斗星，有的诗写“清风不识字，何必乱翻书”。他看到因为修《四库全书》净是人头落地的事。我还写书？不写了，让我写我也不写了。所以人人知道，纪晓岚这个人文采最好，学问最高，但是您可以看到，《四库全书》是让他编的，他自己写的只有一本《阅微草堂笔记》，您再也见不到别的，这是我们介绍的他的第九个贡献。

第十，成就千年梦想。

第十个贡献是什么呢？就是成就千年梦想，经过十多年的努力，这《四库全书》从 1773 年正式开始编，到 1781 年，第一部《四库全书》编成，再到 1793 年，七部《四库全书》全都抄完，历时 20 年的时间，共计抄录了七部，这七部《四库全书》分别存在七个地方。这七部书北方有四部，南方有三部。北方这四部是：第一部，故宫文渊阁；第二部，圆明园文源阁；第三部，沈阳故宫文溯阁；第四部，承德避暑山庄文津阁。这四部书被称为内廷四阁或北四阁。南方还有三部：第一部，镇江金山的文宗阁；第二部，扬州的文汇阁；第三部，杭州的西湖行宫的文澜阁。被称为江浙三阁楼，也称为南三阁。

纪晓岚成就了《四库全书》，《四库全书》也成就了纪晓岚。

《四库全书》的命运

我们接下来继续了解一下《四库全书》日后的命运。第一次鸦片战争期间，英军攻占镇江，镇江文宗阁被英军放火烧毁，所藏《四库全书》被抢出一部分，但是损失惨重。

随后 1853 年，太平军打到南京，在这前后，镇江的文宗阁，扬州的文汇阁，两部《四库全书》荡然无存，全都被焚毁。

太平军也打过杭州，杭州文澜阁的《四库全书》也同时散失严重，后来经过文人、学子们参考北四阁的《四库全书》重新补订，这才基本配备齐全，现在保存在浙江省图书馆。南三阁的现在就剩下这一部，而且还是后来补的。

我们再说北四阁。1860 年，英法联军火烧圆明园，圆明园的文源阁的《四库全书》全部化为灰烬。其他三阁的《四库全书》保存至今，但是他们的储藏地都发生了变化。1949 年，蒋介石败退到台湾，故宫文渊阁本《四库全书》被运到了台北。

留在大陆承德避暑山庄文津阁的《四库全书》的命运：1909 年，清政府允准拨文津阁《四库全书》为筹建京师图书馆所用。原书、原架被集体运到北京。1915 年正式入藏京师图书馆。随着京师图书馆的改名易址，这部《四库全书》曾四次搬迁，1987 年，北京图书馆新馆（现名中国国家图书馆）落成，文津阁《四库全书》由旧馆搬入新馆二楼正厅后的《四库全书》专藏书房内，收藏至今。

留在大陆沈阳的文溯阁本《四库全书》搬迁到了甘肃，现在在甘肃省图书馆保存。问题在于，沈阳文溯阁本《四库全书》为什么要搬迁到甘肃呢？

文溯阁本搬迁甘肃之谜

这还要从 1966 年的“文化大革命”谈起。

《四库全书》是清乾隆年间编纂的我国历史上卷帙最大的一部丛书，与万里长城、大运河一起，被誉为古代中国的三大工程。文溯阁《四库全书》是我国现存的《四库全书》三部半中的一部，这部书原保存在沈阳。1966 年 10 月，基于战备的需要，为确保《四库全书》安全，经中央有关部门协调，辽宁省将总计 3474 种、36315 册的文溯阁《四库全书》以及 5020 册清雍正年间所印铜活字本《古今图书集成》，经过长途跋涉，被秘密运至兰州，拨交甘肃省保存在距兰州市 75 公里的山中。

为更好地珍存这部反映中华民族文明的伟大成就，甘肃省委省政府拨专款修建了新藏书楼。1999 年 5 月，甘肃省政府作出了在省城兰州立项修建文溯阁《四库全书》藏书库的决定。2002 年 1 月，在兰州黄河岸畔北山九州台修建文溯阁《四库全书》藏书楼，奠基仪式隆重举行。2003 年 4 月 30 日正式开工。2005 年 7 月 8 日，新建成的文溯阁四库全书藏书馆正式开馆。这个坐落于兰州北山九州台的文溯阁四库全书藏书馆，投资 5000 多万元，占地 3.126 公顷，总建筑面积 5757 平方米。

新建成的文溯阁其方位和建筑风格都承系了“古制古貌”，外观颇具皇家气派，与北京文渊阁最为接近，也是“歇山式大屋顶”建筑，外二层内三层，内部用钢筋混凝土厚墙，使用了现代化的防潮设施、防尘设施、防盗设施等甚至防辐射设施，室内温度和湿度都常年保持恒定。

文溯阁藏书馆主要包括主楼、副楼、办公楼，主楼占地 1900 平方米。

一二层为展览厅、三楼存放《四库全书》影印本，副楼占地1400平方米，主要用于学术研究所用，而《四库全书》的真本则藏在专门设计的地下室内。

《四库全书》的今天

我们现在可以看到两种版本的《四库全书》，20世纪80年代台湾商务印书馆开始影印出版故宫的文渊阁本的《四库全书》，在世界引起了强烈反响。2003年，大陆这方面由商务印书馆承担了承德避暑山庄文津阁本的《四库全书》的影印工作。2003年开始影印，2006年《四库全书》彻底影印完成。

现存的《四库全书》在台湾、在大陆都得到了良好的保存，而且他们被双方的商务印书馆给承印下来，纪晓岚及大清朝四千多位官员、平民的劳动成果，我们现在依然可以看得见。

纪晓岚成就了《四库全书》,《四库全书》也成就了纪晓岚。那么,修成《四库全书》之后的纪晓岚发生了哪些变化呢?

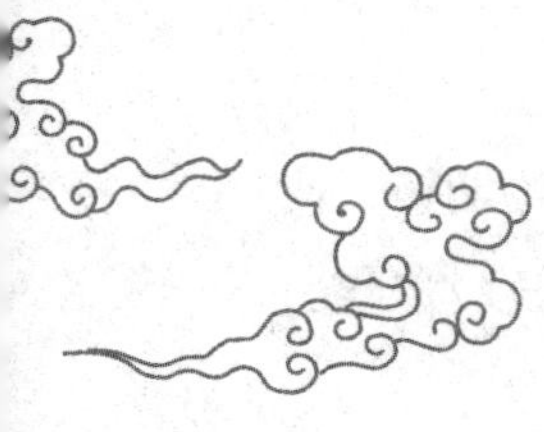

第十四讲 纪晓岚的《阅微草堂笔记》之谜

《阅微草堂笔记》是纪晓岚晚年所作。全书共二十四卷，分《滦阳消夏录》六卷、《如是我闻》四卷、《槐西杂志》四卷、《姑妄听之》四卷、《滦阳续录》六卷。从1789年至1798年间陆续写成，1800年刊刻出版。

《阅微草堂笔记》主要记述的是狐鬼神怪故事，都是篇幅短小、文字简淡的随笔杂记。他写作的用意在于劝善惩恶，有助风俗教化。这部笔记的最大特点是驳杂。纪晓岚的阅历很深，交游甚广，学问渊博，所以《阅微草堂笔记》包罗十分宏富。纪晓岚能洞察当时的社会现实并确具一定的见识。

纪晓岚的《阅微草堂笔记》，以其质朴、简明、淡雅、清新的笔墨，以具体的事例真实地描绘出清代社会一幅幅触目惊心的历史画卷。有的写封建官场的腐败和凶险；有的写官吏及其爪牙的骄奢残暴和荒淫丑恶；有的写劳动人民挣扎在死亡线上的种种艰辛；有的写下层妇女被奴役、遭蹂躏的无穷苦难；有的写男女青年坚贞纯洁的爱情和社会酿成的悲剧；有的讽刺了知识分子的迂腐和虚伪；有的赞颂了普通人民的智慧和勇敢；有的则写出了人间万象和市井百态。为我们提供了一面透视清代社会的明镜，使我们能够对处于封建社会末期的清代社会的腐朽和黑暗有一个比较清醒的认识，具有很高的思想价值和艺术价值。

另外，根据张步云先生《〈阅微草堂笔记〉——一幅触目惊心的历史画卷》一文的介绍，我们知道了纪晓岚先生的《阅微草堂笔记》涵盖了下面的内容。

一、揭露了封建官场的凶险和腐败

纪晓岚生活在清代所谓“康乾盛世”，封建专制发展到登峰造极的地步。特别是乾隆皇帝在位期间，和珅专权数十年，“内外诸臣，无不趋走”，上下勾结，倚强凌弱，拉帮结派，互相倾轧。乾隆为打击朋党，集中皇权，大兴文字狱，官场凶险为历代所不及。纪晓岚在《阅微草堂笔记·滦阳消夏录》（卷五）中借文昌司禄神之口，对官场的腐败做了淋漓尽致的揭露：

“仕宦热中，其强悍者必怙权，怙权者必狠而愎；其孱弱者必固位，固位者必险而深。且怙权固位，是必躁竞，躁竞相轧，是必排挤。至于排挤，则不问人之贤否，而问党之异同；不计事之可否，而计己之胜负，流弊不可胜言矣！”

这段话的意思很明显，就是官场中，强悍的人必定依恃自己手中的权力，为了长久地保持自己手中的权力，必然凶狠地打击异己。那些懦弱的人必定千万百计地保住自己的地位，为达此目的，必定心计深晦而阴险。这些贪权固位的人急于达到目的就互相倾轧，互相排挤。不问人的好坏，只问是否与自己一派；不计较事业是否办好，只计较对自己争权夺势是否有利。这种弊端任其发展下去，那危害是难以用语言表达的。你看，这段话对封建社会官场的腐败揭露得是何等彻底而深刻！

作者不仅借鬼神之口深刻揭露了清代官场的凶险和黑暗，而且把批判的矛头也指向官吏的走狗爪牙。他在《阅微草堂笔记·滦阳消夏录》（卷六）中，借十殿阎君之口，指出官之外，尚有恶人四种：“一曰吏，一曰役，一曰官之亲属，一曰官之仆隶。是四种人，无官之责，有官之权。官或自顾考成，彼则惟知牟利，依草附木，怙势作威，足使人敲髓洒膏，吞声泣血。”他认为官员们还有年终“考成”的制度所约束，这四种人则无所畏惧。所谓“考成”，即定期由上司对所属官员的德能政绩进行考核，评定优劣，上报皇帝，决定升降。虽然在封建社会的腐败官场常常流于形式，但不可否认的是，它毕竟对官员们多少有一点约束力。但这四种人不是朝廷命官，没有这种顾虑。纪晓岚借十殿阎君之口指出的这四种恶人，在现实中有时甚至比那些官僚本人还可怕。

纪晓岚居官五十多年，地位显赫，但他能借小说之言，或直言指斥，或委婉嘲讽，揭露了清代官场的腐败和黑暗，使我们清楚地看到正是这个腐败官僚阶层及其爪牙，才是加速封建社会灭亡的掘墓人。

二、揭露了官绅豪强的骄奢淫逸和残暴丑恶

有的故事揭露了土豪劣绅在骄纵凶横。《阅微草堂笔记·滦阳消夏录》（卷五）记载：以做小买卖为生的张福，因与豪绅在桥上争路，豪绅指挥随从把张福推坠桥下，“时河冰方结，觚棱如锋刃，颅骨破裂，仅奄奄存一息”。状告于官，官知豪绅有钱，“利其财，狱颇急”。老实忠厚的张福想到，即使让豪绅偿命，又有何益？提出如豪绅能答应为其养育老母幼子，就自动撤诉。豪绅答应，张福撤诉，“官吏无如何也”。但张福死后，豪绅却负约。张福的母亲和幼子凄苦饥寒，无人照养，这是多么悲惨的一幕！

纪晓岚不仅揭露了统治阶级及其鹰犬的凶狠残暴，而且还揭露了他们的荒淫无耻。《阅微草堂笔记·姑妄听之》（卷四）记载：交河一个乡民被大盗诬陷，被捕入狱，无法自明，托人求救于县吏。县吏听到这个大盗是因为调戏乡民的妻子，被乡民殴打，因而诬陷乡民为同伙。心想这乡民的妻子一定漂亮，于是就暗示必须乡民的妻子亲来，才可教给解救的办法。乡民的妻子知其真意，坚决不应。过了两天，县吏正欲就寝，忽听有人敲门。开门一看，是一丐妇，问之不答，且行且解头帕衣衫，原来是一美丽少妇。低头无言，唯袖出片纸，上写“乡民妻”几字。县吏大喜过望，引入内室，故意问来意。妇掩面而泣，说：“不明白你的意思，我何以夜来。既已夜来，不必问了，只请不要失信。”吏发誓，于是共遂床第之欢。县吏为妇所惑，神志颠倒，百计为其夫辩冤，乡民被无罪释放。后来才知道，乡民妻考虑从则失身，不从则夫死，日夜啼泣。正逢一个妓女新来，尽脱钗环贿赂妓女，

使其冒名顶替。这则故事中的县吏，乘人之危，谋人妻子，可见其灵魂的丑恶无耻。一个小小县吏，竟能决定人的生死，可见封建社会走向坟墓已经不远了。

三、揭示了劳动人民的艰辛和血泪

《阅微草堂笔记》用艺术形象的手法，揭露了封建社会血淋淋的吃人历史。在《阅微草堂笔记·滦阳消夏录》（卷二）中记载：河南山东大旱灾时，草根树皮都吃尽，乃以人为粮，妇女小孩被反捆着双手，在市场上出卖，叫作“菜人”。屠者买去，如宰羊猪。有一个姓周的人，自东昌做买卖回来，到店里吃午饭。卖肉的说，肉没有了，请稍等。只见拉两女子入厨下，大声招呼说：“客人等得很久了，可先取一蹄来！”只听长号一声，一女已被砍断右臂，痛得在地上直转；另一女子战栗无人色，向姓周的哀号。一个求救人，一个求速死。姓周的商贩十分可怜他们，急出钱赎下。被断臂的女子已难活命，急刺其心，把另一女子携归，纳为妾，后来生了一男孩。这一血淋淋的事实，是何等触目惊心！

四、反映了下层妇女被奴役、被蹂躏的苦难

《阅微草堂笔记》用大量的篇幅，记载了下层妇女特别是奴婢们惨遭迫害和凌辱的事实。《阅微草堂笔记·如是我闻》（卷三）写一个官家夫人，对待婢女最严厉，“凡觳觫而侍之者，鲜不带血痕。回眸一视，则左右无人色”。一女五六岁时，夜出观剧，被人以迷药所迷，拐卖与远方大户为婢，后来被救回，浑身是鞭痕、杖痕、剪痕、锥痕、烙痕、烫痕、爪痕、齿痕，遍体如用刀刻画，十分惨酷。同书还记载了一官家妇，每遇婢女有过，不用鞭打，却剥去下衣，使之露体伏地，给予人格的污辱。在《阅微草堂笔记·槐西杂志》（卷二）中记一侍郎夫人，待下人极严厉，凡买女奴，先使长跪，告诫数百语，谓之“教导”，然后把衣服脱去，反捆上双手后，挞百鞭，谓之“试刑”。如果转动身子，或呼号喊疼，鞭挞愈甚，直打得不能言语，谓之“知畏”。然后驱使，其僮仆奴婢个个战栗，不敢稍有差错。

这些沦为奴婢的妇女，大都出身贫寒，卖与官宦富豪之家，一纸“生死疾病，一应天命”的卖身契，使她们失去人身自由，命运是很悲惨的。

《阅微草堂笔记•如是我闻》(卷三)中，记述了一家公婆接受富人二百金，强迫把其寡妇儿媳卖与富人为妾的事。妇女不同意，强披以彩衣，用红巾捆其双手，其婆和媒人强推拉上车，妇女哭天抢地，“观者多太息不平”。这简直是另一个鲁迅笔下的祥林嫂无异。

另外还有许多篇章记载了妇女被豪强凌辱的事，《阅微草堂笔记・姑妄听之》(卷一)写拾麦妇被三贵人诱骗奸淫;《阅微草堂笔记·滦阳续录》(卷五)以寓言体写冯道墓上的翁仲依仗势力凌辱妇女等，都深刻地揭露出封建社会下层妇女所受的苦难，反映了封建统治者的腐败与凶残。

五、描写了青年男女坚贞的爱情和社会酿成的悲剧

纪晓岚身为高官显宦，其主观思想势必受到一定的局限，但在《阅微草堂笔记》里仍然写出了闪烁着光辉的爱情篇章。尽管这些爱情故事无一圆满的结局，但那些青年男女对爱的坚贞，不为金钱富贵所动的气节，使人为之击节赞叹。

《阅微草堂笔记・滦阳续录》(卷一)记载：一大家的婢女叫柳青，七八岁时，主人即指与一小奴人叫益寿的为妇。等到十七八岁将要合婚时，益寿因赌博输钱外逃，久无音信。主人欲把她配与他人，柳青誓不相从。柳青颇有姿色，主人乘机调戏她，想纳她为妾，她誓死不从。主人派一年纪大的仆妇劝她道：“你既然不肯负益寿，不如暂从了主人，主人则多方找寻益寿，找到后仍把你许配给益寿；如果不从，即把你卖到远方，更别想见益寿了。”柳青暗暗哭泣多日，只得答应了，只是经常催促主人寻觅益寿。过了三四年，益寿自己又投归主人，主人按约为二人办了婚事，仍在主人家供役使，柳青始终不与主人交谈一句。主人稍微接近她，柳青就避开，即使被鞭打，也誓不肯从。主人无法，只得好好遣送二人回家，柳青临走时把一小筐放在主母前，叩拜而去。主母打开小筐一看，都是主人数年私下给的钱物，纤毫不差。回去后，二人勤俭度日，白首偕老。

《阅微草堂笔记・槐西杂志》(卷二)记载的故事更加凄美：一女

十四五岁时，嫁与一贫穷青年为妻，婚后恩爱，形影不离。正逢灾年，全家逃荒，其婆为活命，把她卖与贩卖妇女的。夫妇相抱痛哭，彻夜不息，二人咬破手臂，作为纪念。女被买走后，其夫心中不忍，沿途乞食，暗随到京城。女在车中有时看见，只是相视流泪而已。女被卖与官媒家，青年则候于门外，偶得一见，二人相约勿死，希望天上人间，再得相见。后听说被福建学使纳为妾，青年投身学使的幕友为仆，又跟随到福建。但是内外隔绝，无法通音信，其妇并不知道青年也来到这里。这个青年苦苦相思，忧虑病死。一天，其妇在婢女口中听到死者姓名籍贯及年龄形貌，方知是其丈夫，心如刀割，泪如雨下。忽然对众人详说事情的经过，然后大哭数声，奋身跳楼而死。

《阅微草堂笔记·滦阳续录》（卷五）记载，沧州有一个叫董华的人，读书不成，沦为卖药、卜卦为生。家贫无立锥之地，一母一妻，为人洗衣缝纫，聊以糊口，常常一天不举烟火。灾荒年，饥饿待死，董华为救养其母，想把妻卖与邻村富翁为妾，妻初不从。董华劝告她说："失节事大，饿死母亲事更大。"妻只得相从，只是约定以后倘得生还，希望还为夫妻，啼泣而别。女人姿容美丽，富翁颇宠爱，但枕席间时常有泪痕。富翁怪而问之，女毅然回答说"我身子已经属于您了，事事可听从您所为；但感念旧日情爱，即使刀锯在前，也不可断绝此念也。"接着灾荒更甚，董华与母都被饿死，富翁不让她知道。有一邻家老妇偶然泄露，女痴立很久，告诉邻妇说："我所以忍辱受玷至今，一是为了婆母与丈夫活命，另是因为主人年已七十多了，不用数年就将死去，我还年轻，其子必不肯留我，我还有希望重新与丈夫团圆。今丈夫已死，我还有什么留恋的啊！"突然推开楼窗，纵身跳楼而死。

这是两则多么凄惨的爱情故事，其凝结的历史沉重感，比历代文人所咏叹的"绿珠坠楼"的风流韵事不知要厚重多少倍。

六、揭露了封建理学的虚伪和偏执

《阅微草堂笔记·如是我闻》（卷三）中，写了这样一个故事：一个医生平素谨慎忠厚，遇一老媪来买堕胎药，他不给，第二天又来买，并加倍给钱，他又坚决拒绝。过了半年，忽梦被鬼卒拘于阴司，阎王说有人告医生杀人。原告原来是一披发女子，脖子上勒一红巾，哭告乞求堕胎药不给的情况。医生说:“我的药是为救人,岂敢杀人以渔利。你因奸败,于我何干。”女子说："我乞药时，孕未成形，倘得到药而堕之，我可不死，是破一无知之血块，而保全一待尽之命也。既不得药，不能不产，以致孩子遭到扼杀，我也被逼缢死。你这是欲保一命而杀两命，罪不归你，反归谁呢。”阎王听后对女子喟然叹曰:“你所说的是具体事势,他所固执的是理也。从宋代以来,固执一理而不顾事势利害的，哪是独此一人，我看就算了吧。”说完一拍桌子,医生被吓醒了。这个故事显然是借冥官之言对宋以来理学家的偏执一理,不顾事势，不懂变通的批判。

《阅微草堂笔记·滦阳消夏录》(卷四)记河北武邑县有一道学的信徒,在晚饭后，趁着酒酣耳热，大谈“程朱理学”所谓“万物一理”“乐天知命”的学说，满座恭听，不觉夜深。忽听顶棚上厉声斥曰："现在正值灾荒，老百姓很多人饿死，你作为乡官大产，即使不想做好事，施粥舍药，也应该趁此良夜，早早闭户安眠，却在这虚谈高论，不知讲到天明，可做饭呢，还是可做药呢？且击你一砖！看你再讲‘邪不压正’吗？”忽一砖飞下，声若霹雳，杯盘几案皆碎。那讲理学者吓得面如土色，边跑边说："不信程朱理学，这妖才成为妖。”

这几则故事全用白描，不加雕饰，以辛辣的笔墨把理学家及其信徒们的表面上道貌岸然,内心深处却龌龊不堪的丑恶、虚伪面孔暴露得体无完肤,对理学家所谓“存天理，灭人欲”的观点给予无情的嘲讽。

鲁迅先生在《中国小说的历史变迁》中谈到纪晓岚时说："他生在乾隆间法纪最严的时代，竟敢借文章以攻击社会上不通的礼法，荒谬的习俗，以当时的眼光看去，真算得很有魄力的一个人。”纪晓岚以质朴的文笔，诙谐的故事，从不同侧面批判了占统治地位的程朱理学，是有一定的积极意义的。

七、赞颂了普通人民的智慧和勇敢

《阅微草堂笔记》记载了许多不怕鬼的故事，表现了敢于和邪恶做斗争的大无畏的精神。《阅微草堂笔记·滦阳消夏录》(卷一)记载：一个姓曹的人，途经朋友家。当时正在盛夏，友人与他坐书屋中闲谈。屋子很宽敞，姓曹的晚上要住此屋里。友人说：“此屋不能住，常常闹鬼，请安置别的屋。”姓曹的人强住在此屋里。夜间，有物从门缝里慢慢进入，单薄如纸，入室后，渐如人形，乃一女子。姓曹的笑着说：“虽然长些，但仍然是头发，只是稍乱些。那嘴里吐出的仍然是舌，只是稍长些，这有什么可怕的！”那鬼忽然自己把头摘下来，放在桌子上。姓曹的又笑着说：“刚才有头尚且不可怕，何况没有头！”那鬼技穷，很快消失了。

《阅微草堂笔记·滦阳消夏录》（卷五）记载：贫妇张氏，和儿媳妇一起到麦田割麦，刚把麦子堆好，忽来一阵旋风，把麦子吹得四散。儿媳气得用镰刀照着旋风掷去，洒血数滴于地上。正要捡寻散失的麦子，儿媳忽然依在树上昏睡起来。魂被捆至一神庙，神大声斥责说：“恶妇竟敢砍伤我的部下！左右，拿杖打！”儿媳平素刚烈，大声抗议说：“我们贫家种几亩麦子，靠它活命，烈日中妇姑辛苦，刚把麦收割完，被怪风吹得四散，我认为必定是妖祟，因此用镰刀掷之？因此受杖，实在不甘心。”神点头说：“她说的对，可送回去。”儿媳苏醒，旋风又至，仍卷散麦为一处。

《阅微草堂笔记·滦阳消夏录》（卷三）记载：有个叫荔姐的人，因母急病，不等丈夫同行，急忙往娘家奔去。时已入夜，缺月微明。听到后面脚步声，回头一看，一人向她追来，知道是遇到坏人了。旷野无人，呼救无用，就藏在一座坟墓旁的白杨树下。把头上钗簪摘下放在怀中，用丝绳系在脖子上，披头散发，口中吐舌，瞪着眼以待。那个坏人追上后，正欲强暴，一看，知是吊死鬼，吓得倒在地上。荔姐狂奔回家，幸免于难。

这几则故事，写得语言简洁，形象生动，赞扬了普通人民的智慧和勇敢。

八、写出人间万象和市井百态

《阅微草堂笔记》有很多的篇幅写了人间万象和市井百态，其中有真实的社会人物，有虚构的鬼狐形象。作者寥寥几笔，形象鲜明，妙趣横生；淡淡写来，寓意深刻，力透纸背。我们且看下面的故事。

《阅微草堂笔记·滦阳消夏录》（卷一）记载：一个老学究夜行，忽遇死去的朋友。学究平素刚直，也不害怕。问：“君何往？”鬼说：“我现在为阴间的官吏，到南村勾摄一人，正好同路。”走到一破屋，鬼说：“这里住的是文士。”学究问：“怎么就知道是文士住的呢？”那人说：“凡人白天忙忙碌碌，真性情就沉没。只有夜间睡觉时，一念不生，元神明彻。这时胸中所读之书，字字皆吐光芒。学问如屈原、宋玉、班固、司马迁的人，光明上照霄汉，与星月争辉；次者数丈，再次者数尺，渐渐的如灯光。这光凡人不能见，唯鬼神能见。这间屋的光高七八尺，因此知道住的是文士。”学究问：“我读书一生，睡中光芒当几尺？”鬼踌躇了一回，说：“昨日偶然路过你的书屋，学生们在读书，你正睡午觉。你胸中的学问字字化作黑烟，学生读书之声像在浓云密雾之中，实在没有看见光芒，我真的不敢欺骗你。”学究生气，大声斥之，鬼大笑而去。这则故事简直和老学究开了个玩笑，使人读后忍俊不禁。

作者还在《阅微草堂笔记·滦阳消夏录》（卷五）中，记载了自己对当时人们都信奉的道教祖师张真人进行调侃。作者写道：俗传张真人役使的都是鬼神，待客时，雷神负责倒茶，客人如果不敬，回去就遭雷霆震击。有一天，作者与张真人一起陪同皇帝祭祀。将进去见皇帝时，张真人忘了带朝珠，向纪晓岚借。纪晓岚和他开玩笑说：“雷部鬼神律令最严，办事最快，何不派他们去取来。”张真人尴尬地笑了。可见作者虽写鬼神，其实他是不信的，只不过是借鬼神以写现实而已。

《阅微草堂笔记·如是我闻》（卷一）记载：有一个道士建坛祭祀，聚敛了很多银钱。办完事后，道士与徒弟在神座前，计算收入，尚缺数钱对不上账来。师傅说徒弟偷了钱，徒弟说师傅算错了，算盘啪啦响到深夜，争吵之声不绝。这时，忽然屋梁上大声说：“新秋凉爽，我正想睡个好觉，你们何必在此闹闹嚷嚷。所缺的钱，不是你想着买媚药，装在怀中，经过后巷刘二姐家，刘二姐向你索要金戒指，你掏出钱来给了她吗？为什么竟然忘记了呢？”徒弟听了掩口而笑，道士急忙把账簿收起，慌慌张张地出去。这则故事，作者通篇无一贬词，寥寥几笔，把道士的丑态暴露无遗。

《阅微草堂笔记·如是我闻》（卷一）记载：一个在京城候官的人（俗称

“选人”），住在馆舍。一天，忽见墙外一妇人，姿容美丽，衣服虽旧，但很整洁。选人动心，以钱财贿赂馆人的母亲，请她代通信息，与女苟合。其母五十余岁，是大家的婢女出身，言谈举止，很有风度。她回答说：“向来没见过，可能是新来的，我且试试吧。”

等了十余天，才回话说：“已说好了，本是良家妇女，因贫穷，忍耻答应做此事。但是怕人知道，只能夜深月黑才来。来时请别亮灯，别说话，别使同馆的人听到声音。五鼓即回，也别挽留，每晚给二金就行了。”选人高兴地答应，每晚如鱼得水，已往来一月有余。

忽一夜，邻居失火，延及馆舍，僮仆入馆抢救。选人惊起，一人急忙拉被褥，忽然“轰”的一声，一个裸妇坠下，举火一看，是馆人之母。原来是馆人之母图其钱财，以身自代。见者闻者，无不讥笑。

这则故事，简直是一场令人捧腹大笑的讽刺喜剧，既写出了馆人之母的奸诈无耻，又道出了候官之人的龌龊丑恶，真是一箭双雕。

《阅微草堂笔记》是作者晚年追述记闻之作，“忆及即书，全无体例”，但作者所掌握的材料相当广泛，反映了十分深刻的社会现实，具有一定的人民性。尤其是“简淡数言，自然妙远”的清新文风，更是值得我们深入研究和学习的。值得指出的是，这部书在记述见闻之后，往往继有因果劝惩和封建说教的议论，在艺术上思想上是一缺点，但瑕不掩瑜，影响不了这部作品的伟大。鲁迅先生在《中国小说史略》中评价说：“纪昀本长文笔，多见秘书，又襟怀夷旷，故凡测鬼神之情状，发人间之幽微，托狐鬼以抒己见者，隽思妙语，时足解颐；间杂考辨，亦有灼见。叙述复雍容淡雅，天趣盎然，故后来无人能夺其席，固非仅借位高望重以传者矣。”这个评价是非常精当的。

九、还描写出了纪晓岚笔下的人才观

《阅微草堂笔记》曾记载了下面的一个故事：有个叫刘羽冲的人，做事拘泥于古代的方法，其实迂阔不可行。他读了本古兵书，自认为可统帅十万人。于是自练乡兵，与土寇大战，结果全队溃覆，自己差点被擒。后来又读了一本古水利书，官员让他在一个村子里做试验，结果他的试验渠

刚刚建成，便遇上洪水，大水顺着试验渠而入，村民差点都变成了鱼。刘羽冲之所以失败，错就错在不顾时代的变化，生搬硬套，刻古之舟而求今之剑，犯了教条主义的错误。所以说："满腹皆书能害事，腹中竟无一卷书，亦能害事。"如果一味继承，没意识到只有发展才能更好地继承，则免不了泥古迂阔，纸上谈兵，视鲜活运动的客观世界如无物，这样墨守成规的人才书本学得越多距离现实世界越遥远，实际操作能力也就越差，纵然称"才"，也是庸才。

《阅微草堂笔记》还记载了一个故事：陈竹吟和朱青雷两个书生看到一卷诗，正辨别其真伪，一个乞丐斜着眼嘲笑他们说，这么简单的诗竟然看不出真伪，真是枉做了书生。两个人对于有如此学问的人竟沦为乞丐，感到十分惊奇。纪昀对此总结说，聪明而富有才华的人往往恃才傲物，看不起别人，甚至行为态度有违常理，让人不敢接近；或者有才而没有品行，更是为人不齿，最后沦为乞丐也没什么可奇怪的。人的本质属性是社会性，一味恃才傲物恰恰违背了这种本质属性，只会导致脱离社会和群体，人际关系恶劣，心理承受能力也随之下降。如今发生的名牌大学学生自杀事件，与由上述情况导致的心理承受能力下降不无关系。毕竟一枝独秀难是春，最终不免凋落。

缺乏责任感是当今某些年轻人的通病，或浑浑噩噩，或频繁跳槽、辞职，无心踏踏实实地工作。纪昀十分强调为人做事的责任感，他曾记载一位教书为业的书生就因为没有尽职尽责地教好书而丧命，惩罚虽过于严重，但纪昀对怠职渎职之人的厌恶之情可见一斑，他认为不负责任就等于无功窃食。纪昀告诫士子们，不要怕平凡，平凡绝不等于平庸，只要踏踏实实地做人和工作，平凡之中一样蕴藏着机会。

十、还写出了纪晓岚的反理学思想

在纪晓岚晚年的反理学思想也表现在他的《阅微草堂笔记》中。

例如其中一则笔记记载了一习儒狐仙与一儒者之对话：

公所讲者道学，与圣贤各一事也。圣贤依乎中庸，以实心励实行，以实学求实用；道学则务语精微，先理气，后彝论，尊性命，薄事功，其用意已稍别。圣人之于人，有是非心，无彼我心；有诱导心，无苛刻心。道学则各立门户，不能不争。既已相争，不能不巧诋以求胜，以是意见，生种种作用，遂不尽可令孔孟见矣。

这则笔记借狐言道出清人“宋人道学与圣贤之学实各一事”的基本心态，从学术之实行、实用方面，指出道学（亦即理学）远人伦、薄事功的不切实际以及从道德实践方面揭发道学家之分别人我彼此，争立门户，其实只是为了巧诋以求胜的私见表现，并非真正求是非、善诱导的圣贤之学，因此才会衍生出了种种偏离孔孟之道的争锋事端来。虽则乾隆对理学已颇有微词，但它毕竟还是封建社会的主导思想，纪晓岚官居高位，理当维护理学权威，但他毫不掩饰地表达了自己对理学的不满。

清朝政府为了从思想上钳制人民，从康熙起就尊儒学，尤其是程朱理学，但其所尊实际上是一种被“实用化”了的理学，是一种已经僵化且没有学术生命与理想的理学。乾隆帝说“从来读书学道之人，贵乎躬行实践，不在语言文字之间辨别异同。况古人著述既多，岂无一二可以指摘之处？以后人而议论前人……试问于己之身心有何益哉？”是故，清初学界掀起了一股批判、辨伪的风潮。纪晓岚也在《阅微草堂笔记》里再三攻讦之。他借一鬼物之口道：

于传有之：“天道远，人事迩。六经所论皆人事，即《易》阐阴阳，亦以天道明人事也。舍人事而言天道，已为虚杳；又推及先天之先，空言聚讼，安用此为？”

又说：“圣人作《易》，言人事也，非言天道也；为众人言也，非为圣人言也。”

明言儒学并非只是宋人所自诩的圣贤之徒的专利，以驳斥宋儒“独得圣贤之传”的说法，并指出儒学乃是平易、可实行的大道，而并非“空言聚讼”，徒逞口舌之辩的空论而已。所以《阅微草堂笔记》中又记载了一则妖物对一时值饥疫而犹自高谈阔论的道学家之斥责：

“时方饥疫，百姓颇有死亡。汝为乡官，既不思早倡义举，施粥舍药；即应趁此良夜，闭户安眠，尚不失为自了汉。乃虚谈高论，在此讲民胞物与。

不知讲至天明，还可作饭餐，可作药服否？且击汝一砖，听汝再讲邪不胜正。”忽一城砖飞下，声若霹雳，杯盘几案俱碎。某公仓皇走出，曰：“不信程朱之学，此妖之所以为妖欤！”徒步太息而去。

在这里，纪晓岚借妖物之口表达了清儒对理学之“虚谈高论”的厌恶之情。在纪晓岚看来，这些所谓的程朱理学家对现实已麻木到了“百姓颇有死亡”却仍“虚谈高论”的地步，难怪要让妖物扔下一砖，使这位道学家“仓皇走出”了。具有讽刺意味的是，“某公”逃走之时还长叹：你这个妖怪难怪是妖怪，原来你是不信程朱之学的缘故啊！从这则笔记我们可以看出以纪晓岚为代表的清儒“崇实黜虚”的实用主义儒家特色。事实上，纪晓岚本人不光在思想上是个大儒，而且更乐于实践之。据纪晓岚的墓志铭记载：“壬子，以畿辅水灾，奏请截留官粮万石，设十厂赈饥。得旨，六月开厂，后增五厂，自季夏至明年四月，全活无算。”

既然在纪晓岚心中理学已是空谈——“谈理至宋人而精，然而滋蔓；讲学至宋人而切，然而即空”，那么对于那些专以讲理学为事的讲学家，纪晓岚则自然是更加蔑视了。他在《阅微草堂笔记·滦阳消夏录》中讲的一个老学究夜行遇鬼的故事，就深刻地讽刺了这种人：

有老学究夜行，忽遇其亡友。学究素刚直，亦不怖畏，问：“君何往？”曰：“吾为冥吏，至南村有所勾摄，适同路耳。”因并行，至一破屋，鬼曰：“此文士庐也。”问：“何以知之？”曰：“凡人白昼营营，性灵汩没。惟睡时一念不生，元神朗澈，胸中所读之书，字字皆吐光芒，自百窍而出。其状缥缈缤纷，烂如锦绣。学如郑、孔，文如屈、宋、班、马者，上烛霄汉，与星月争辉。次者数丈，次者数尺，以渐而差，极下者亦萤萤如一灯，照映户牖。人不能见，惟鬼神见之耳。此室上光芒高七八尺，以是而知。”学究问：“我读书一生，睡中光芒当几许？”鬼嗫嚅良久，曰：“昨过君塾，君方昼寝。见君胸中高头讲章一部，墨卷五六百篇，经文七八十篇，策略三四十篇，字字化为黑烟，笼罩屋上。诸生诵读之声，如在浓云密雾中，实未见光芒，不敢妄语。”学究怒，叱之，鬼大笑而去。

在《阅微草堂笔记》中，对于讲学家之倡为高论，纪晓岚多有贬抑。

书中曾借一女狐责备一讲论道学三十年的耆儒，道出了清儒认为道学家实际上并非真儒，只不过是藉着儒名以掩饰其争名好胜的心态罢了，其曰：

《大学》扼要在诚意，诚意扼要在慎独。君一言一动，必循古礼，果为修己计乎？抑犹有几微近名者在乎？君作语录，龂龂与诸儒辩，果为明道计乎？抑犹有几微好胜者在乎？夫修己明道，天理也；近名好胜，则人欲之私也。私欲之不能克，所讲何学乎？此事不以口舌争，君扪心清夜，先自问其何如，则邪之敢干与否，妖之能胜与否，已了然自知矣，何必以声色相加乎？

除了这样义正辞严地、以理学家向来所爱好讲尚的“反躬自省”，反过来要求讲学家扪心自问外，纪晓岚更借女狐代言，明白说出了心中对于世所称儒者、隐者，实多藉为“终南捷径”的不满。其曰“果为隐者，方韬光晦迹之不暇，安得知名？果为儒者，方反躬克己之不暇，安得讲学？世所称儒称隐，皆胶胶扰扰者也”。这虽是女狐之言，实际上正是纪晓岚心目中对那些打着儒家招牌，实则彼此争名好胜的理学家不满之呈现。所以虽是取材异类，其实是纪晓岚有意借女狐之口，道出清儒心目中理学家“明为修己明道，实则争名求胜”的看法，并暗示连一女子（女狐）都知道，难道理学家们会不知道吗？更有意思的是，当女狐说了这一大段话后，说道“此事不以口舌争，君扪心清夜，先自问其何如”？连辩解的机会都不给对方了，必欲置其无可置辩、无法翻身的地位，可见纪晓岚对于这类“儒者”的极度厌恶之情。

程朱理学自南宋末年被封建统治阶级确立为官方思想形态后，其进步意义随着它作为封建统治工具的日益强化而日渐式微，理学所具有的进步性和多元性被统治者裁减得支离破碎，明朝后理学更加走向僵化保守和没落衰退。虽经清初康熙皇帝以“圣谕”形式鼎盛一时，但充其量已是强弩之末，回光返照而已。戴震曾一针见血地指出了理学的虚伪性：“宋以来儒者，以己之见，硬坐为古圣贤立言之意，而语言文字实未之知。”他更进一步控诉了已成为一具僵尸却依然高高供于庙堂之上的程朱理学的“杀人”本质。针对程朱提出的“存天理，灭人欲”的观点，戴震鲜明地指出：“人生而后有欲、有情、有知，三者，血气心知之自然也。”指责程朱否定人欲是像佛教一样否定人生。程朱又提出与人欲对立的“理”，所谓的“理欲之辩”本质上已成了杀人害人的工具。

如果说戴震是从思辨的角度尖锐地指出了“理学杀人”的本质，那么纪晓岚则是用他看似冷静旁观，实则充满愤激之笔更为深刻地揭露了这一点。在《阅微草堂笔记》中，有一则笔记可以说对“理学杀人”作出了最好的注脚，其文如下：

吴惠叔言：医者某生，素谨厚。一夜，有老媪持金钏一双，就买堕胎药。医者大骇，峻拒之。次夕，又添持珠花两枝来，医者益骇，力挥去。越半载馀，忽梦为冥司所拘，言有诉其杀人者。至则一披发女子，项勒红巾，泣陈乞药不与状。医者曰：“药以活人，岂敢杀人以渔利！汝自以奸败，于我何尤？”女子曰：“我乞药时，孕未成形，倘得堕之，我可不死。是破一无知之血块，而全一待尽之命也。既不得药，不能不产，以致子遭扼杀，受诸痛苦，我亦见逼而就缢。是汝欲全一命，反戕两命矣。罪不归汝，反归谁乎？”

在这则笔记里，杀害母子两人的不是别人，恰恰就是“素谨厚”亦即恪守理学规范的“某医生”！在某医生看来，这个女人托老媪来买堕胎药，则肯定是因害怕奸情败露而不想留下孩子。面对“金钏一双”和“珠花两枝”的丰厚报酬，这个医生竟不为所动，硬是不卖给堕胎药而让女子连同腹中胎儿双双殒命。从人品看，这位医生似乎无疑是高尚的，因为他坚守理学规范，不为丰厚报酬所动而杀掉女子腹中胎儿，但是，正因他的“高尚”，却让两条生命从这个世界上消失了。纪晓岚借冥官之言叹道：

汝之所言，酌乎事势；彼所执者，则理也。宋以来，固执一理而不揆事势之利害者，独此人也哉？

可见，“理学杀人”实质上由来已久。我们不得不佩服纪晓岚的勇气：在文字狱极其严酷的乾隆时代，纪晓岚敢于附和戴震，对理学杀人表示愤慨，这不能不说是需要极大勇气的。诚如鲁迅所言，“他生在乾隆间法纪最严的时代，竟敢借文章以攻击社会上不通的礼法，荒谬的习俗，以当时的眼光看去，真算得很有魄力的一个人”。

理学本身不会杀人，它总是假一些伪道学家之手以笑面杀人。在某些时候，它也不是直接杀人，而是从心灵到肉体慢慢地折磨被害人，使之生不如死。理学杀人用的是软刀子。《阅微草堂笔记》里有这么一个故事：以道学自任的两塾师邻村而居，一日相邀会讲，生徒侍坐多人。当两塾师严词正色剖析“理欲”、辩论“性天”之时，忽然一阵风过，将一张纸片吹落阶下。一个学生捡起来一看，原来是这两个塾师共同计划谋夺某寡妇田产，纸片即两人往来密商的信札。可以想像，已经丧偶的寡妇再让别人夺去田产的结果会是什么，无疑是死路一条罢了。如果两位塾师的阴谋得逞，这位可怜的寡妇可能到死也不会知道夺她田产的竟然便是代表着威严理学的道貌岸然的塾师。

可悲的是，那些理学家在自觉不自觉杀人的同时，自己也成了理学的受害者而不自知。战国时期的孟子早就提出了“食、色，性也”的结论，可是那些理学家们坚守“存天理，灭人欲”的教条，而扼杀了自己的天性。然天理可存，人欲岂可灭！既要讲理学，又要享受人的乐趣，便免不了表里不一做些偷鸡摸狗之事而反为天下所笑。纪晓岚在《阅微草堂笔记》里讲了这么一个故事：有一位讲学者为人端方，待生严苛。学生受不了先生的严厉，但又不能指出这位先生的任何缺点。这些学生就想了一个办法。一天晚上，先生独自漫步于私塾后花园，看见花间立着一个女子，先生开始以为是邻居家的女孩来偷些瓜菜，便厉言呵斥。但走近一看，却是“一丽人匿树后”，丽人自称为狐女，“言词柔婉，顾盼间百媚俱生”。讲学先生此时再也顾不得平素端方之名，竟与丽女苟合。天亮时先生顾虑学生马上要来，便催促狐女快走，狐女说她能隐形，先生便放心了。学生陆续来到了私塾里，女子还在慢条斯理地梳妆打扮。忽报门外有一老婆子来接女子回去。女子梳妆完毕对先生说：“我有空还会再来陪先生，现在烦请你付清昨天晚上的陪睡钱！”原来此狐女非真狐女，乃村里刚来的一个妓女，学生用钱买通了她，让她演出了这么一出戏。虽说是学生的恶作剧害了这位先生的清名，使他最终“负衣装遁矣”，但深究之，实乃理学本身害了这位先生。幸运的是，这些学生没有继续被这位先生害下去，可是谁敢保证这些学生以后的先生会不会像这位先生，甚至比这位先生更为可鄙的呢！如果是那样，那么，害人者与被害者永远没有得救之时了。就像戴震讲的“酷吏以法杀人，后儒以理杀人，浸浸乎舍法而论理，死矣，更无可救矣”，“尊者以理责卑，长者以理责幼，贵者以理责贱，虽失，谓之顺；……人死于法，犹有怜之者；死于理，其谁怜之”！

推而及近代，理学杀人的例子可谓不胜枚举。鲁迅《狂人日记》里的狂人发现了中国几千年文明史无非就是写着大大的“吃人”两字。吃人者何尝未被吃？鲁迅笔下的孔乙己与纪晓岚笔下的这位讲学者又是何其相似，无非一个是色欲强些，一个是“窃欲”强些罢了。

十一、纪晓岚的妇女观

妇女问题，历来是进步文学家所关注的问题，纪晓岚在《阅微草堂笔记》中占用相当的篇幅来阐述，他对“妇女问题”的观点和态度，同时反映出他的“妇女观”的变化过程。

皇宫后室，自古被喻为温柔富贵乡之极，而亦是风云变幻、险象环生之处。然而，百姓之家的妻室内部，也同样是充满残酷压迫。纪晓岚正是通过这一渠道，来反映妇女的问题。

故事一：有李太学，他的妻子经常虐待其妾，甚至剥光衣服用鞭子抽打，差不多没有一天消停过。邻有老妪能通冥府。曾规劝李妻：“娘子与妾有宿怨，应抵偿二百鞭。可现在你做得太过，已超出十余倍。”不信。李太学战祸死，其妻妾皆又辗转归于一韩将军。妾做了韩的妾，而妻则做了妾之婢，亦犹原妻之对于妾。

不管尽先压迫者是否该偿债，还是当初被压迫者的索偿是否理当，悲剧始终尚未停止。纪晓岚使“宿怨”一由，是对封建礼教的一定程度上的认可，即妻正妾偏，长幼有序、“妻为妾纲”之理可见一斑。

尽管是两个女人之间的压迫，似乎还不是整个社会对妇女的束缚，但封建礼教的存在，使妇女内部分成了两个阶级：压迫者和被压迫者。此是古代封建社会妇女问题的特殊现象，其中扮演压迫同性的压迫者，本身亦是被压迫者，构成了一个较复杂的“三级受迫”状况。而最终妻、妾之间的胜负关键，则是他们共同的丈夫——封建统治阶层的代表、妇女受压迫的根源。

纪晓岚对李妻的“真顽钝无耻哉！亦鬼神所忌”的评价，便表现了他的宽厚心地和对弱者的同情。“顽钝、无耻”，显露纪晓岚“哀其不幸，怒其不争”的态度，是他对封建妇女处于一种“执迷”“受害之深”的清醒认识。

夫妻关系，于古代妇女的社会状况是一方面体现。而夫妻之间，通常被邻里和世人“品评”的是妇女，其所体现“约束性”功用，则是封建社会妇道的要旨。

故事二：青县农家有一少妇，性格轻佻，日常与丈夫形影不离。夫妻嬉笑，不避忌人，有点不分场合地点。邻里以为女子冶荡，无赖之徒时有挑逗，则冷面必拒。后遇强盗，身受七刀，强言不屈，终守节而死。此妇死后，又魂魄归乡，并对丈夫说：“冥官以我贞洁，判来生中乙榜，官县令。我顾念你，不想贪图名利。就企求将官禄之奖，换成可以为游魂，能再长久伴随君。”丈夫感动零涕，誓不他偶。昼隐夜来，二十几年。

纪晓岚在这一则故事所表现的思想中，有矛盾性。首先，他完全同意老儒刘君琢的观点“质美而未学”“惟不知礼法”。其虽守节而死，但于“贞洁”之名分，似乎还又不太够格。这是封建社会妇道理论的矛盾，是封建礼教理屈词穷之处。纪晓岚借“冥官”的判断，又不得不肯定其“贞洁之实”。然而，面对“不知礼法”的评判，他并没有明辩持否。可以视为是对封建妇道的妥协性表现。

在纪晓岚朴素的唯物思想观中，为此妇、此事做了正义的声援。性格轻佻但于外人“不轻”；横遇暴徒，但不惧怕生死。他在故事中实则提出了两个问题：于挑逗，“必峻拒”，是不懂理道吗？于劫匪，不贪安生，不是最好的贞烈吗？

纪晓岚思想的进步性在于，他的评价没有拘泥于理法而注重人物的本质和行为的动机及事实。是对封建礼教“繁文缛节”要求的扬弃。而认识的起点，仍然基于封建思想的正统，是其思想观念矛盾性的内在原因。后来，纪晓岚在对妇女问题的认识上，有较大的变化，唯物主义思想立场更加鲜明。

郭六的故事，古今广泛传流、评说。故事本身的矛盾性，令当时世人难以为其定论。纪晓岚不但冲破了“事情本身的社会矛盾性”，还冲破了自身思想的封建束缚。

故事三：郭六，淮镇农家妇。一年农村大饥荒。她的丈夫难以支撑生活，打算外出乞讨。临行前，对妻子郭六说：“我的父母都已年迈有病，现在呢，拖累你了，只能交给你了。”

郭六本来相貌姣好，浪荡之子见她贫穷以金钱诱惑，都没能得逞。开始，郭六只靠手工活，养活公婆，但并不能满足需要。一天，她当着父老乡亲的面说，“我丈夫把父母托付给我，今天心瘁力竭，大家要是能帮我，就求你们帮忙；如果不能帮我，我也只能依门卖笑了。到时，希望邻里邻居别笑话我。”

后来，她偷偷将积攒起来的钱，买了一个年轻的女子，但是别人从来没有见到过。三年以后，丈夫回来。郭六交代有三：告诉丈夫，父母都很好，今天还你；我已不能再做你媳妇了，今已为你又娶了一个姑娘；最后，自刭以谢。然而死未瞑目。县官来判：可葬祖茔，但以后不能与夫合葬，目不瞑。公婆哭号地来到尸首旁边说：“你本是贞妇，不是因为我们，不能落到这一步啊。”言毕目瞑。

这则故事，纪晓岚以饱含深情之笔，娓娓讲述。细节之处，感人动怜悯之情。郭六所为，以结果论，未守住妇道。但，所做之事无不是在尽妇道。她力争做到了一个孝敬公婆的好媳妇，力争做到了一个对得起丈夫的妻子。

在古代，婆婆时常充当定论媳妇的最权威者。纪晓岚借其婆婆的悼词而为郭六之死，大彰“不瞑之理”。他说，“身为男子的，都不能赡养父母、家室，而选择逃避并将难题托付给一个妇女，路人都知道是什么居心。那么儿子和媳妇到底谁有过错和谁更绝情呢？”

纪晓岚从具体事实出发，没有受到封建思想拘束，而是旗帜鲜明地做了客观的评价。当然，他的思想不可能完全摆脱所在时代的局限，但就当时而言，难能可贵的是他认识到了“人的生命、生存是一种权利”。

郭六的故事今天看来，是纪晓岚对当时清政府的腐败无能，无力拯救黎民于水火的一种批判；是对不能给予帮助，又横加指责的民众的一种批评。他批判的矛头主要的还是指向了封建制度对妇女的极端不公。深切同情地认识到了妇女为社会、家庭所作出的巨大贡献和牺牲，而到头来换得的，只是僵硬的褒贬和残酷的压迫。

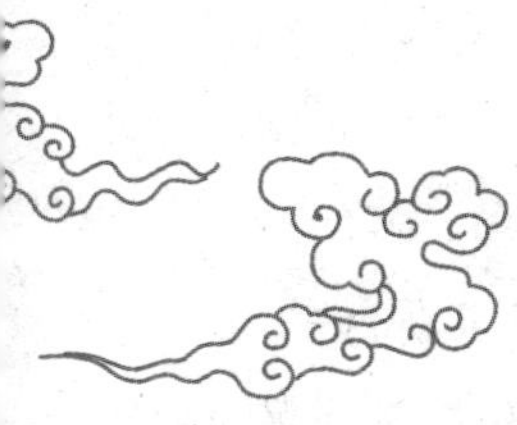

第十五讲 纪晓岚辅助嘉庆皇帝登基之谜

前面，我们讲到了纪晓岚对中国历史，对中国文化作出的巨大贡献，修纂了《四库全书》。我们介绍了纪晓岚在修纂《四库全书》过程中的十大成就：第一，协调、调度人员。第二，收集史籍材料。第三，寻找《永乐大典》。第四，应对皇帝干扰。第五，调解同僚矛盾。第六，承担死亡危险。第七，苦中寻找乐趣。第八，分色区分类别。第九，放弃成书机会。第十，成就千年梦想。我们说，纪晓岚成就了《四库全书》，《四库全书》也成就了纪晓岚。

《四库全书》修成之后，纪晓岚的人生发生了两大变化。

第一，生活更加超脱自由。

修成《四库全书》之后的纪晓岚，在思维方式和生活方式上发生了很大的变化。在思维方式上，纪晓岚更加超脱；在生活方式上，纪晓岚更加自由。

在这方面，最大的变化就是他给自己起了一个别号，叫“观弈道人”，

"弈"是围棋的意思,那什么是别号呢?中国古代的人他除了姓、名、字之外,还有号。号可以分成两种,一种是绰号,一种是别号。绰号是别人给你起的,绰号都是对人的相貌或者是其他的特征的一种形容,基本上能够反映人的相貌,或者是他的心理。

比如说宋代有一个丞相,他叫王圭,王圭这个人一生除了取旨、领旨和传旨之外,什么也不做,所以人送外号叫"三旨相公"。那在《水浒传》里,一百单八将都有绰号,绰号也就是我们所说的外号。

那么别号呢?在封建社会,大凡中上层人物,都会为自己,或者是为自己的书斋,或者是为自己的卧室起一个名字,这就是我们所说的"别号"。别号与名、字不一样,他可以不受行辈,可以不受排序的限制,可以任其自由地发展。在封建社会很多中上层人物都有自己的别号,比如说我们人所共知的苏轼,号东坡,比如说明代的唐寅,号六如居士等。

那么在别号里面,我们通常可以看到有两种别号,一种比较特殊的是叫什么居士,另外一种叫某某山人。但凡起名叫居士或者山人,都是表明这个人鄙视富贵利禄,鄙视官位,愿意游山玩水,在山野乡村过生活。比如说最著名的就是六一居士,六一居士我们知道是著名的欧阳修晚年的号,那么,他这个六一就是以一万卷书,一千卷古金石文,一张琴,一局棋,一壶酒,外加他本人一个老头,这是六个一。所以,叫"六一居士",这是居士,叫山人的我们知道有一个人的名字也是很有意思,在明朝末年,有一个著名的画家叫朱耷,他在明朝灭亡以后,他给自己起了一个别号叫"八大山人",八大连写,似哭非哭,似笑非笑,寓为明朝灭亡使得他哭笑不得之意,这是八大山人。

纪晓岚的晚年的别号有很多,其中他用的时间最长的就是"观弈道人","观弈道人"正是他本人一生的一种写照,纪晓岚一生很好下棋,尤其是到晚年更好下棋。他为了下棋,还特意请人给他画了很多幅有关下棋的画,其中最有名的有两幅,其中的一幅叫《桐荫观弈图》。他修成《四库全书》之后的第三年,1786 年,他请沈云浦作了一幅画叫《桐荫观弈图》,那么在这幅画上,他自己题诗一首,诗是这样的:"不断丁丁落子声,纹楸终日几输赢。道人闲坐桐荫看，一笑凉风木末生。”这里有几个字，一个是“纹楸”，“纹”是木头的纹理，“楸”是一种木，木材。那么过去的围棋的棋盘都是用上好的楸木做的。这里，“纹楸”也就是指棋盘的意思。“木末”，“本”是树根，“末”是树梢。所以这里的“木末”就是指树梢的意思。在这里，他以观弈道人自比，闲看世间风云变化。七年以后，也就是 1793 年，这一年离乾隆皇帝退位还差两年，纪晓岚再次看他的《桐荫观弈图》的时候又有了感叹。他认为，当初他请人为他画《桐荫观弈图》，画中表现的是两个人下棋，一个道人在旁边看，他觉得当初这个道人实际上也就是他自己，虽然不参与双方下棋的胜负，但是心中仍然有胜负之概念。所以他本人觉得，七年前他自己的做法仍然是很可笑的，最好的办法，应该是连看都不看。

所以，在这个《桐荫观弈图》上，他又题诗一首。这首诗写道：“桐阴观弈偶传神，已怅流光近四旬。今日鬖鬖头欲白，画中又是少年人。一枰何处有成亏，世事如棋老渐知。画里儿童今长大，可能早解半山诗。”他的这首诗里，有几个词，我们来简单解释一下。一个就是“四旬”，我们注意他说的近“四旬”，1793 年近四旬，减去四十岁，也就是 1753 年，这个“四旬”指的是 1754 年他考中进士为官，到 1793 年已经接近四十年了。那么四十年，他的所悟所得是什么呢？四十年以后他的两鬓斑白，所以这里面有一个“鬖鬖头欲白”，而画中的人没有长大，他还是一个少年人，在那儿看棋。还有他诗里面的“枰”，“枰”是棋盘的意思。还有“半山”是谁呢？“半山”是王安石晚年的别号。王安石本人一生以变法而闻名，1069 年，宋神宗继位以后，王安石开始变法，但是他的变法遭到了大地主、大官僚的反对，最终在 1086 年，宋神宗去世以后，王安石被解除了一切职务，变法失败，这时候的王安石只能隐居在江宁，即南京。这个时候他给自己起了一个别号叫“半山”，王安石的诗在晚年，诗风发生了变化，最重大的变化就是离开了政治舞台，他的诗都写的是什么呢？山野乡村的风物！而且所有的诗几乎都是七言绝句，非常讲究对仗的工整，写的是出世而不是入世。所以纪晓岚这诗里面有这么一句，叫“画里儿童今长大，可能早解半山诗”。意思是他本人也在长大，现在才知道，过一个闲云野鹤一般的生活是多么逍遥自在。他的这首诗恰恰与他二十多年前的另外一首诗形成了鲜明的对比。

二十多年前的一首诗，是和他另外的一幅画相配套，这幅画是他在发配新疆回来以后，人家送给他的。这幅画画的是《八仙对弈图》。《八仙对弈图》里面有两个仙人在对弈，对弈的人是韩湘子和何仙姑，五仙围观，这围观的五仙是吕洞宾、汉钟离、蓝采和、张国老和曹国舅，都在那儿盯着棋，看到底谁输谁赢。只有一个人不但没有看，反而在旁边睡着了，这个人就是铁拐李。他在旁边的一个石头上，枕着自己的大葫芦酣然入睡。在这幅图的旁边，纪晓岚给它题了两首诗：

其一，“十八年来阅宦途，此心久似水中凫。如何才踏春明路，又看仙人对弈图”。

其二，“局中局外两沉吟，犹是人间胜负心。那似顽仙痴不省，春风蝴蝶睡乡深”。

这里他以顽仙自比，这个顽仙即指铁拐李，实际上指的也就是纪晓岚自己。他非常羡慕、非常欣赏铁拐李在旁边熟睡不醒的样子，铁拐李对这个棋连看都不看。最后一句有个“春风化蝶”，取材庄子春风化蝶的故事，庄子白天是人，晚上是蝶，根本就不看世间变幻。这里面我们可以看到纪晓岚表现了他超脱世外的一种心思。但是你想超脱世外，话好说，事不好做，你毕竟还在大清朝，你毕竟还在乾隆皇帝的手下，无论如何你还是要受到乾隆皇帝的左右。那么纪晓岚在编成《四库全书》之后，与乾隆皇帝，与日后的嘉庆皇帝的关系发生了哪些变化？

第二，更加受到皇帝宠爱。

修成《四库全书》之后，纪晓岚的第二个变化就是他与皇帝的关系发生了变化，发生了什么样的变化呢？更加受到皇帝的宠爱，受到哪个皇帝的宠爱呢？乾隆皇帝和嘉庆皇帝。有的读者会不解，他怎么受到两个皇帝的宠爱？你看人家和珅，受到一个皇帝的宠爱，另外一个皇帝把他杀了。为什么纪晓岚就能够受到两个皇帝的宠爱呢？这里的宠爱有两层意思。一层，说纪晓岚受到乾隆皇帝的宠爱，是纪晓岚溜须拍马、苦心经营的结果；另外一层，说他受到嘉庆皇帝的宠爱，那是嘉庆皇帝真心地发自内心地就想宠爱他，两个宠爱完全不是一个意思。我们首先来看，他受到乾隆皇帝的宠爱是怎么回事。编成《四库全书》以后，纪晓岚仍然面对乾隆皇帝，仍然是每天小心翼翼，苦心经营。他苦心经营有两件事情最为有名。

第一件就是乾隆五十年（1785 年），君臣对句，前面我们曾经说到过，1781 年第一部《四库全书》修成，恰好 1785 年这一年是乾隆皇帝继位五十周年，古今中外能做五十年太平天子的有几人？我统计了一下，有六个人左右。

第一个是在位时间最长的皇帝——清朝的康熙，也就是乾隆的爷爷。

第二个就是乾隆本人，他做了六十年皇帝，又做了三年多的太上皇。

第三个就是商朝的一个君主，那时叫商王，武丁。武丁从公元前 1250 年开始做商王，一直到公元前 1192 年，前后做了五十八年多的商王。

第四个就是周穆王，西周的周穆王，从公元前 976 年做天子，做周王，到公元前 922 年，这前后是五十四年多。

紧接着就是汉武帝，做了足足五十四年的皇帝。

下面，还有周平王，周平王做了五十余年的天子，五十年多一点，也就是说，古今中外的历史上，能做到五十年太平天子的人简直是少而又少。所以，乾隆皇帝自己也很高兴，命令大宴群臣。这一年他就办了著名的“千叟宴”。

这一次他请了全国的 60 岁以上的老头 3900 多人，其中有一人，自报家门说我 141 岁。您觉得这个 141 岁是真还是假呢？如果是真也太巧了吧，如果是假，我要说，这个老头撒谎的本事非常高超。他为什么不说 140 岁，不说 139 岁或者 142 岁，偏偏说了一个 141 岁？ 1785 年他 141 岁，1785 减去 141 等于 1644。他的意思是说，这个人见证了整个大清朝入关以来 141 年的历史，所以他说他 141 岁。乾隆皇帝一听就非常高兴，你活了 141 岁，你就是大清朝由入关到今天繁荣昌盛的最好见证。所以，乾隆皇帝立即命令，你们所有的大臣推举出一个人跟我对句，群臣恭推纪晓岚与乾隆皇帝对句，乾隆皇帝转眼之间就说出了上联。

上联是“花甲重逢，增加三七岁月”。什么意思呢？花甲，中国人以

60为一花甲，60年一个甲子，花甲也就是60岁，花甲重逢，60乘2，120岁，增加三七岁月，三七二十一，120加上21正好是141岁。纪晓岚思考片刻之后，马上就对出了下联。他的下联是“古稀双庆，更多一度春秋”。我们中国人有句俗话，“人活七十古来稀”，七十岁便是古稀之年，古稀双庆，70乘2,140岁,更多一度春秋,也是141岁。这是对仗非常工整的一副对联。表面上我们可以看到，乾隆皇帝和纪晓岚在祝这位老者高寿，祝愿他长寿，实际上他有一层更深的意思，就是祝愿大清朝繁荣昌盛，永远兴旺发达，所以纪晓岚这副对联深合乾隆皇帝的心思。

转眼之间，又是五年过去，乾隆五十五年也就是1790年，这一年正赶上乾隆皇帝八十大寿，乾隆皇帝很高兴。前面我们排了六个人做天子过了五十年，过了五十五年那更是少之又少啊。乾隆命令大宴群臣，大臣们也不能空着手去啊，您总得给乾隆皇帝送点礼。山珍或海味？乾隆皇帝都吃够了，您拿的什么礼物皇上没见过？乾隆皇帝四十岁的时候您就祝寿，五十岁、六十岁、七十岁，所有的好词、佳句，乾隆皇帝都听过了，您还能创造出什么更出彩的句子吗？真是很为难。

所以这个时候每个人都很着急。都在想自己怎么送，皇上也很着急，你看这个人送的礼，见过，那个人说的话，听过。纪晓岚却慢悠悠地，什么事没有，天天不着急。祝寿的那一天，乾隆皇帝终于逮着了纪晓岚，我说纪爱卿，人家都给我祝寿，你怎么不说话呢？这个时候的纪晓岚说，微臣做一个秀才人情吧，我就是一个读书人，别的没有，我就送您一副对子。那好你说吧！然后，纪晓岚就念出了他这副秀才人情的对联，对联很长，他说：“八千为春，八千为秋，八方向化八风和，庆圣寿，八旬逢八月。”下联：“五数合天，五数合地，五代同堂五福备，正昌期，五十有五年。”

乾隆皇帝一听，不愧是秀才，你这副对联很好，赏银千两。一副对联有什么好？值一千两？您没读明白，这是一个联中联。表面上，这是一副对联，他上联说的是什么，给皇帝祝寿，皇上不是八十岁吗？所以“八千为春，八千为秋，八方向化八风和，庆圣寿，八旬逢八月”。正好乾隆皇帝的生日是八月。表面上，他用了六个八。下联说的是乾隆做皇帝正好是五十五年，他又用了六个五，表面上看是一副非常工整的对联。我们把所有句子的最后一个字连起来读就是：春秋和寿月，天地备期年。您的寿辰与春秋，春秋就是时间，与时间同在，与天地同在。天地都在等着您备期年，期，期望，这是一副联中联。所以，无怪乎乾隆皇帝要赏纪晓岚千两白银了。这就是我们讲到的纪晓岚在乾隆皇帝八十寿辰的时候题的这副对联。

除此之外，他还为皇帝写下了大量的祝寿的句子，比如说他写了《八旬万寿锦屏赋》《蛮陬贡象颂》，蛮，南蛮，最南的地方，“陬”，角落。给乾隆皇帝送了一头大象，咱北京有条街叫象来街，那就是云南的大象来到北京的时候必经之路，这就是《蛮陬贡象颂》，此外还写了一个叫《祝嫠茂典记》，《祝嫠茂典记》全是骈四俪六，全是四六工整的句子，上句是四个字的，下句是六个字的，好几百句，在这个《祝嫠茂典记》中，他洋洋洒洒，好几百言，全面地歌颂了乾隆皇帝55年来的功绩，简直是功高三皇，绩过五帝。所以，纪晓岚得到了乾隆皇帝的赞赏。

那嘉庆皇帝又为什么喜欢他呢？

纪晓岚辅助嘉庆皇帝登基之谜

说起纪晓岚得到了嘉庆皇帝的赏识，话还要从乾隆六十年说起。在乾隆六十年，也就是1795年，在这一年乾隆皇帝要学习尧舜禅让的例子，想把皇位传给自己的儿子。那么传位给哪个儿子呢？在乾隆皇帝的成年的儿子当中，有这么几个人比较有名气。第一个是第八子永璇，性情乖戾，屡失上意，不行。第二个，第十一子永瑆，永瑆我们在《历史上的和珅》里介绍过，柔而无断，也不能成就大事，但永瑆写的字很好看。第三个，第十七子永璘，轻佻无威信，也不能继承大统。所以乾隆皇帝最终就把眼光落到了他的第十五个儿子永琰身上，他觉得永琰可以继承皇位。这样他就找到了和珅，去跟和珅商量，我准备传位给皇十五子永琰，和珅你看怎么样？这个时候的和珅觉得好，表面上在说好，心中在盘算着，我是天下除皇帝之外第一个知道下一任皇帝是谁的人，我赶紧给永琰报信去。这样和珅就拿了一个玉如意给皇十五子永琰报喜信去了。如意在现在看来，我们觉得没有什么用处，但是在中国古代，如意这个东西用处可大了，尤其是在宫廷中。比如说皇上选妃子，原来你是秀女，转眼之间，明天定成妃子了，那么在这个时候，别的妃子要是事先知道的话，就会给你送一柄如意。你一看到如意，哦，我有一件喜事，你就会问来人，喜从何来？人家就会对你说，恭喜恭喜！比如你是妃子，晋升为贵妃，皇后也是同样的道理都要给人家送如意。所以这个时候和珅他就选择给皇十五子永琰送一柄如意。

和珅来到了皇十五子所住的毓庆宫，他敲了敲门，永琰一看，和珅他大驾光临，他从前从来不来我这儿，相国大驾光临你有什么事吗？和珅赶忙把如意掏出来，这个时候的永琰说，小王有什么喜事烦劳和相国亲自禀报？这一天是旧历的九月初二，和珅把自己从乾隆皇帝那儿听到的，原原本本跟皇十五子永琰叙述了一番。永琰心中暗说，好你个和珅，竟敢大胆到了参与我家的家事来了，等着吧，等我继承皇位以后有你好瞧的。本来这个永琰就对和珅是一脑门子官司，很不待见，知道他平时贪赃枉法，就在这个时候你还给我送礼。他表面上不动声色，但是暗地里却下了决心除掉和珅。和珅不知就里，高高兴兴地离开了皇十五子永琰的毓庆宫。果然到了第二天，乾隆皇帝在群臣面前公布了他的圣旨，说“朕继位之初，便对天立誓，如能在位到一周花甲之数”，一周花甲，六十年，“便把皇位传位给太子，不敢和圣祖”，圣祖就是康熙皇帝，“不敢和圣祖在位六十一年之数相同。如今，已是六十年之数”，如今已经是乾隆六十年，“遵照列祖成例，把太子的名字写好，预藏在正大光明殿匾额后面”。

到乾隆年间，太子人选的名单都是放在正大光明殿的匾额后面的锦盒中，里面写一个名字。然后乾隆帝命令左右把锦盒请来，锦盒请来以后，当堂打开，承宣官当即宣旨，策立皇十五子嘉亲王永琰为太子，以乾隆六十一年为嘉庆元年。群臣立即向乾隆皇帝朝贺完毕之后，纷纷到嘉庆皇帝所住的毓庆宫再次道贺去了。和珅混在人群当中好不得意，他心想，你看，我先知道的，而且我事先都报告给未来的皇帝了，将来的皇帝肯定会跟我好的。诸位注意，这是九月，真正的禅让还要等到正月初一，所以还有四个月，和珅慢慢感到形势不对，为什么不对？他看到嘉庆皇帝经常去找纪晓岚，找刘墉，找董诰，商量一些事情，从来就没找过自己。和珅想，形势不对，我要做两手打算了。一是好的打算；二是坏的打算。好的打算，我怎么做，我就要限制这个未来的嘉庆皇帝，把他拿在我的手里，这个方面详细的做法我们在《历史上的和珅》中已经有所介绍。除此之外他还办了一件事，什么事呢？他跟乾隆皇帝嘀咕，说您最好是“传位不传玺”。您让您的儿子当皇帝，玉玺您可千万别给他，您给了他，万一他要学坏了，您可就什么办法都没有了，您还活着呀。和珅这个人，何其阴险狡诈啊，这个时候他给乾隆皇帝出了这么一个主意，“传位不传玺”。乾隆皇帝也是，我当了60年皇上，这玉玺我握了60年，从今儿开始就没了，心里面也是别扭，于是暗暗地又写下一道圣旨，“传位不传玺”。和珅心想，大不了，将来太上皇不顶用了，我来个辞官不做，这有什么？我不当官了，我们家这么多钱，我哪儿不能生活，非得在你这儿当官，和珅就做了两手打算。

话说1796年的正月初一，果然到了传位的时候，一切礼仪都照着纪晓岚拟定的顺序进行。为什么纪晓岚拟定，纪晓岚这个时候的官位是礼部尚书，所以正好就应该归他拟定。他仿照过去禅让的大礼，拟定了一个详细规程，正在一切按部就班进行的时候，突然，和珅宣读圣旨，说“传位不传玺”。这个时候，群臣立即乱作一团，就连刚刚继位的嘉庆皇帝都坐在他的皇帝宝座上呆呆地发愣，我没有玉玺我算什么皇上啊？就在群臣乱作一团的时候，突然之间就在最后面，在群臣的最后面传来了一声大喝，“当今安有无大宝之天子”，“大宝”指的就是这个玉玺，群臣放眼望去，一看，正是刘墉。纪晓岚心中正在烦闷，怎么突然之间有个圣旨，传位不传玺，那我后面的礼仪怎么进行下去？正当他乱作一团的时候，他听到刘墉的话，立即镇定下来，马上说：“传位不传玺，于古制有违，传位之礼暂停。”等我和刘兄一起面见太上皇，请了玉玺，咱们再继续朝贺，这个时候两人一前一后就离开了太和殿，直奔乾隆皇帝此时的住地而去。这个时候的乾隆皇帝已经搬到了宁寿宫。“宁”是安宁，“寿”是寿命，长寿，搬到宁寿宫。他们两个人来到宁寿宫以后，两个人面见太上皇，朝贺完，低头跪那儿说完了万岁万万岁之后，一句话不说，就跟那儿等着了，乾隆皇帝面见这两个人一句话不说，自己也不说话。

形势就僵在那儿，就在这个时候，纪晓岚发话了，他说："启奏陛下，传玺一节改行颁礼，群臣议论纷扬，言说不合古制，纪昀以礼部之责，奏请陛下授玺，陛下英明万古，早做决断，以平文武百官之议。"这个时候，刘墉也接着纪晓岚的话茬继续说道："陛下临御六十载，亲政爱民，国泰民安。今日陛下不能绝系恋王位之心，则传禅可止。传禅不传大宝，古今所无，今亦没有。"不传大宝您就不用做了。所以在这个时候传禅而与大宝则天下闻之，为陛下何如？蒙请陛下圣裁。乾隆皇帝见自己最喜欢的两个大臣跪在那儿，自己心中也想，我做的是有点过了，我怎么能听和珅的呢？传位不传大宝，这天下成什么样子？所以，还是乖乖地把玉玺交给了纪晓岚和刘墉。

两个人抱着大宝就出来了，群臣正在乱作一团的时候，突然之间看到，两个人果然把玉玺给请出来了，于是乎，山呼"太上皇万岁，万岁，万万岁"，又继续向新任皇帝嘉庆皇帝祝贺去了。这就是嘉庆皇帝之所以喜欢纪晓岚的原因，是真心地喜欢。所以呢，嘉庆皇帝继位以后，对纪晓岚是宠爱有加。

1805年，纪晓岚病逝于协办大学士、礼部尚书任上，享年八十一岁，死后谥号"文达"。

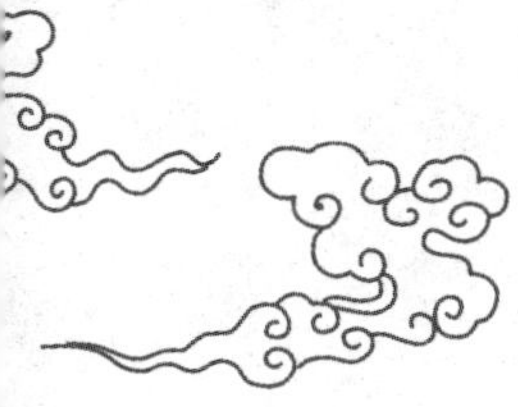

第十六讲 纪晓岚长寿之谜

与烟有夙缘的纪晓岚

纪晓岚似乎与烟有夙缘，所以早早把“岚”取在表字里。岚即烟光雾气，当然此烟此雾，乃大自然的清纯呼吸，而非瘾君子的惬意吞吐。

烟草，原产南美，明代由菲律宾传入我国，很快风靡大江南北。清朝，上自“公卿士大夫，下逮舆隶妇女，无不嗜旱烟”，乾隆年间朝鲜人朴趾源《热河日记》转述王鹄汀之言曰，中国有三厄：一缠足为足厄，二戴网巾为头厄，三吸烟为口厄，更是警世之语。然而全国上下，已然一片云笼雾绕。纪晓岚正是在这个大环境中，加入烟民行列的。

“纪大烟袋”和“纪大锅”

纪晓岚抽烟抽出了名气，首先是他名头大，协办大学士加《四库全书》总纂官，二来他抽得确实有水平。黄钧宰《金壶浪墨》卷一就说：“烟草……自国初通行以来，烟量之宏、烟具之大，以纪河间为第一。”当时有人叫他“纪大烟袋”，也有的称他“纪大锅”。烟袋大，烟锅自然也小不了，小马拉大车的傻事，绝顶聪明的纪晓岚绝对不干。不过，聪明人也有马虎的时候。据说，一次“纪大锅”把能装三四两烟叶的“锅”给丢了，他倒不慌不忙，吩咐仆人明早儿到东小市上准能找到。第二天，仆人果然在地摊儿上买了回来。原来纪晓岚自信偌大京城里，再没有第二个他这样超豪华的烟锅，也无第二人抽得了他这口“锅”，拾者无用，卖又没有买主，所以易于物色。

这个烟锅究竟有多大呢？

清李光庭《乡言解颐》卷四说：“纪文达公烟筒以里计斗，其大斗自京至海淀，一斗犹未熄也。”

姚元之《竹叶亭杂记》卷五曾有描述：“纪文达又善吃烟。其烟管甚巨，烟锅绝大，可盛烟三四两。盛一次可自圆明园至家吸不尽也。”

《纪大烟斗歌》

纪晓岚的这根可装三四两的烟锅，实物民国时期尚在人间，归杭州陈汉第所藏。郑逸梅《艺林散叶》云：“余越园家藏有阅微草堂扁额，书者桂未谷。陈伏庐藏有纪晓岚大烟斗，惜二物未能合在一处。”陈伏庐即陈汉第，物则得于琉璃厂海王村。清末金兆蕃吟有《纪大斗歌》，自序有云：“纪文达嗜吸烟，截枸杞干为筒，范铜为斗，绝大，当时目为‘纪大斗’。”其歌云：

口腹之欲饮食外，通人徇俗长物在。

三薰三沐虬屈蟠，一喷一醒云叆叇。

谁谓枸杞千载根犬形，挺此贞干犹通灵。

怡神调息理呼吸，得者劣足扶颓龄。

斑然狸首丽以十六字，阅微老人之所铭。

老人嗜此名于时，口犹有泽手所持。

大斗大斗尔过老人寿，百册年后吾犹及见之。

吾及见之由陈侯，续铭郑重工雕镂。

吉莫靴焚那有此，水晶管脆非其俦。

吾从陈侯得借一，一斗流连半窗日。

幻人吐火吾未能，群鹤何来集君室？

由诗可知，烟杆之上刻有纪晓岚手书的铭文十六个字。幸好陈汉第拓有三张烟管拓片，拓片显示这十六个字为：“牙首铜锅，赤于常火；可以疗疾，可以作戈。”这三张拓片，一张毁于战火，一张去了台湾，还有一张，由陈汉第赠于著名金石家叶恭绰，叶转赠书画家吴湖帆，吴传于弟子评弹名家王兆熊，王又馈送上海收藏家谢冷梅，谢老曾将拓片公之于《新民晚报》。从照片可见该烟管长达两米，藤质、象牙口、铜锅，锅深及内径皆约五厘米，每锅可装烟丝二两许。拓片之上题跋众多，其中陈汉第铭云：

昔为纪大斗，今属陈大树。一掘之草化，烟云唯如予，随得少佳趣。

又，吴湖帆题云：

河间纪文达公以名进士官相国，文章才调，莫不羡誉，放诞风流，韵事尤多。此古藤烟管有铭十六言，即文达平日不离手之良伴。此“纪大斗”所以盛称一时也。流传至今，已逾百载。

烟杆长了，使用放置都很不便，因此民间为此留下了一首有趣的小诗：“这个长烟袋，窗台放不开。伸时窗纸破，钩进月光来。”

长烟杆也有好处，遇恶犬或坏人，可做防身武器，此亦即纪晓岚烟杆铭中所谓“可以作戈”也。

陈琮《烟草谱》中对此有过记载：“余少时遇一异乡人，手持烟管，以铁为之，其头大如杯，装烟盈把，吸之一二刻始尽，云有不测，即可御侮。”

并引用纪晓岚《阅微草堂笔记·如是我闻》卷一第十六则故事为例云："医者胡宫山……年八十馀矣，轻捷如猿猱，技击绝伦。尝舟行，夜遇盗，手无寸刃，惟倒持一烟筒，挥霍如风，七八人并刺中鼻孔仆。"

纪晓岚的烟量

烟锅大、烟袋大，要有烟量做支撑。徐珂《清稗类钞》就讲到了纪晓岚的烟量：

河间纪文达公昀嗜旱烟，斗最大，能容烟叶一两许。烟草之中，有黄烟者，产于闽，文达亦嗜之。其味香而韵，惟不易燃，呼吸稍缓即熄……文达有戚王某，喜吸兰花烟。兰花烟者，入珠兰花于中，吸时甚香。然王之烟斗甚小。一日，访文达，自诩烟量之宏，文达笑而语之曰："吾之斗与君之斗奚若？"乃以一小时赛吸，于是文达吸七斗，王亦仅得九斗也。

烟锅、烟袋、烟量都大，还不能表明纪晓岚的吸烟特色，因为最能体现吸烟个性的是烟瘾。

纪晓岚的烟瘾

当时京官们，大都爱抽烟，甚至九五之尊的乾隆皇帝也难免俗，"嗜此尤酷，至于寝馈不离"（清·李伯元《南亭笔记》卷五）。后来，乾隆帝患咳，召太医诊视。太医说是肺病，抽烟抽的。乾隆帝立即下令内侍停止进烟，从此对烟深恶痛绝，并告诫满朝文武也不要再吸。可纪晓岚已"深嗜之，时为翰林，独不奉诏"，因此闹出了流传至今的笑话。

陈其元《庸闲斋笔记》记道："（纪晓岚）一日当直，正吸烟，忽闻召命，亟将烟袋插入靴筒中。趋入，奏对良久，火炽于袜，痛甚，不觉呜咽流涕。上惊问之，则对曰：'臣靴筒内走水。'——盖北人谓失火为走水也。乃急挥之出。比至门外脱靴，则烟焰蓬勃，肌肤焦灼也。先是，公行路甚疾，南昌彭文勤相国（彭元瑞，江西南昌人，官至协办大学士，卒谥文勤）

戏呼为‘神行太保’。比遭此厄，不良于行者累日，相国又嘲之为‘李铁拐’云。”从神行太保一下子变成李铁拐，狼狈可笑之状也够人瞧的了。

同是这段故事，李伯元叙述得更饶风趣。“诸臣奏对，阅时且久，俄有烟缕缕然自纪袍际出，异诘之，不敢答，惟攒眉颦蹙而已。帝疑有变，命内侍搜之，袍穷而烟斗见，去靴周视无他物，盖斗中余烬为灾也。帝笑曰：‘嗜好之于人，其害足以焚身剥肤，可惧哉！’命作文状罪以自赎。纪援笔立就，有‘裤焚，帝退朝曰：伤胫乎？不问斗’之句。帝大笑，赐斗一枚，准其在馆吸食……纪自述头衔，有‘钦赐翰林院吃烟’云云。”（清·李伯元《南亭笔记》卷五）李文之中，先暗用荆轲刺秦王“图穷而匕首见”句式，逗引出纪晓岚模套《论语·乡党》“厩焚，子退朝曰：‘伤人乎？’不问马”一节，最后再巧借宋代柳永“奉旨填词柳三变”之名目，一个滑稽幽默的纪晓岚就这样跃然纸上了。

纪晓岚虽然不止一处写了吸烟或者烟具，如《阅微草堂笔记·槐西杂志》卷四，写有以烟筒为卜者；《阅微草堂笔记·滦阳续录》，写吸巨烟筒为烟戏者，金兆蕃《纪大斗歌》末句即由此来。但没把吸烟史写进自己的作品，可能有些不好意思，又似乎像小朋友犯错后故意遮掩。不过他百密一疏，还是留下了蛛丝马迹，使得本打算严密封存的生活世界，甩露出一条可供窥觑的门缝儿。纪晓岚的《乌鲁木齐杂诗》中有一首云：

露叶翻翻翠色铺，小园多种淡巴菰。红潮晕颊浓于酒，别调氤氲亦自殊。

淡巴菰，西班牙语 tobaco（烟草）的音译。纪晓岚在诗后注云，当地“初尚川烟、汉中烟，后尚北套烟，近土人得种莳之，处处畅衍，其盖露数叶，味至浓厚，而别有清远之意，颇胜他产”。“味至浓厚，而别有清远之意”的感受，一定来自亲身。五粮液和二锅头，在初尝酒味的孩子嘴里，味道宛然，只有拥有饮史的酒徒，才能品出其中的优劣胜薄。纪晓岚评起烟草来，旧种新植，土产外货，头头是道，一副业内人士的派头；虽然不见烟雾缭绕，但我们朦胧中已然看到了一位资深烟民的身影。

如今大烟袋正逐渐成为纪晓岚的象征，电视剧《铁齿铜牙纪晓岚》和《风流才子纪晓岚》中，大烟袋都是其中一个很重要的道具，围绕它编出不少戏。

尤为别出心裁的是，《清代学者像传》里的纪晓岚，本来一袭长袍，手持书卷，但到了《铁齿铜牙纪晓岚》电视剧片头，书卷被偷梁换柱成了大烟袋！

纪晓岚长寿之谜

纪晓岚是清朝乾嘉年间的大才子，一生的主要成就，一是主持编纂了《四库全书》，二是写了部《阅微草堂笔记》。纪晓岚以八十一岁高龄寿终正寝，可谓备极荣崇。

纪晓岚能活到八十多岁的高龄，生活方式却与现代人提倡的卫生与健康要求大大相悖，这不能不令人称奇。在饮食上，现代人提倡多食蔬菜，少吃肉，但纪晓岚的日常生活却是，每餐只食精肉，配以浓茶，从不吃蔬菜和米面。在卫生习惯上，现代人认为吸烟有害健康，纪晓岚却是一个大烟鬼。那时普通人用的是水烟袋，他嫌水烟袋的容量太小，而且用起来也麻烦，他用旱烟袋，而且烟锅是特别制作的，容量很大，据说那么大的烟锅在全京城找不到第二只。所以纪晓岚也被时人称为“纪大烟袋”。另外，纪晓岚的性生活也很频繁。

这样的生活方式，居然活到 80 多岁的高龄，而且是无疾而终。我想一方面与其先天身体素质有关，另一方面与其豁达、诙谐的性格也大有关系。纪晓岚十分幽默，常能语惊四座，被戏弄之人于捧腹、喷饭之后，仍不得不为其机智和才华口服心折。纪晓岚爱笑，常常是别人未见有什么可笑之事，他却笑得不亦乐乎，甚至大笑不止，非得家人提醒甚至阻止才能停，往往弄得他的家人很尴尬。

纪晓岚是文人，是朝廷重臣，他除了对“为天地立心，为生民立命，为往圣继绝学，为万世开太平”这些世人普遍重视的价值观感兴趣外，对世俗生活，包括世俗话语也很感兴趣。这也表现了他性格中通脱的一面。

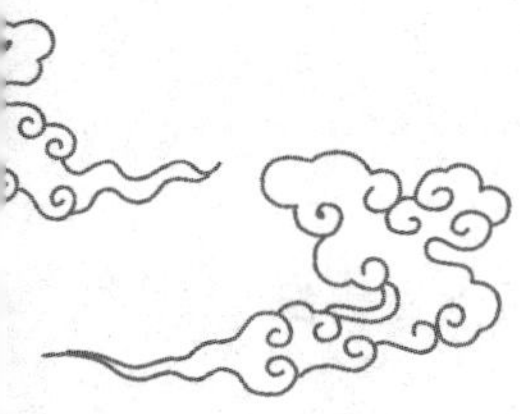

第十七讲 纪晓岚的墓地

纪晓岚生前任内阁协办大学士、礼部尚书，死后有嘉庆皇帝亲撰御制碑文，坟丘尚在，墓碑犹存，按说其墓地无须考证。可是，由于种种复杂原因，现存墓地已非原貌，又有一些扑朔迷离的传说纷纭于民间，这就让我们不得不下一番考稽查究的功夫，力求把一个真实、准确、完整的纪晓岚墓地状况介绍给读者。

纪晓岚墓地现状

纪晓岚墓地坐落在沧县崔尔庄镇北村村南约300米处。墓地东、南、西南侧是茂密的枣林，北、西北侧是打谷场。数株高大的椿树、榆树、槐树下有一丘封土，即为纪晓岚坟茔。坟茔向口朝东，往东约3米处竖立墓碑。墓碑为纪晓岚下葬时所立原物。墓碑上刻有嘉庆皇帝御制碑文。墓碑再往东15.6米处竖一通神道碑。神道碑为纪晓岚六代孙纪钜臣于民国九年（1920

年）重立。

此外，在墓碑北侧 2.56 米处，立一文保碑，上刻“沧州市重点文物保护单位”字样。

墓地格局大致如此。细观各部，坟丘高约 2 米，基部以砖圈砌，砖围高约 60 厘米，以上为封土，底部周长 25.5 米。

墓碑立于青石碑座上。原驮碑赑屃（俗称石龟）已损坏，碑高 268 厘米，宽 109.5 厘米，厚 38 厘米。顶部蛟龙碑冠，为 1989 年重新刻配，冠高 120 厘米，长、宽各大于碑身，碑身中间有一条不规则裂缝。碑身正背两面，四周都有精细的云龙浮雕。分别雕有 12 条游龙，上、下边各 2 条，左右边各 4 条。墓碑西面为原刻御制碑文，约有一半字迹抚摩可辨，一半漫漶不清。墓碑东面为 1989 年修复时按原碑文重刻，由沧州书法家刘文源先生书写。

神道碑碑高 195 厘米，宽 66 厘米，厚 20.5 厘米。碑身正面（东面）刻楷书大字“皇清太子少保协办大学士礼部尚书纪文达公神道碑”。碑阴（西面）刻纪事碑文。神道碑碑冠高 63 厘米，宽 77 厘米，厚 24.5 厘米，上有蛟龙图案、篆额为“永垂不朽”。

墓地还散落一些断石残碑，其中两块雕有花纹的残石，据说是原墓碑下石龟的残块。

目前，人们所能见到的这一处纪晓岚墓地，无论其规模，还是布局都与原貌相去甚远，甚至还有人怀疑此处墓地不是纪晓岚真坟。种种谜团，需要我们逐步解开。

北村纪晓岚墓地的传说

在纪晓岚故乡流行这样一种传说：纪晓岚逝世之后，为防止盗墓，从北京到家乡每隔 50 里埋一座坟，不知哪个是真，哪个是假。还有人说纪晓岚既不入祖坟，又不埋于其父坟前，似乎不合丧葬习俗。更有甚者，说“文化大革命”中掘开北村纪氏坟墓，未发现男人的骨骸。这些扑朔迷离的传说，使人们对北村纪晓岚墓的真实性产生了怀疑。

有学者经过深入民间做细致的调查之后认定，北村这处墓地就是纪晓岚及其子孙的茔墓，真实性不容置疑。

纪晓岚墓前那通刻有御制碑文的墓碑是最有力的一个证据。据朱珪为纪晓岚所写的墓志铭记载，纪晓岚逝世之后，皇帝下旨“加恩赏陀罗经被，派散秩大臣德通带同侍卫十员前往赐奠，并赏库银五百两，经理丧事”。嘉庆皇帝亲撰祭文和碑文。据地方志和口碑记载，第二年（嘉庆十一年，1806 年）四月十九日，纪晓岚和马太夫人合葬于献县北村新阡。所谓每 50 里埋一坟的说法，纯系传言，不足为信。

据说下葬那天，从崔尔庄到北村搭起了数里长棚，朝廷还派员到墓地诏谕。葬礼规模宏大，热闹非凡。

纪晓岚不入祖坟也不难解释。凭他生前的官职品级，葬仪一定会超过祖先，如埋在先祖或先父坟前，怕有欺祖之嫌。当年纪家有多处庄园，北村新阡是其中一处，纪晓岚将墓址选在此处不足为奇。另据“文化大革命”中掘开纪墓所见之物判断，也能证明北村纪墓的真实性。

纪晓岚墓地历史原貌

据当地村民和纪氏后人说，当年纪晓岚为选择筑墓之处，特地从南方请来风水先生，遍寻纪氏庄园，最后确定北村新阡。当时墓地占地数十亩。按老人们记忆，民国九年所立的那通神道碑，原来的位置距纪晓岚坟丘约 150 米，立于墓地东方一条南北通道的路边，俗称“下马碑”，有“文官下轿，武官下马”之意。此碑为重立之碑，原碑毁于何年已无人知晓。

墓碑原在现坟丘东 21 米处，碑下基石上，有一片石灰混合土夯实地基，上铺 198 厘米 ×82 厘米的两块青石板。现尚存一块，1989 年修复墓地时铺于墓碑之下。墓石合二为一，周边有雕花。其上是一个巨型赑屃（石龟），已毁。从基石上还可看出石龟的爪痕。爪间距离前后爪距 160 厘米，左右爪距 120 厘米。赑屃背驮墓碑，碑冠已毁。从碑座到碑冠，整个墓碑通高 5 米左右。

在墓碑与坟丘之间原有一青石供桌，已遗失。桌面长约 2 米，宽约 1 米，四根桌腿呈圆鼓形。有人访得一桌腿，高 50 厘米，中部腰围 104 厘米（直径约 33.12 厘米），底面直径 21 厘米。

原坟丘规模很大，据老人回忆，1963 年当地闹洪灾，村庄被淹，一些村民到纪晓岚墓顶搭窝棚避难，上面可以容纳 50 多人。

纪晓岚墓为辛山乙向口，从墓地东望，一马平川，无阻无挡，百里之外即是大海。墓丘北侧有两个大土堆，形似砚台，南侧有一片荆条树，时称凤凰林。西面（墓后）至硇屯（今其村已不复存在）之间是一片开阔地。碑下赑屃头东尾西，有“头顶泗家（十几里外有一泗家庄）脚蹬硇，南面凤林北砚宝”之说。

墓地中还有其他人坟丘，共 30 余座。大坟两侧各有 3 座小坟，据说埋的是纪晓岚六个侧室。再往两侧延伸，向前跨半穴又各有两个较大的坟丘，埋的是纪晓岚四个儿子：汝佶、汝传、汝似、汝亿。其孙辈坟丘则依序再靠前些埋葬。此种葬法，据说是纪晓岚生前根据风水先生的提议认可的，叫作“携子抱孙式”。

当时神道两侧排有石人、石马等石像生，然而纪晓岚卒后不久，中国就进入了动荡的近代史时期。相传，纪晓岚葬后不多年，这些石像生就被南方的文物贩子陆续盗走，今已荡然无存。墓场外围原是葱郁高大的苍松翠柏，整个墓地规模宏大壮观，气象肃穆森严。

纪晓岚墓地被毁情况

纪晓岚生前显赫，死后哀荣，墓地煌煌赫赫，可是随着时代的变迁，风雨的摧残，墓地渐次败落。而遭到最彻底毁坏的，则是在“文化大革命”中。

如今我们看到的纪晓岚墓碑，是从中间裂开又粘合在一起的。当地普遍的说法是雷击所致。碑下石龟的头部也同时被击破。据说当时坟圈内无树，有坟内植树“乱根”之说。墓碑成了墓地圈内最高的建筑物，故有招致雷电的可能。

据村中老人回忆，在他们的记忆中，就是残龟裂碑。再据纪钜臣重立神道碑时记载，“见先文达公神道碑碎于路侧，不堪收拾”，于是重立一通，但当时并未提及墓碑开裂。可见墓碑遭雷击应在1920年之后，在老人记事之前。

1966年，是中国历史上极为特殊的一年，十年浩劫由此拉开序幕，一场“破四旧”的风暴在全国兴起。当年马连坦中学的红卫兵组织，几次扛着红缨枪到北村勒令造封建官僚的反，挖掘纪晓岚坟墓，并声称：他们要亲自动手了。在这种情况下，北村的红卫兵小将怎甘落后？于是抄起铁锨、镐头，在旗手的导引下，敲锣打鼓，成群结队开进纪晓岚墓地。不到两三天工夫，一处文物胜迹遭到破坏，给后人留下了永久的遗憾。

随着改革开放，国家政治安定，经济发展，修复纪晓岚墓地已成了历史的必然。1989年，沧州市人民政府着手修复纪晓岚墓地。纪晓岚墓地被修复成目前这个状况。如今，纪晓岚故里各级政府、各界人士和纪氏宗亲普遍重视纪氏文化的开发，纪晓岚墓地的再次修葺已经列入市、县政府有关部门的议事日程。纪晓岚墓地已经得到进一步恢复，一处供世人观瞻的文化胜迹很快就会建设起来。

2005年公祭纪晓岚

2004年冬，沧州纪晓岚研究会多人商定要在2005年3月13日纪晓岚祭辰，于沧县崔尔庄纪公墓前举行公祭，并立公祭碑。

如今公祭碑已刻好，碑厚31厘米、宽82厘米、高200厘米，取纪晓岚三十一岁（虚岁）高中进士，八十二岁（虚岁）辞世，至今已是200周年之意。碑座高50厘米，正面刻《四库全书》的四函，背面刻烟袋、火镰与“纪大烟袋”，相得益彰；左侧刻茶壶、茶杯合纪晓岚“茶星”之号，右侧刻砚应他晚年嗜砚，有“九十九砚斋”留世。

公祭碑文由沧州纪晓岚研究会副会长孙建起草，由中国楹联学会常务副会长刘育新先生以魏碑变体“爨宝子”笔体书丹。公祭碑文如下：

出身乡闾，才气绝群。兰台再上，礼部三临。草堂漫记，四库鸿勋。公之生也，天降奇琛。书山翰海，排浪干云。欧苏荦荦，韩柳彬彬。学者景从，枝叶有根。公之世也，独仰斯人。乾嘉梦冷，万物浮沉。沧桑国家，草木翻新。森森墓柏，倏易枣林。公之殁也，已历丽春。往迹何寻？遗著谁温？贤仁继武，遐迩怀馨。事慕其达，笔宗其文。公之灵也，传炬指津。音容日远，雅韵犹存。研究渐盛，扬厉弥勤。行行结契，九州飘芬。公之名也，入百姓心。悠悠景城，欣欣北村。冥辰设祭，载祝载吟。词荒礼简，郁郁情深。公之魂也，归享其歆。

碑文分追忆先生生平，评价先生学时，追溯百年沧桑，提示后人行事，开发地域文化，表达祭辰哀思六节。

作者孙建将碑文译成现代诗文，我们不妨循现代风格领略碑文的意境与内涵。

您出生在我们的故里乡间，才气那么的非凡。曾两度进入翰林院，三次拥有礼部尚书的头衔。阅微草堂写下笔记五种，四库馆里您是功勋卓著的总纂。您的诞生真像一块珍宝赐自苍天。

游文海，攀书山，大笔驱赶着墨浪，学识直上云端。如同欧阳修、苏东坡一般杰出，仿佛韩愈、柳宗元那样领袖文坛。学者都是您的追随者，就像繁茂的枝叶离不开粗根主干。您所在的时代，天下尽皆仰望您的容颜。

乾隆、嘉庆的盛世之梦渐渐冷却，江山遍是疮痍，兵火更添离乱，时光流转，沧桑变幻，国家鼎新，草木鲜妍。那成排的墓柏，不知何时已是枣林片片。您撒手人寰，不觉已有整整二百年。

先生的遗迹哪里寻？先生的遗著谁在看？贤才志士继承您的事业，无论远近都永怀心香一办。处事效慕您的通达，作文更追求您的风范。您若在天有灵，当无私传授我们学问的妙道，指点我们度岭过关。

先生的音容笑貌离我们越来越远，可风流雅韵总是留连。当今对您的研究渐渐兴盛，发扬光大，我们重任在肩。许多行业都在开发着您的遗产，长城内外、大江南北，您的美名流传，早已深深沁入百姓心田。

史脉悠悠的古老景城，欣欣向荣的北村南边，我们特意选在您的逝世纪念日举行公祭，一边祈祷，一边吟诵着诗篇。文词很是荒陋，礼仪也过于简单，但我们情浓意挚，似海如烟。先生天国的魂魄啊！请回来享用这精神的祭筵。

谈到碑文，各界人士都表达了自己的看法。

谈到公祭碑文的创作，碑文作者孙建不无感慨："如何下笔，如何定位，如何使碑文与古代流传的碑文风格不同，如何表现出时代特色、地域特色……这些问题在起草碑文的过程中一直是我思考的。经过查阅书籍，参考历代多篇流传至今的碑文，请教老师，和纪晓岚公祭委员会成员们商议，最终形成了现在的文稿。"

南开大学来新夏教授用"情真意切，得体可用"八字表达了对碑文的肯定。

至于碑文的定位，沧州纪晓岚研究会会长李忠智说："纪晓岚200年祭辰，对于他的故乡人有着特殊的意义；在祭辰当日为先生立公祭碑更是纪念活动的焦点。碑立于晓岚墓前，要经得起时代和历史的考证，经得住后人的推敲。别人为先生题碑多注重生前，而我们则要展现二百年来晓岚故乡的变化与发展。"

原沧州师专中文系刘树胜副教授说："碑文的文体为韵文，文字优美，结构严谨。内容上公祭碑文体现了纪念先生、警示后人的情感，以古扬今，将先生的事迹、经历与家乡变化发展结合起来，在更高的层面上将公祭晓岚的碑文与我们沧州的地域文化联系了起来。"

河北省书法协会刻字研究会副会长穆远方谈到公祭碑时说："以爨宝子的笔体书写碑文在沧州是很少见的，因而此碑在书法方面也有相当的价值。与过去遗留下来的碑文不同，从纪晓岚出生一直到他去世再到今天，二百八十多年来的时间都有提及，言简意赅，内容十分充实。"

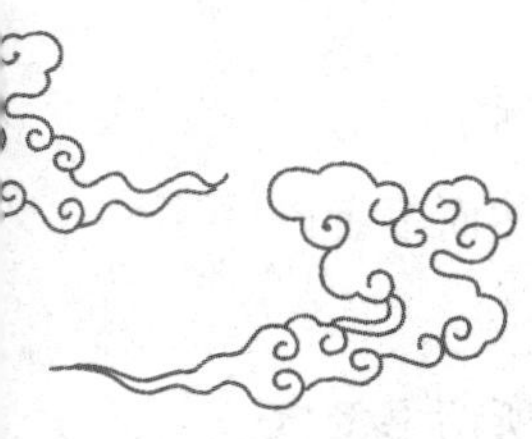

第十八讲 纪晓岚的书法

纪晓岚一生博学多闻，然而他的书作却常常请人代笔。

纪晓岚素以不善书自谓，时人亦作如是评。要成为一个书法艺术家须具备三个条件：一曰功力，所谓“笔成冢，墨成池，不及羲之即献之；笔秃千管，墨磨万锭，不作张芝作索靖”。二曰学养，即字外功夫，元代盛熙明尝言“翰墨之妙，通于神明，故必积学累功”。而清朝的吴德旋更是把苏轼的书法归于其学识，他在《初月楼论书随笔》中云：“东坡笔力雄放，逸气横霄，故肥而不俗。要知坡公文章气节，事事皆为第一流，余事作书，便有俯视一切之概，动于天然而不自知。”三曰天资，即所谓学书在法而其妙在人。以此三条来考察纪晓岚，论功力，其在《阅微草堂笔记·槐西杂志》卷一第四十八则写道，“余自四岁至今，无一日离笔砚”。《阅微草堂笔记·姑妄听之》序言中亦云“卷轴笔砚，自束发至今，无数十日相离也”。论学养，他主持编纂《四库全书》，亲撰总目提要二百卷，作笔记小说《阅微草堂笔记》，被誉为一代文宗。论天资，他天生睿智，幽默诙谐，风流儒雅，为乾嘉时期北方第一大才子。倘真有所欠缺，恐怕只有手气一端。然而笔者以为仅两件作品，已反映出纪晓岚自有其独特的书法风格。

致“育万年兄”信札虽不是专门书作，然更能见其率真，所谓书肇自然。通阅全文，寥寥十三行，却神融笔畅，外曜锋芒，雄奇恣肆，不落窠臼，出新意于法度之中，寄妙理于豪放之外，表现了极强的个性。“甲子三月六日”所题砚铭，浑涵汪范，苍劲中不失飘逸，朴拙中更显挺拔。纪晓岚虽书年岁，亦知人书俱老，为晚年之作。纪晓岚在为其兄晴湖所撰墓志铭中自云好为骋驰议论之文，其书法似与文章相通。

《中国书法鉴赏大辞典》中收录了纪晓岚行书楹联“映水得兰知气合，合风有竹契怀虚”墨迹一帧并评介说：纵观纪晓岚的这幅行书楹联墨迹，于潇洒之中透出书卷气，深得董（指董其昌——引者注）字之神韵，同时作品又掺以颜真卿、苏东坡、米芾的笔意，以增强雄强苍劲之气。可见纪晓岚在书法上同他的学术一样，兼得诸体，非宗一派。

纪晓岚对书法理论亦有较深研究，他在《书刘石庵相国临王右军帖后》中写道：“诗文，晚境多颓唐；书画，则晚境多高妙。倪迂写竹似芦；石田翁题咏之笔每侵画位，脱略畦封，独以神运天机所触，别趣横生，几几乎不自觉也。石庵今岁八十四，余今岁八十，相交之久，无如我二人者。余不能书，而喜闻石庵论书。盖其始点规画矩，余见之；久而拟议变化，摆脱蹊径，余亦见之。今则手与笔忘，心与手忘，虽石庵不自知亦不能自言矣。此所临摹，以临摹为寄焉耳，勿以似、不似求之。”刘石庵身居相位，其书法更为时人所重，他临王帖，请纪晓岚题跋，不能不说是与知者道。

“余不能书，而喜闻石庵论书”，说明二人经常在一起谈书论道。“今则手与笔忘，心与手忘，虽石庵不自知亦不能自言矣”，更是把蕴含深邃的书法变化精当地总结了出来。纪晓岚的书法并非如他自己和有些人所说得那么不入流，但一直以不善书相传至今。笔者分析主要有以下几方面原因。

书法被其学问所掩

纪晓岚天资聪颖，学问博洽，才华过人，号称“河间才子”。其贯彻儒籍，旁通百家，《国朝汉学师承记》誉他“于书无所不通”，实处于当时文坛领袖地位。《四库全书》和《阅微草堂笔记》更使他名贯古今。纪晓岚在学术上的卓越成就对中国传统文化作出了杰出贡献。时人和后来者所看重的正是纪晓岚的这一面，相比之下，其书法艺术只是文人所必须具备的杂艺之一，文名的突出，让人们忽略了绝峰旁的秀岭。

书法被当时的书法大家所盖

康乾时期，一方面由于文字狱迭兴，考据学、金石学盛行，继而带动了书法艺术和书法理论的发展。另一方面，康熙、乾隆二帝附庸风雅，皆以才笔自命，到处御题流连，乐此不疲。上有所好，下必甚焉，一时风气，鼓荡天地。于是朝堂民间，大师辈出。出现了一批像翁方纲、刘墉、成亲王、铁保、王文治、梁同书、邓石如等地位显要、造诣精深、影响巨大的书法家和书法理论家。古人云，术业有专攻，纪晓岚同他们相比，所长在学术上，书法则退居其次。

审美上的历史局限

康乾时期是封建社会最后一个鼎盛时期，各种封建的道德规范和典章制度已十分完备，但同时又暴露出社会矛盾的尖锐性和这些规范制度的历史局限性。如在笼络精英的科场上，文以八股为典范，诗以试帖为蓝本，书法则以馆阁为标准。这种局限性从包世臣所著《艺舟双楫》国朝书品的排名中可见一斑。包世臣把当时的书品分为“神、妙、能、逸、佳”五等。其中王铎的草书被列到能下二十三人之中，这是很不公允的。众所周知，王铎从帖学入手，上追晋人，认为“书不宗晋，终入野道”，又主张“出帖”，脱古创新，故其书法硬倔、怪异，苍郁雄畅。从书法发展史看，草书发展到王铎，实已登峰造极，岂止居于能下位置。纪晓岚的书法无论就其学问还是天资，都不可能受馆阁体的约束，学问上纪晓岚属于“杂食动物”，天资上则是不在五行中的大圣一派。因不符合当时审美标准，当然也就不被看好。包括纪晓岚本人抑或受这种标准的局限而自认为“不能书”“不善书”了。

宣传上的自我谦抑

纪晓岚不以书法自矜，其在著述中多次表露。“余稍能诗而不能书”(《阅微草堂笔记·滦阳消夏录》卷四)、“佛法书法两不知，佳处安能一一领”(《三十六亭诗·刘石庵相国藏经残帙歌》)、“笔札从来似墨猪，擘笺惭对御筵书”(《赐砚恭纪八首》之四)、“西抹东涂似墨猪，兰亭押缝敢轻书”(《翰林院侍宴联句赐砚恭纪二首》之二）……而时人也随声附和，《啸亭杂录》卷十书法条有云：“近时纪晓岚尚书、袁简斋太史皆以不善书著名。”乾隆五十九年，伊秉绶辑纪晓岚砚铭草稿成册，赵怀玉次韵题后，其第二首云：“阅微室左拓窗纱，想见挥毫落彩霞。持与柳家新样比，可能敛手笑姜芽。”(《亦有生斋诗集》卷十四）说纪晓岚的笔姿细弱柔媚，不是大家风范。其学生赵慎畛在《榆巢杂识》卷上亦说：“河间师，博洽淹通……独不善书。”纪晓岚这些自谦的言论，无疑为其不善书定了基调，而他人的附和又促使了这种舆论的形成，以至于将其书法列入下等。

总之，研究纪晓岚不能不涉及其书法；而研究其书法既不能脱离纪晓岚所处的历史时代，又要用发展变化的辩证观点来分析问题。只有这样，才能了解一个全面的、真实的纪晓岚。

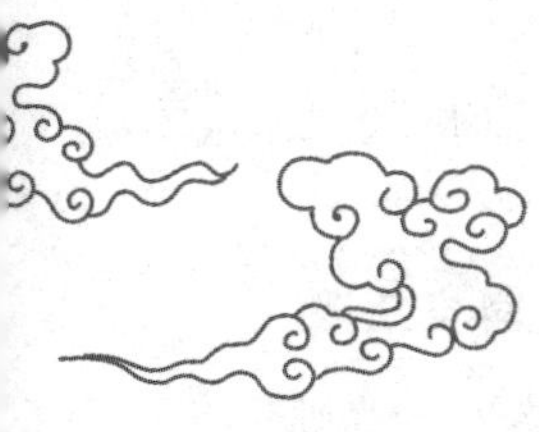

第十九讲 纪晓岚的家庭之谜

杨朔先生的文章——《“阅微草堂”的真面目》

说到纪晓岚的家庭，首先让人想起了 1946 年杨朔先生的一篇文章——《“阅微草堂”的真面目》。

从今天倒数上去，约计二百年前左右，河北献县崔尔庄出过一个炙手可热的大官僚，是乾隆年间的探花，当过三任主考，修过《四库全书》，所著的一部《阅微草堂笔记》，到今天还在世上流传。这个人就是纪晓岚。

没到崔尔庄前，我当然不信“阅微草堂”真是聊蔽风雨的茅草房子。从纪晓岚以来，纪家也真称得起瓜瓞绵绵，全村五百四十户，纪家就占一百户。深宅大院，甲地连云，地亩遍地都是，直到今天也数不清有多少顷。老百姓流传着一首歌道：“上有天堂，下有苏杭，数了北京数崔尔庄，崔尔庄九门九户九关厢，十字街头跑开马，南花园子立谷场！”当年的威风，可见一斑。

这个地主，放半年算一年的高利贷，收对半分的重租子，自是司空见惯，我不想多来记述，但经过一番考察，我发现这一带的佃户竟象农奴一样可怜，所受的罪，从《阅微草堂笔记》里是找不到的。他们租地主的地，全家就象卖了身子，听凭地主摆弄。二十亩以上的便得拨个女人给地主出长差，少的出短差。一开门就来，天黑才走。老的端尿盆，刷锅洗碗抱孩子，年轻的做针线活计。稍微有点不顺心，地主就要拔锅卷席，撵你出去。

地主家有个丧葬喜事，佃户全得去提垫子，烧纸扶人。这叫做拳头戴高帽——家人（假人）。要是丧事，大家还得戴孝。这还不算，更在童男童女背后，贴上佃户的名字，叫佃户跟到"阴曹"去伺候死人。

你想抬头么？除非是日头从西出来。当佃户的不许修砖房，不许种树，不许安大门，子子孙孙更不能念书。即使佃户有钱从地主手里买地，可是不许往后辈传，本人一死，地主有权无价收回。这些佃户住在地主家四围的下房里，或是挤在一个庄子上。我见过这样的佃户庄子，一律是东倒西歪的小土房，又潮又脏，听说先前还不准修围墙。俗话说：佃户庄子亮堂堂——这是防避佃户偷藏东西。地主嫁闺女，有时把一个庄子赔嫁过去，青县有个纪辛庄，原先本来是纪晓岚家的佃户庄子，就是赔送闺女才转了姓。

也许有人听说过"初夜权"吧。在这一带，是又平常又秘密。我探听过几个佃户，他们觉着丢脸，谁也不肯明说，老头子只是捋着胡子叹着："咳！饿死也别种地主的地！"但又转弯抹角地透露出些消息。有个叫老魏的人，在纪家当了三十年支使小子，地主给他娶了个颇有姿色的女人，可是后来女人生了两个孩子，又叫纪家硬把夫妇两个全撵出来了。这已经不只是"初夜权"了。更常有佃户娶到漂亮媳妇没上炕，地主便打发人抱着自己的小孩来认干娘，可不认干爹，认了便叫干娘进去走亲戚。纪晓岚本人就最淫乱，不知糟踏过多少妇女。

至于佃户的女儿，要嫁人，也必须先得到地主的许可。女儿长得俊，地主当然可以随意收房。可是无论生多少孩子，还是下贱的，娘家父母要来看望，一定先把她父母锁在车夫住的下房里，然后才准她娘儿们隔着炕头的小窗说话。

别看纪晓岚的嘴巴净挂着四维八德，自认是正统派的人物，实际上却是个媚外欺内的奴才汉奸。他的大部子孙，也真能继承祖业。在清朝，在民国，在日本人侵入中国的期间，大大小小竟出了无数汉奸，无数官僚恶霸，压得崔尔庄附近一带的农民没吃没喝，直不起腰。

可是农民决不是绵羊，远在六十年前，便发生了火烧纪家楼的事情，当时还编成戏，可惜迫于纪家的势力，不能演唱下去。崔尔庄的男女老幼至今还纷纷传说着这事。大致是个叫张思义的佃户，受到纪家的迫害，大年三十拿着刀闯上纪家楼，想要报仇，不想被护院的狗腿子围在楼上，这人便点起把火，跟他的仇人一起烧死。有位叫三大爷的领我去看了看纪家楼的旧址，还笑着说："可惜那出戏失传了，要不今天唱唱，那才够劲呢！"

老人家的话不错。自从人民的军队打敌伪手里解放出这块土地，千万农民吐出胸口的冤气，四处喊叫起来："杀人偿命，欠债还钱。"几千年来，他们生长在这块地上，耕种在这块地上，却吃不到亲手耕种的粮食，反倒挨饿受气，变成地主的奴隶。今天，他们到底冲破了束缚他们的封建势力，拿到地主顶债的地，几千年来第一次变成土地的真正主人。纪家的老农奴，于今每人有了属于自己的十亩上下地，囤子里排着新打的粮食，圈里养着新买的驴，孩子可以免费进学校读书，全家都笑着抬起头了。难道这不是应该的么？只有迫害人民的反动势力才会说这是非法！

在崔尔庄，农民真正欢乐的日子已经来了。

纪晓岚的妻与妾

1946 年，杨朔先生以阶级斗争为纲，把纪晓岚与他的纪氏家族，淋漓尽致地骂了个狗血喷头！

在这篇名为《"阅微草堂"的真面目》的文章里，把清代的崔尔庄描绘成一个活地狱。不过，杨先生这篇大作里也出现了些小小的疏漏。其一，阅微草堂本不在崔尔庄，而是在北京珠市口西大街的虎坊桥，如今的晋阳饭店为其旧址。其二，纪晓岚绝不是什么“乾隆年间探花”，而是乾隆十九年甲戌科二甲第四名进士。

当年杨先生似乎进行过实地考察，获得了纪氏后裔以及地主们对当地农民“象农奴一般”剥削压迫的现状，着重描述了纪氏地主们对农民妇女类似“初夜权”式的压榨与欺凌。杨先生还说：“纪晓岚本人就最淫乱，不知糟蹋过多少妇女。”

杨先生说这样的话，应该以翔实的历史资料为依据，才能算作圆满而负责任。可惜，杨先生并没有拿出令人信服的实例，只是原则空泛地痛骂了一通而已。为了澄清事实，我们不得不下一番探究的功夫。

所谓“淫乱”，解释为“色欲无度而杂乱”，大概不会有大错。而色欲的对象当然脱离不开异性，那么，我们不妨把纪晓岚的妻妾状况做个浏览，对这项研究大概不无裨益。

乾隆五年（1740 年），纪晓岚十六岁，结婚。“配东光县、山东城武县知县马讳永图之女。”

《纪文达公遗集·文集》卷八《马氏重修家乘序》：“东光以马氏为甲族，其他明德不具论，自明嘉靖以来，一支之中，登进士者凡九，亦云盛矣；谱至今日凡五修，亦云绵远矣。非世济其美能之乎？昀马氏婿也。乾隆甲子，读书外舅周箓公家，得读其旧谱，详其世德。”马氏家族被誉为东光县甲族；马永图做过一任山东城武知县。马家小姐当然称得上是名门闺秀，这婚姻合乎封建体制下“门当户对”的原则。

这场婚事，是由纪晓岚的同父异母兄纪晫主持操办的。“庚申，为昀娶妇，乃费至数百金。”（《伯兄晴湖公墓志铭》）其热闹红火盛况，是可想而知的。

在《阅微草堂笔记》里，马夫人先后被提及四次。她的出场，都是堂堂正正的正统夫人形象。书中，这位夫人还在纪大宗伯（礼部尚书）面前，为武清县一位终身守节的倪姓老寡妇争求旌表，由此可窥见她的教养，正统之态可掬。纪晓岚在《送内子归宁》诗中有句云：“门外马萧萧，仆夫已引鞚。之子有远行，向晓征轮动。中怀忽枨触，展转增沉痛。”他们夫妻感情真挚，共有四子，可谓和谐毕生，白头偕老。这是极平常的夫妻生活领域，怎么说也不能归结到“淫乱”的账目上去。

那么，不妨再看一看纪晓岚的纳妾状况。

在《阅微草堂笔记》里，纪晓岚提及侍姬共三人：沈氏、郭氏、一侍姬（姓氏不详），还有丫鬟玉台。

所谓“侍姬”，是贴身侍女和姬妾的通称。

沈氏原本没有名字。明玕之名，是她在归属纪晓岚之后，主子发现她“神思朗彻，殊不类小家女”，又“性慧黠，平生未尝忤一人”，因为她具有这么一种品德，才赋予了她这么个“明美如玉”之名。

沈氏祖籍长洲（今属江苏吴县），随父母流落北方，寓居河间。家中姐妹二人，她居小。处在这种家境下的一名少女，对自己的生活前程忧虑，是不能不有所估量、有所向往的，哪怕是懵懂的、错误的估量与向往。所以，她那“我不能为田家妇，高门华族，又必不以我为妇。庶几其贵家媵乎”的估量与感叹还是切合实际的，并非说明她是个天生的奴才或贱骨。这是从她的身份与理想之间不可调和的矛盾中，苦苦思考之后所作出的判断与选择。在封建统治社会里，一个贫家少女的这种感叹与判断，几乎无可厚非。因此，“其母微闻之，竟如其志”。

沈氏进入纪家的第一关，就是拜见马夫人。在封建大家族里，是要为男主子召姬纳妾树立规范的。这规范，首先用来约束他的正室夫人。他们把“不嫉不妒”列入“妇德”，当然，马夫人也应当毫无例外地恪守。但是，马夫人见了初进门的沈氏，开口便问：“闻汝自愿为人媵，媵亦殊不易为！”这话貌似非常直率，实际却蕴藏着一片杀机；这“不易”，更是妒意骇人，凶相毕露。这时候的沈氏，却能够从容恭顺，不慌不忙地敛衽回答道：“惟不愿为媵，故媵难为耳；既愿为媵，则媵亦何难？”这话乍听起来貌似委婉求全，实质上，是在内心极端悲愤压抑下一种有力的抗争。纪晓岚后来追述说“故马夫人始终爱之如娇女”。这不过是他企图力争维持妻妾之间的和谐，说些巧言遁词，为马氏佛面贴金，欲盖弥彰罢了。

锦衣玉食，生活丰裕，丝毫改变不了沈氏那为人“贱妾”的地位；更改变不了她的悲剧命运。她有强烈的预感，早就预料到自己在压抑窘迫环境下的短命归宿。她曾经对纪晓岚说："女子当以四十以前死，人犹悼惜。青裙白发，作孤雏腐鼠，吾不愿也。"这是她厌恶了这个悲凉世界的心声。又自作诗云："三处婆娑花一样，只怜两处是空花。"更体现出她在花前月下强作笑颜侍奉主子的痛楚心境；也是那些地位卑下的妾媵之辈的真实坦露。

乾隆五十六年（1791 年）四月二十五，纪晓岚侍值圆明园，就居宿在海淀的槐西老屋。那一夜，墙上的挂屏突然绳断落地，将纪晓岚惊醒。也就在同一时刻，侍姬沈氏悄然辞世，年仅三十岁。

说起来，纪晓岚并没有把明玕当作一幅只做欣赏的挂屏；也没有将她作为一件极简便的泄欲工具。他在明玕的遗像上题诗道："几分相似几分非，可是香魂月下归？春梦无痕时一瞥，最关情处在依稀。"可见，他们之间很有一番缠绵悱恻、坚定执着的情谊，谈不到是什么淫乱。

纪晓岚另一名侍姬是郭氏。郭氏祖籍山西大同，随父母流寓天津。

早在她母亲的孕育期内、临褥之前，恰逢端午节将至。她母亲做了一梦：梦见街上来了个卖彩符的，她便购买了一支极鲜艳漂亮的彩符。当天，郭氏降生，因而就给她取名叫彩符。

乾隆十八年（1753 年），彩符十三岁，归属纪晓岚为妾。郭氏几曾有孕，生过好几个子女，可惜都未能成活。在封建大家庭里，妾生子而且一旦能长大成立，就对提高她的家庭地位起决定性作用，起码具备了与正室夫人一争高低的资本，如《红楼梦》中贾府里的赵姨娘。而郭氏似乎没有这个福分，她最终只养活了一个女儿。此女长大成人之后，嫁给了前两淮盐运史卢见曾的孙子、观察御史湖北分守黄德道卢谦的三儿子卢荫文为妻。

卢谦这个人精通阴阳，善于看相，他曾断言：亲家翁纪晓岚的这位侍姬郭氏活不过四十岁。

乾隆三十三年（1768 年）七月，"两淮盐运提引案"案发。卢见曾虽然早已退休家居，依然要籍没家财，被捕入狱。卢谦等儿孙之辈亦受牵连，在籍的罢官免职，其余人等一律负罪远戍边陲。在卢家被查抄之前，纪晓岚依仗自己内宫为官消息灵通，向卢家通风报信，让卢家转移、隐藏财物，使查抄绝无大获。纪晓岚被揭发，以漏言获罪夺职，发往乌鲁木齐军中效力赎罪。

在纪晓岚流放期间，郭氏就病得很严重了。但她依然情意霏霏，念念不忘她的主人。她曾经抱病到关帝庙求签，卜问能不能再与主人见上一面？签上的回答是肯定的，但最后一句却是“叶落霜凋寒色侵”。纪晓岚的门人邱二田担心地说：“末句非吉语也。”

郭氏终于熬过了漫长的三年。乾隆三十六年（1771 年）纪晓岚奉旨赦还。二月从西域治装启程，六月回到北京。郭氏终于如愿以偿地见到了她祈盼已久的主人。也许是团聚给她带来了极大的欣慰，她的病竟大有转机，几乎痊愈。可是，一进入九月的秋煞季节，病情突然恶化，日渐缠绵，至次年春三月，终于不治，年仅三十七岁。

此后，纪晓岚见到家人翻晒郭氏的箱中遗物，感慨系之，有诗云：“风花还点旧罗衣，惆怅酴醾片片飞。恰记香山居士语，春随樊素一时归。”郭彩符与纪晓岚的情爱是真挚的，追求是执著的。应该说，这属于正常的夫妻关系，也挂不到淫乱的账上去。

《阅微草堂笔记》中，也曾提到纪晓岚的另一名侍姬，可惜，没有留下名字。纪晓岚称赞这个侍姬“平生未尝出詈语”。极简要的一句话，就刻画出了这位侍姬温文尔雅的品质。这个小人物在《阅微草堂笔记》里一闪即逝，无可臧否，同样没看到她与主子有淫乱的记载。

《阅微草堂笔记》说“（明玕死后）其婢玉台，侍余二年馀，年甫十八，亦相继夭逝”。玉台归从纪晓岚，在乾隆五十四年（1789 年），纪晓岚六十五岁，玉台十六岁（1791 年）；乾隆五十六年，玉台死。可见，玉台作为沈氏的继承者，也成了纪晓岚的侍姬；也是个少年早夭的牺牲品，这是无疑的。

此外，纪晓岚身边还有几位侍妾，像马月芳的陪嫁丫鬟倩梅，还有乾隆皇帝赏给他的宫女蔼云、卉倩等，在此就不一一列举了。

乾隆年间，另一位才子袁枚，在钱财色欲上不似纪晓岚那么遮遮掩掩，比较坦率。他声称自己“解好长卿色，亦营陶朱财”；他明确主张“人欲当处，即是天理”；他公开承认“袁子好味好色”。顾远芗著《随园诗说的研究》，载袁枚妻妾人名共七人；公开招收的女弟子有五十三人之多。他的作为，大有超越时代的反封建倾向。

相比之下，纪晓岚在这方面的表现就十分忸怩；他只是把自己与先兄纪晫做了个对比。他说伯兄“自少至老无二色。昀颇蓄妾媵，公弗禁。曰：‘妾媵犹在礼法中，并此强禁，必激而荡于礼法外矣。’”由此看来，纪晓岚不过是借胞兄之口，为自己广蓄妾媵造点儿舆论，并没有装成嘴上挂着四维八德的正统派。

谁也没有办法使光阴逆转，去亲自侦查纪晓岚这个古人有无嫖娼宿妓、流连北里的劣迹。在清代众多野史笔记里，大多记载的是他言谈举止的机敏、诙谐与风趣。只有采蘅子《虫鸣漫录》卷二中，有一则记载道：“纪文达公自言乃野怪转身，以肉为饭，无粒米进口。日御数女：五鼓入朝一次，归寓一次，午间一次，薄暮一次，临卧一次，不可缺者。此外乘兴而幸者，亦往往而有。”这是一则后人的追记，玄言多舛，不可尽信。

文鸾

文鸾不过是纪晓岚的四叔母李安人的一名婢女，说句俗话，就是使唤丫头。

只因纪晓岚在《阅微草堂笔记》里，曾经“词人老大风情减，犹对残红一怅然”了一回，竟引得后世那些多情善感的作家、编剧们也随之意境驰骋，演绎出诸多媚俗的故事来。那些年纪较轻、历史知识面较窄的读者或观众会认为这就是历史。唯一可以卓然而见的效益，恐怕只是这些杜撰家们的囊箧见鼓。

说文鸾，必然涉及纪晓岚的四叔母，提及四叔母，又必然牵扯到他的四叔纪容恂了。

纪容恂，字栗甫。实际上，他是纪晓岚的二叔。只因为纪氏家族按照中国的家族传统，同堂叔伯兄弟之间“大排行”，这样，纪容恂就名列第四，所以称之为“四叔”。而这位“四叔母”李安人，已经是纪容恂的第三娶——

沧州监生李天钟之女。

纪晓岚说："叔母于诸侄中最喜余。"为什么呢？除了纪晓岚的机敏、聪明、黠谲招人喜爱之外，恐怕是与他们婶侄两辈人却是同龄大有关系。年龄比肩，思维就极易处在同一起跑线上；思想沟通，行为少忌讳；长幼之间的辈分关系，又使他们轻易地闪过了封建的"男女之大妨"。他们之间几乎不必循礼，各自任凭着性情交往，给他们的思想交流大开了方便之门。

纪晓岚说："先太夫人娣姒三人，先太夫人谢世，三叔母（纪容雅妻）高太宜人暨（四）叔母皆康强。昀既失怙，视两叔母如母；两叔母之视昀亦犹子。三叔母先逝，惟（四）叔母存，昀视（四）叔母益亲，（四）叔母之视昀亦益亲。"这是从长幼互相恤怜的角度上说的一番话。如果从感情交流的角度上讲，这种理性式的交流，绝不会因为宥于长幼之礼而止步。

纪晓岚又说："叔母又患风痹……积病之余，犹手制履袜佩囊之属以寄昀。昀捧之感且愧。"（以上均见《祭四叔母文》，括号内文字，为笔者注）些须琐事，已将他们婶侄之间的日常交流概况勾勒殆尽。

纪晓岚不愧为四叔母李安人的心中宠儿，李安人也不愧为纪晓岚的同龄知己。

乾隆三十六年（1771 年），纪晓岚谪戍西域奉旨赦还。六月至家，九月侍姬郭彩符即病死。那时候，他初归京师，住在北京珠巢街路东的一处院子里。被罪之人，暂且无官可做；交游疏淡，门庭冷落几可罗雀。待在家里，只做些诸如评点苏诗、《文心雕龙》，校正《瀛奎律髓》一类的事，着实是闲散得很。他的心境是寂寞的，但也绝不会有饱暖之忧。闲暇而饱暖则思色欲，这是士大夫故有的心态。就是在这种心情促使下，他写信给四叔母，说明要请她为自己物色一名侍姬。

到现在，才正式地扯到了正题，归结到文鸾身上。

纪晓岚说："先四叔母李安人，有婢曰文鸾，最怜爱之。"

一个供人驱使的婢女，为什么能得宠到令女主子"最怜爱"？这里面必有它的特殊原因。其一，她必定是绝对的乖巧而驯从，百呵而不一违，令主子心情总是那么顺畅、那么熨帖，因而得到赞赏。其二，是善于奴颜献媚，看着主子的脸色行事，好听的话多说，逆耳之言要绝然于口，使主子感觉事事如意，爱怜也就油然而生了。这个“怜”，是建立在以上的行为所产生的爱的基础之上的。怜些什么？怜她那些无可避免的过失，怜她的身世，甚至于将她推向一个完人的境地，大大地超出她的侪辈奴婢之上。一句话，她的行为完全纳入了封建大家族为奴婢们所规范的轨道。

所以，当纪晓岚一提请四叔母为他物色一名侍姬时，这位“于诸侄中最喜余”的李安人马上想到的首选人物就是文鸾。这倒不是因为文鸾有什么充当贵家妾媵的福分，而是她平日的主观努力所造就的结局。李安人“拟以文鸾赠”之举，又是个多么恰到好处地拿活人当礼品，作为交换人情的工具！

文鸾的表现当然也不差。当李安人“私问文鸾”，征求给她这次择主的意向的时候，她“亦殊不拒”。这里，不免也有青春期少女的一番忸怩吧。但是，这个“殊”字运用得很有意味，可以说是恰到好处地描绘出她内心的无言渴望之情。这当然与她日常的行为表现是一致的，并不使人惊讶。那么，使人惊讶的，倒是她竟忽略了她与这个男主子之间年龄上的巨大差距：那一年，纪晓岚已经四十七岁了。如果按照封建时代早婚的习俗计算，纪晓岚完全可以是她的祖父辈了。

但是，好事往往多磨。正当“叔母为制衣裳簪珥，已戒日脂车”，就要送文鸾进北京城，交到纪晓岚手里的当口儿，竟“有妒之者嗾其父多所要求，事遂沮格”。在那种社会制度下，佃农阶层卖儿卖女以求生存，并不是什么新鲜事。小农经济下的极端贫困境遇，产生贪利忘义的庸俗思想和行动也在所难免。退一步说，即便是没有“妒之者嗾其父”这种情况发生，阻隔之事也未必可免。关键并不在于文鸾之父是否贪鄙，而决定于官僚地主阶层对于人的价值观。花上多少钱购买这样一个活礼品才算合算？这是他们所考虑的主要问题。形而上地把征聘阻隔看成由于文鸾之父的贪鄙与刁难，恐怕是极不公正的，也是站不住脚的。

所以，纪晓岚本人也说以上这些情况“吾不知也”；这些都是他事后了解到的情形。这件事在当时也很快地“如雁过长空，影沉秋水”，早将它抛到脑后了。本来嘛，官僚阶层寻个把侍姬，何须劳累那么大的心思？

说到底，纪晓岚与文鸾，根本就未谋一面。文鸾呢，“竟郁郁发病死”。这里面不排除因病或是其他别的因素而死亡，占主导地位的死因，应该是她自己渴求为贵家妾媵理想泡影般的破灭。

台湾作家杨涛先生著《纪晓岚外传》，据此情节演义成了大段的爱情故事。说纪晓岚与文鸾之间是少年邂逅，朦胧有情，长而弥坚，至有桑中之会，生死之盟。又运用了现代化的蒙太奇手笔，写“假山下的雕像蓦然复活了”，纪晓岚“一路呼喊着跑过来，不顾一切地把文鸾抱入怀中”等动人场面。

由长春出版社出版的《纪晓岚全传》，在古人恋爱方式的“现代化”方面也大有革新，甚而是突飞猛进。不但描绘纪晓岚与文鸾“肩和肩贴在了一起，仿佛听到了对方的心跳”，而且“文鸾心跳不已，她盼望纪晓岚伸开双臂，将自己搂在怀里”。

无需否认纪晓岚有很强的本能欲望。他自己也一再强调闺房之事何其不有，不堪细言。然而在封建体制统治之下，等级制度鲜明，佃农的女儿与主子少爷之间如此亲密地交往的机会几乎是没有的。何况，这位纪家少爷自幼至老，夙夜出行时都有专职的奴仆侍候簇拥在其左右。所以，他这种与女奴辈私相邂逅的机遇就更少。在《阅微草堂笔记》里，涉及文鸾的描写中，看不出纪晓岚有任何掺杂使假、遮掩事实的成分。纪晓岚曾经说：“他人记吾家之事，其异同吾知之，他人不能知也。”自己的真情，当然还是自己最清楚。难道，以上所引各种大作的作者们，善行回天之法，逆转了二百多年，亲眼目睹了纪晓岚的浪漫史？

文学作品当然允许大胆地想象或创新；但那是“小说”，不是“传”，不管是“外传”还是“全传”，既冠以“纪晓岚”之名，就该尊重最起码的历史事实，比较客观地、严谨地记述或描写，约而不出其大格。

那么，还是看看纪晓岚是怎样记载此事的吧：

今岁（指嘉庆五年，1800 年）五月，将扈从启行，摒挡小倦，坐而假寐。忽梦一女翩然来。初不相识，惊问：“为谁？”凝立无语。余亦遽醒，莫喻其故也。适家人会食，余偶道之。第三子妇（纪汝似之妻井氏，纪晓岚四叔母的姐或妹的外孙女），余甥女也，幼在外家与文鸾嬉戏，又稔知其赍恨事，瞿然曰："其文鸾也耶？"因具道其容貌形体，与梦中所见合。

这一段记载确凿地证明：纪晓岚与文鸾，是终其生未曾见过面的，见面只是个梦境。他们根本就没有什么邂逅相遇、结下不解之缘之类的故事。可见，一切杜撰媚俗以取宠之举都是徒劳无益、枉费心机。这是纪晓岚亲笔记下来的史实。

诚然，老年的纪晓岚曾经有过要为文鸾重新改葬，并为她树碑立传的企图。怀旧惜暮，这是封建文人的积习，不足称道，不足效法，也不足为怪。但是，因为当时纪晓岚联想到乾隆三十六年（1771 年）九月他所作的《题海棠诗》，其中有"憔悴幽花剧可怜，斜阳院落晚秋天。词人老大风情减，犹对残红一怅然"之句，并且说这是"宛似为斯人（指文鸾）所咏也"。应该注意这个"宛似"，就凭了这么一句不大吃紧的夙缘梦呓之语，竟引得当今的风情作家们也牵痛了神经中枢上那根弦儿，骤地"怅然"起来了。

纪晓岚长子纪汝佶死因之谜

在当年挖掘纪晓岚及其子孙墓地过程中，还有两个人的坟墓给人们留下较深的印象，他们就是纪晓岚的长子汝佶和三子汝似。

纪汝似墓内是黑色木椁，荷叶棺材。棺内白绫布上有"象庭"字样。据《景城纪氏家谱》，纪汝似，字象庭，生于乾隆三十一年（1766 年）九月二十七日丑时，卒于嘉庆十八年（1813 年）十一月二十七日子时（卒年乃据最新发现的由纪氏后裔保存的纪汝似神主牌位所载，它是目前唯一的也是最可信的学术资料），附学生，由鸿胪寺序班加捐广东候补县丞，民间则说他曾任广东东莞县丞。

开棺之后，里面黄绫子被飘飘微动，红卫兵小将们被吓了一跳，"嗷"的一声四下散开。当大家壮着胆子凑上前细看时，发现棺内有水，波动了被子。惊慌之后，小将们向水下摸去，先后摸出水晶石眼镜一副、鼻烟壶一个，锈蚀的怀表一块。后将棺内水淘干也未见他物。

有意思的是，汝似棺内这床黄绫子被，捞出晾干后，被衬里一位姓李的单身汉（今已故）拿去使用了好多年。

纪汝佶的棺椁情况与汝似的大致相同。只是棺材前堵头上刻有拳头大个烫金字“督粮大将军”。打开棺材，骨骸缺少头骨。（一说头骨虽在，但位置异常）。身旁摆有一只锈迹斑斑的大刀！

纪汝佶，字御调，乾隆八年（1743年）十二月二十七日生，乾隆五十一年（1786年）四月十七日卒。《景城纪氏家谱》上记载说他是乾隆乙酉（乾隆三十年，即1765年）科举人，候选知县。民间则传说他是武官，在押运粮草途中遭劫遇难，被砍去了头颅，并有纪晓岚设计寻头的故事流传，后人记事纸条上还有“此公被害”之句。然而，有关纪汝佶的这段经历，史志家乘皆未见载。纪氏族人内部也诸说纷纭，意见不一。

不过，令人欣慰的是，纪晓岚曾遮遮掩掩地谈到纪汝佶之死。《阅微草堂笔记·滦阳续录》（卷六）所附纪佶六则笔记之前，有一段纪晓岚的伤心话：

亡儿汝佶，以乾隆甲子生。幼颇聪慧，读书未多，即能作八比。乙酉举于乡，始稍稍治诗，古文尚未识门径也。会余从军西域，乃自从诗社才士游，遂误从公安、竟陵两派入。后依朱子颖于泰安，见《聊斋志异》抄本，又误堕其窠臼，竟沉沦不返，以讫于亡。

纪晓岚没有说汝佶的死因，但是《滦阳续录》最后一则给我们留下了一些线索：

张浮槎《秋坪新语》载余家二事……其一记余子汝佶临殁事，亦十得六七；惟作西商语索逋事，则野鬼假托以求食。后穷诘其姓名、居址、年月与见闻此事之人，仍词穷而去。汝佶与债家涉讼时，刑部曾细核其积逋数目，具有案牍，亦无此条。

张氏，南皮人，其惭语，已不易得见，所幸纪晓岚门人梁章钜在其《楹联丛话》中转述了惭语的部分内容，使我们得以稍窥当时情形：

《秋坪新语》载纪文达公长子汝佶，中乾隆乙酉孝廉。卒时，公甚为之神伤。语客曰：“今乃知因果之说，或亦有之。”盖孝廉病绝而苏者屡矣。忽一日，闻其声，宛山西人也。问故，曰某来索逋，兹已偿清，仍欠若干，可亟焚楮镪如数，当去。家人辈如言焚之，遂瞑。方环哭间，又苏，张目曰："所乘马后足颠蹶，弗良于行，可易一匹，则乘之去矣。"众茫然。公之三女哭告曰："诚有之，兄气绝时，所焚马，吾见其后足纸损，或即其故欤？"因别制一具焚之，乃不复苏。

依此，则纪汝佶卒时，家人俱在，并无尸首异处的记载。那么，民间的耳闻目睹与书籍的文字描述就矛盾了。这个历史之谜还有待进一步研究，才能揭晓。

纪钜维和他的《泊居剩稿》

晚清洋务派重要首领张之洞任两广总督后，开始按照他的理想大张旗鼓，创枪炮厂，开矿务局，设船厂，与此同时武备文事并举，在广州他还办了一家颇具规模的广雅书院。张之洞，河间府南皮人，境内献县即一代文宗纪晓岚的故乡。纪晓岚有一个五世孙纪钜维，字香骢，一字伯驹，号泊居，诗文俱臻，同治癸酉拔贡，官霸州训导，历内阁中书，至贵州知府。其时正在张之洞处入幕。广雅书院设立，张之洞聘纪钜维为掌席。后来张之洞移督湖北，纪钜维也跟随到鄂，张之洞创办两湖书院及其他普通学堂，纪钜维除校艺主讲外，还积极参与了一些办学事务。

纪钜维博学多识，且精鉴书画金石，所以有此同好的张之洞非常喜欢与他谈文论画，"朝夕与处"，讨论起来往往"人于微芒"，"滔滔汩汩，移晷不倦"。纪钜维也非常感激老乡张之洞的知遇之恩，公务兢兢业业，无处懈怠，并且校编了张之洞的《广雅堂诗集》四卷，晚年又想为张之洞校订刊刻《思旧集》，因故未果。

辛亥革命后，纪钜维回到家乡，一度居北京，国史馆曾请他去做协修，婉拒。庚申八月避乱天津，次年病死，时七十有三，门人私谥端悫先生。纪钜维一生笔墨，写过大量诗文，惜由于飘萍无定，佚散几尽。纪钜维门人兼佳婿临桂汪鸾翔、河间刘宗彝，认为钜维讲学天下，"以诗文名海内数十年，身后索其遗著竟不可得"，很是怅然。于是多方搜集，到处网罗，然而仅集纪钜维诗十三首、文二篇、书札七件，无奈只得暂时“编缮一小帙”，名《泊居剩稿》。本来想用古宋体雕版梓行，后考虑到各地亲友或尚存其他诗文书札，有待丰富，因此暂时铅印成书。

《泊居剩稿》一函一册，白纸铜印线装，许崇熙题签，锡曾绘像，高凌爵作序。此书装帧天地广阔，有衬，十分大气漂亮，只是略嫌单薄。刘宗彝在跋中叹道：先生讲学南北垂三十年，旧学新知沾溉士林者众矣，区区是集宁足尽先生道德之范然？尽管如此，我们还是从书中仅集的十几篇诗文看出纪钜维的珠玑光采。例如，一蒋姓门生寄画作请老师批评，纪钜维复书：造局布景颇饶逸趣韵味，亦静而不嚣，惟山下一枯树用笔扁而转折未圆，又通体多淡湿笔而不知以枯笔焦墨醒眉目，遂觉精神稍短。并且对当时美术流派及玻璃版等均有精妙点评，可见其造诣高深。《献县志》云钜维“笃学励行，师事崔士元学诗，又从张之万学画……于书画源流，剖析尤入微芒。从张之洞游，又得其汉学之传，以余力辨识金石古物，往往有独到处”。

《泊居剩稿》印数不详，于今传世甚少，起初仅在《晚清簃诗汇》中知有《泊居剩稿》一书及部分诗作，多处访求未见。2005年秋，我们搜集纪晓岚后裔在河间城内旧居的一些情况，到天津拜访著名作家柳溪女士，柳溪为纪晓岚六世女孙，原名纪清侁，纪钜维为其叔伯。同时期也在北京琉璃厂中国书店恰恰碰到了这本《泊居剩稿》，不由大喜过望，欣然之余，觉得真是一件可遇不可求之巧趣。

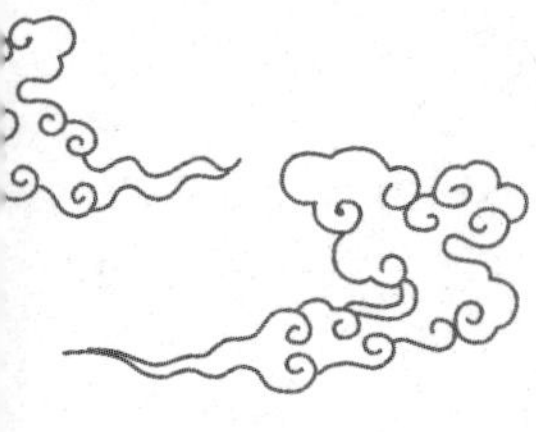

附录 纪晓岚年谱

雍正二年　甲辰　1724 年　出生

六月十五日（公历 1724 年 8 月 3 日）午时出生于直隶河间府献县崔尔庄（今属河北沧县）。

其时，祖父天申五十九岁，继祖母张氏四十七岁；父容舒三十九岁，母张氏二十九岁。

雍正三年　乙巳　1725 年　1 岁

河间、献县大饥，祖父天申捐米六千石，煮粥赈济灾民。

雍正五年　丁未　1727 年　3 岁

从师于交河（今属河北泊头）老儒及孺爱，开始读书写字。

雍正十年　壬子　1732 年　8 岁

五月十四日，祖父天申卒。

雍正十一年　癸丑　1733 年　9 岁

夏，随侍祖母于沧州上河涯别墅。

雍正十二年　甲寅　1734 年　10 岁

父容舒官户部，随父进京，寓于岳钟琪虎坊桥故邸。

雍正十三年　乙卯　1735 年　11 岁

八月二十三日，雍正帝驾崩，宝亲王弘历即位，次年改元乾隆。

是年，南宫（今属河北）鲍梓出任献县教谕。

乾隆元年　丙辰　1736 年　12 岁

乾隆二年　丁巳　1737 年　13 岁

是年，听史松涛先生与父容舒讲一贪官故事，后写入《滦阳消夏录》。

乾隆三年　戊午　1738 年　14 岁

与陈枫崖、窦東、刘补山、蔡季实、刘西野、李应弦、陆青来等人，同师事董邦达。

夏，返回献县，与从兄纪昭、纪易读书于崔尔庄三层楼上。

乾隆四年　己未　1739 年　15 岁

与东光（今属河北）李云举、霍养仲就读于北京生云精舍，师事李云举之兄李若龙。

乾隆五年　庚申　1740 年　16 岁

自京师还乡，准备应童子试。婚娶东光马永图之女为妻。

乾隆六年　辛酉　1741 年　17 岁

乾隆七年　壬戌　1742 年　18 岁

乾隆八年　癸亥　1743 年　19 岁

读书于岳父马永图家，学问日进。

正月，撰《〈安阳县志〉序》。

十二月二十七日，长子汝佶生。

乾隆九年　甲子　1744 年　20 岁

仍就读于岳父马永图家，得见《马氏家乘》旧谱。

在河间府应科试。

乾隆十年　乙丑　1745 年　21 岁

冬，在河间应岁试。

乾隆十一年　丙寅　1746 年　22 岁

四月，介福由太仆寺卿迁内阁学士。介福，纪晓岚会试座师之一。

乾隆十二年　丁卯　1747 年　23 岁

三月，路过天津，闻有烈女张氏未嫁夫死，自溺以殉，次年作《张烈女诗》。

八月，应顺天乡试，名列第一，座师阿克敦、刘统勋，房师陈锷。从兄纪昭同年举于乡。

九月十三日，次子汝传生。

是年，结识刘统勋之子刘墉。

乾隆十三年　戊辰　1748 年　24 岁

参加会试，因“以经破题”，落第。

是年，与秦大士、卢文弨、张坦、周筠奚、陈筠亭、王又会、左羹塘、丁药圃、钱大昕、从兄纪昭等人结成文社，看花命酒，诗句唱和。

同年，纳侍姬郭彩符，郭时年十三。

乾隆十四年　己巳　1749 年　25 岁

在京师准备应礼部试。

乾隆十五年　庚午　1750 年　26 岁

四月十六日，母张氏卒。

乾隆十六年　辛未　1751 年　27 岁

在京师习制义，与田中仪、宋弼、董元度等过从甚密。

乾隆十七年　壬申　1752 年　28 岁

七月，与聂际茂、法南野、田中仪、宋清远（宋弼之父）聚会于宋弼家，大谈狐仙故事。

是年，聂际茂被晓岚聘为西席。

乾隆十八年　癸酉　1753 年　29 岁

乾隆十九年　甲戌　1754 年　30 岁

四月三十日，会试中第二十二名，正考官为大学士陈世倌，副考官为礼部侍郎介福、内阁学士钱维城，房师孙人龙，读卷官为杨锡绂。廷对奏策，列二甲第四名，进士及第，改翰林院庶吉士。

夏，同年姜炳璋将史荣著《风雅遗音》赠与晓岚。

是年，父容舒云南姚安知府任满。

乾隆二十年　乙亥　1755 年　31 岁

与钱大昕、王昶、朱筠等折节结交戴震。晓岚聘戴震为西席。

三月，准噶尔各部先后来降，行献俘大礼，晓岚撰《平定准噶尔赋》。

是年，父容舒刊订《景城纪氏家谱》。

编次《张为〈主客图〉》。

鲍梓因病辞去献县教谕。至此，鲍连任献县教谕七届，长达二十年，为献县培养出五个进士，晓岚即出其门下。

乾隆二十一年　丙子　1756 年　32 岁

夏，为戴震刊印《〈考工记〉图注》，并为之序。

秋，因纂修《热河志》，扈从热河。

乾隆二十二年　丁丑　1757 年　33 岁

散馆，授编修，擢詹事府左春坊左庶子，充日讲起居注官。

从兄纪昭中进士。

是年，撰《沈氏四声考》二卷，断定陆法言《切韵》“实窃据沈约而作”。

乾隆二十三年　戊寅　1758 年　34 岁

大考，列二等第七名，充武英殿纂修。

五月十七日，三叔容雅卒。

秋，好友田中仪卒。

乾隆二十四年　己卯　1759 年　35 岁

充功臣馆总纂。

正月二十日，撰《书张氏重刊〈广韵〉后》。

正月二十五日，阅《通考》所载《五音韵谱》前后二序，撰《书毛氏重刊〈说文〉后》。

二月，撰《〈沈氏四声考〉序》。

六月，《唐人试律说》由外甥马葆善缮勒成卷。

业师董邦达招饮，为晓岚作《秋林觅句图》。秋，钱塘沈朗为晓岚作小像，董邦达又为其补成《幽篁独坐图》。

七月，充山西乡试正考官。

乾隆二十五年　庚辰　1760 年　36 岁

充任国史馆总纂，并充会试同考官。

二月，审定史荣《风雅遗音》，自为序。

九月，复阅《唐人试律说》，重为点勘增补，重自为序。

是年，又撰《书韩致尧〈翰林集〉后》、《书〈八唐人集〉后》，继而点阅《香奁集》。

乾隆二十六年　辛巳　1761 年　37 岁

以京察一等，道府记名，充庶吉士小教习、方略馆总校。

春，告假养病，天津北仓赵姓姻家请题主，奉父命前往，归宿于杨村。

十月十日，编定《庚辰集》，自为序。

乾隆二十七年　壬午　1762 年　38 岁

闰五月二十四日，刊刻《庚辰集》，再为序。

六月，从座师钱维城处借阅《后山集》，开始钩稽缮录。

秋，充顺天乡试同考官。

十月初八，离京赴福建学政任。

是年，删正《才调集》，点论李商隐、黄庭坚诗集，辑《唐人诗略》八卷，撰《南行杂咏》一卷。

乾隆二十八年　癸未　1763 年　39 岁

仍任福建学政。

十月，按试汀州。

十一月初六，补授翰林院侍读。

乾隆二十九年　甲申　1764 年　40 岁

夏，父容舒至福建学政官署，不久还乡。

七月三十日，完成《后山集》的钩稽缮录，撰《书〈后山集钞〉序》于福建学政署之镜烟堂，并编定《镜烟堂十种》。

八月二十五日，父容舒卒，奔丧还乡守孝。

乾隆三十年　乙酉　1765 年　41 岁

四月，宿岳父马氏家。

八月，长子汝佶中举。

乾隆三十一年　丙戌　1766 年　42 岁

服丧里居。

七八月间，门人李文藻求晓岚为其父撰墓志铭。

九月二十七日，三子汝似生。

是年，续修《纪氏家谱》，撰《景城纪氏家谱序例》，又撰《〈马氏重修家乘〉序》、《〈渠阳王氏世系考〉序》、《〈河间孔氏族〉序》、《〈棠樾鲍氏宜忠堂支谱〉序》、《〈汾阳曹氏族谱〉序》等，并删正《帝京景物略》，自为二序。

乾隆三十二年　丁亥　1767 年　43 岁

正月，服阕赴补，补授翰林院侍读，充日讲起居注官，授左春坊左庶子。又任三通馆提调兼纂修，奉诏续修通典、通志，改订文献通考。

是年，删削浦起龙注《史通通释》，名之曰《史通削繁》。

乾隆三十三年　戊子　1786 年　44 岁

二月初九，补授贵州都匀知府。乾隆帝以其“学问素优，予以外任，转恐不能尽其所长，著以四品衔，仍留庶子任”。

四月十四日，乾隆帝于太和殿亲试翰林等官，晓岚列二等十六名，授翰林院侍读学士。

六月二十五日，两淮盐引案发，涉及晓岚姻亲卢见曾（晓岚长女嫁见曾孙荫文），将查封其家产。晓岚先为漏言传信，获罪革职。

八月，谪戍乌鲁木齐。途中过陕西，在同年谢宝树官署小住。

乾隆三十四年　己丑　1769 年　45 岁

到达乌鲁木齐，任戍所印务章京。

二月，朱珪出任山西布政使。

五月至十一月，门生李文藻为谒选居京师百顺胡同，多次到晓岚家问候，并为之检曝书籍。

七月，业师董邦达卒，谥文恪。

乾隆三十五年　庚寅　1770 年　46 岁

仍在乌鲁木齐佐助军务。

八月，从兄纪昭卒。

十二月，乾隆帝召还晓岚。

乾隆三十六年　辛卯　1771 年　47 岁

二月，治装东归，途中吟诗一百六十首，名之曰《乌鲁木齐杂诗》。三月初一，自为序。过山西，在朱珪官署留数日。

六月，至京师，同年钱大昕往候。

八月，为多次点评的《苏文忠公诗集》写序作跋。

八月初六，评阅《文心雕龙》毕。

十月初七，迎乾隆帝于密云（今属北京），立成五言三十六韵《御试土尔扈特全部归顺诗》，颇得乾隆帝优奖，复授翰林院编修。

十二月，撰《〈瀛奎律髓刊误〉序》。

是年，与晓岚一别十六年未见，年已七十二岁高龄的老友聂际茂自山东长山（今山东邹平）骑驴至京师看望晓岚，令其激动不已，感赋长句。

同年，点勘《王子安集》《韩致尧集》《唐诗鼓吹》诸书。

乾隆三十七年　壬辰　1772 年　48 岁

重任庶吉士小教习。

正月初七，撰《〈史通削繁〉序》。

三月三十日，侍姬郭彩符殁。

十月，座师钱维城卒，谥文敏。

乾隆三十八年　癸巳　1773 年　49 岁

二月二十一日，谕令开《四库全书》馆。大学士刘统勋荐晓岚任总纂官。

五月初三，业师裘曰修卒，谥文达。

六月二十五日，座师刘纶卒，谥文定。

十一月，补翰林院侍读。

十一月十六日，座师刘统勋卒，谥文正。

乾隆三十九年　甲午　1774 年　50 岁

正月初八，乾隆帝设诗宴于重华宫，晓岚以内廷翰林被召。

三月初三，与《四库全书》总纂官陆锡熊，纂修翁方纲、朱筠、林澍藩、姚鼐、程晋芳、任大椿、周永年、钱载等三十九人，出右安门十里，至草桥，且聚于曹学闵斋中，举修禊故事。

四月，谕令武英殿所刊《四库全书》活字版定名为武英殿聚珍本。

五月十四日，因献书一百零五部，为北方藏书家之首，蒙赐内府初印《佩文韵府》一部。

七月，奉旨编撰《四库简明书目》。

八月，谕令仿浙江宁波范氏天一阁规制，建文源、文渊、文津、文溯四阁，以备收藏《四库全书》。

九月，直隶盐山县民遣兄投送字贴案发，牵扯到晓岚，幸未获咎。

十二月，长子汝佶因与债家涉讼，吏部议处，降三级留任，仍令在馆办理总纂事务。

是年，纳侍姬沈明玕，沈时年十三岁。

乾隆四十年　乙未　1775 年　51 岁

吏部开呈翰林院侍读学士名单，本无晓岚之名。乾隆帝以其在《四库全书》馆尽心尽力，命一并列名。

十一月，任《圣朝殉节诸臣录》总纂官。

乾隆四十一年　丙申　1776 年　52 岁

二月，调侍讲学士。

大金川首领索诺木降。至此，大、小金川全境荡平。

撰《平定两金川雅》《平定两金川颂》。

夏，承德避暑山庄文津阁成。

其后，京郊圆明园文源阁成。

六月，拟定文渊阁的人员编制。

九月，充文渊阁直阁事、日讲起居注官。

九月三十日，谕令刊印《四库全书考证》。

乾隆四十二年　丁酉　1777 年　53 岁

正月初四，与曹学闵、曹文埴、王昶等小聚。

三月二十四日，四库馆臣校书讹误，交部议处，晓岚等三人以特旨免。

五月二十七日，挚友戴震卒，享年五十四岁。

十月二十九日，乾隆帝赏赐四库馆臣哈密瓜，晓岚等一百五十四人联句谢恩。

十一月十九日，伯兄纪晫卒，享年七十二岁。

是年，京察一等。

是年，撰《翰林院侍讲寅桥刘公墓志铭》，为姻亲苏兰成撰《交河县岁贡生友菊苏公合葬墓志铭》。

乾隆四十三年　戊戌　1778 年　54 岁

撰《书〈吴观察家传〉后》。

乾隆四十四年　己亥　1779 年　55 岁

三月，擢詹事府詹事。

四月，擢内阁学士，总理中书科。至是，始出翰林院。

十二月，四库馆应办各项书籍已全部进呈完毕。

乾隆四十五年　庚子　1780 年　56 岁

正月，晓岚撰《五巡江浙恩纶颂》。

五月，尹壮图由太仆寺少卿迁内阁学士。

六月，撰《明懿安皇后外传》。

八月，晓岚受知师、《四库全书》正总裁、文渊阁大学士程景伊卒，谥文恭。

八月十三日，乾隆帝七旬万寿庆典，晓岚撰《七旬万寿赋》。

九月，奉命与陆锡熊、陆费墀、孙士毅等领纂《历代职官表》。

是年，应献县日华书院讲席邵玉清之请，撰《日华书院碑记》。

乾隆四十六年　辛丑　1781 年　57 岁

三月，姻亲、山西按察使袁守诚卒（晓岚次女嫁袁守诚第三子袁煦），撰《山西按察使司按察使曙海袁公墓志铭》。

十月十六日，谕令晓岚等“详加校勘，依例改纂”《契丹国志》。

是年，朱筠卒，晓岚制挽联。

乾隆四十七年　壬寅　1782 年　58 岁

正月，第一份《四库全书》告成，贮于文渊阁，晓岚上《〈钦定四库全书〉告成恭进表》。

二月，以《四库全书》成，乾隆帝临幸文渊阁赐宴，并赏赉有差。

四月，调补兵部右侍郎，仍兼直阁事。改任不开缺，晓岚创此先例。

七月，《四库全书》第二、第三、第四份抄成。乾隆帝命再续缮三份，分存扬州文汇阁、镇江文宗阁、杭州文澜阁。

七月十四日，谕令纂修《河源纪略》，晓岚、彭元瑞、陆锡熊、陆费墀、吴省兰、任大椿、王念孙等皆预其役。

秋，平原（今属山东）董元度将东归，翁方纲、方昂等在城南东湖柳村崇效寺为其饯行，晓岚等亦前往与其恋别述怀。

是年，《四库全书总目提要》二百卷勒成。

乾隆四十八年　癸卯　1783 年　59 岁

是年，转兵部左侍郎。

六月十五日，六十寿辰。翁方纲赠《纪晓岚少司马六十寿诗》二首。

是年，为门生梁章钜祖父撰《梁天池封翁八十序》；又为王名绪撰墓志铭。

乾隆四十九年　甲辰　1784 年　60 岁

二月，乾隆帝南巡出发前，以御制《济水考》寄晓岚，命其据各说经家及舆地家之说详考之，文成后复奏。

三月，充会试副考官。洪亮吉应此次会试。该房编修祥庆阅卷最迟，至四月四日方将全部试卷呈递正、副主考。晓岚奇赏洪卷，必欲置第一。监试丰润等因得卷迟而疑之，欲移之四十名外。晓岚坚执与争，胡高望调停其事，遂置不录。晓岚在洪亮吉卷尾赋《惜春词》六首寄意，又去洪之寓所相访。

十一月二十七日，四子汝亿生。

是年，又知武会试贡举。

乾隆五十年　乙巳　1785 年　61 岁

正月初六，乾隆帝在乾清宫设千叟宴。晓岚以兵部侍郎赴宴，赋《乙巳正月预千叟宴恭纪八首》。

同月，授左都御史。

是年，撰《翰林院侍讲荫台王公墓志铭》《直隶枣强县知县寓圃任公墓志铭》。

乾隆五十一年　丙午　1786年　62岁

七月二十四日，阅旧题张氏重刊《广韵》，疏所未及，再书其后。

乾隆五十二年　丁未　1787年　63岁

正月，迁礼部尚书，充经筵讲官。

四月二十日，充殿试读卷官，管鸿胪寺印钥。

五月十九日，乾隆帝因晓岚、陆锡熊、陆费墀等所校阅若璩《古文尚书疏证》有引李清、钱谦益言论未经删削，以及《黄庭坚集》有连篇累页空白未补，令晓岚、陆锡熊二人一体分赔，令陆费墀自己出资，照文渊等三阁式样罚赔。

冬，为校勘文津阁存《四库全书》，至承德避暑山庄。

是年，撰《御制题明朱载堉〈琴谱乐律全书〉恭跋》。

乾隆五十三年　戊申　1788年　64岁

秋，为校《四库全书》复至避暑山庄。

十月，赐紫禁城骑马，充武会试正考官。

是年，王昶外迁江西布政使，离京前，晓岚邀同年夜聚，为其饯行。

《四库全书》总校官陆费墀卒于杭州西湖文澜阁。

撰《直隶广平府同知前湖北武汉黄德道蕴斋卢公墓志铭》。

乾隆五十四年　己酉　1789年　65岁

五月，为校《四库全书》，又至避暑山庄，成《滦阳消夏录》六卷。

是年，撰《户部陕西司员外郎季荀马公墓志铭》。

纳侍姬玉台，玉台时年十六岁。

乾隆五十五年　庚戌　1790年　66岁

三月十八日，遣三子汝似之妇井氏还乡致祭四叔母亡灵，共撰《祭四叔母文》。

八月十三日，乾隆帝八十寿辰，举行隆重庆典。

十一月，内阁学士尹壮图参奏案发。

是年，第三女卒，年仅十岁。

乾隆五十六年　辛亥　1791 年　67 岁

正月，改任左都御史，刘墉任礼部尚书。

四月二十五日，侍姬沈明玕卒，享年三十岁。

夏，跋李绂自定年谱后。

王昶邀晓岚、陆健男等至其寓小聚。

七月二十一，撰《〈如是我闻〉序》。

七月，为蒋秋吟《考具诗》作跋。

因误校扬雄《法言》，再次获咎，申饬议处。晓岚传齐原赴热河各员，赴圆明园文源阁校书。

九月，文源阁图书全部校勘完毕。

十二月，再次将文渊阁图书细心校勘。

是年，侍姬玉台卒，享年十八岁。

乾隆五十七年　壬子　1792 年　68 岁

春，《四库全书》总纂官陆锡熊病死于去盛京（今辽宁沈阳）文溯阁校书的途中。

三月二日，与刘墉等在朝房值班，自拟挽联示之众人，曰："浮沉宦海如鸥鸟，生死书丛似蠹鱼。"

三月，携从侄汝伦校书于圆明园文源阁。

四月，携从侄汝伦校书于避暑山庄文津阁，并为汝伦所撰《逊斋易述》作序。

五月，上疏乾隆帝，为畿辅灾民请赈。

六月，《槐西杂志》四卷成书，自为序。

八月，复迁礼部尚书。

乾隆五十八年　癸丑　1793 年　69 岁

七月二十五日，《姑妄听之》四卷成书，自为序。

是年，为德州李东圃《周易义象合纂》一书作序。

乾隆五十九年　甲寅　1794 年　70 岁

春，应朝鲜贡使通文馆教授金成中之请，为《李参奉诗钞》作序。

五月，因礼部迟误祈雨祭典，被罚俸两年。

七月，朝鲜冬至兼谢恩正使洪良浩到京。

冬，结识洪良浩，并为其《耳溪诗集》、《耳溪文集》作序。

是年，撰《黎君易注序》《都察院左都御史杏浦李公合葬墓志铭》《德宏王公合葬墓志铭》《刘文定公配许夫人墓志铭》。

乾隆六十年　乙卯　1795 年　71 岁

四月初八，元配马氏夫人卒。

四月，以礼部尚书兼署左都御史。

九月初三，乾隆帝立第十五皇子颙琰为皇太子，定明年为嘉庆元年。

冬，结识朝鲜进贺副使徐有功，并为其《明皋文集》作序。

是年，领纂《八旗通志》，撰《〈月山诗集〉序》《郭茗山诗集序》。

嘉庆元年　丙辰　1796 年　72 岁

三月初六，充会试正考官，撰《丙辰会试录序》《会试策问五道》。

六月初一，调任兵部尚书。

撰《兵部尚书刘恪简公合葬墓志铭》。

九月，刑部左侍郎李封卒，为撰墓志铭。

十月十四日，调左都御史。

是年，又撰《伯兄晴湖公墓志铭》《祭理藩院尚书显庭留公文》《铁冶亭玉阆峰两学士对雨图》《题蒋秋吟〈保阳诗〉后》。

同年，朝鲜友人洪良浩之子洪熏谷至京，多次拜望晓岚。

嘉庆二年　丁巳　1797 年　73 岁

六月，撰《刑部河南司员外郎前江苏按察使司按察使检斋王公墓志铭》，为其仕途坎坷、屡遭株连受贬而惋惜不平。

八月，迁礼部尚书。

秋，在积庆亭家赏菊，为其祖父撰《积静逸先生经义序》。

嘉庆三年　戊午　1798 年　74 岁

二月初八，与同人小聚城南，有诗记之。

五月，扈从避暑山庄，撰《田侯松岩诗序》。

七月，《滦阳续录》六卷成书，初十于礼部直庐自为序。

八月，扈从避暑山庄，撰《振斯张公墓志铭》《内务府郎中黄钟姚公墓表》。

嘉庆四年　己未　1799 年　75 岁

二月，充高宗实录馆总裁。

三月，朝鲜书状官徐有闻曰："和珅专政数十年，内外诸臣，无不趋走，惟王杰、刘墉、董诰、朱珪、纪昀、铁保、玉保等诸人终不依附。"

四月，嘉庆帝诏尹壮图至京，赐给事中衔，令其回云南原籍侍母，他年再候旨来京供职。晓岚应尹壮图之请，为其母撰《尹太夫人八十寿序》，并借此为尹鸣不平。

十月初六，充武会试正考官。

十一月，朝鲜使节对刘墉、晓岚评价极高："刚方正直推刘墉，风流儒雅推纪昀。"

是年，孙纪树馨由荫生选授刑部江西司员外郎。

戈源卒，晓岚撰《戈太仆传》。

嘉庆五年　庚申　1800 年　76 岁

正月，兵部尚书金士松卒，谥文简，为其撰墓志铭。

闰四月，江苏布政使方昂卒，为其撰墓志铭。

八月，《阅微草堂笔记》五种、二十四卷，编定刊行，门人北平盛时彦作序。

九月，云南迤南兵备道龚敬身卒，为其制挽联。

为朝鲜医学著作《济众新编》作序。

是年，应甲戌同年姜炳璋之孙之请，为其《诗序补义》作序。

嘉庆六年　辛酉　1801 年　77 岁

十月初一，撰《直隶遵化州知州鼎北李公墓表》。

十一月初八，充《大清会典》馆副总裁。

是年，又撰《〈鹤街诗稿〉序》《鲍肯园先生小传》。

嘉庆七年　壬戌　1802 年　78 岁

二月初四，充京师监粜大臣。

三月初六，充会试正考官。

是年，撰《都察院左副都御史岸淮刘公墓志铭》《云南迤南兵备道匏伯龚公墓志铭》。

嘉庆八年　癸亥　1803 年　79 岁

正月，铁保调任山东巡抚，有淄石砚寄晓岚，晓岚有诗回赠。

二月，门人蒋士铨遣专使求晓岚为赵渭川《四百三十二峰草堂诗钞》作序。

春，偶见赵渭川新修《安阳县志》，赞其“体例谨严，考证详确”，欣然为之作序。

四月初二，嘉庆帝拟将乾隆帝御制诗文及续办方略、纪略等书，续缮于《四库全书》内，谕令晓岚详悉具明，开单具奏。

六月十五日，八十寿辰，嘉庆帝特命上驷院卿常贵颁赐珍品，以志祝贺。

六月，署理兵部尚书，并教习庶吉士。

七月，易县（今属河北）太平峪地宫竣工，孝淑皇后灵柩移此安葬。因办事王大臣具奏仪折内言词不妥，嘉庆帝对有关人等各予处分有差，惟对晓岚颇为谅解：“纪昀久任礼部，向来于典礼事宜尚为谙习。惟年已八旬，于各处事务不能兼顾。纪昀无庸署理兵部尚书，并革去文渊阁直阁事、教习庶吉士，仍带革职留任。”

九月，工部尚书、协办大学士彭元瑞卒，谥文勤，晓岚为制挽联。

十月，孝淑皇后奉安礼成，宽免日前各王大臣的处分。

是年，山东巡抚铁保疏请增设左丘明世袭五经博士，晓岚率礼部议驳。

为刘墉临王羲之帖撰书后。

嘉庆九年　甲子　1804 年　80 岁

十二月，体仁阁大学士刘墉卒，谥文清。

是年，次子汝传擢滇南知州，孙树馨升任刑部陕西司郎中。

山东巡抚铁保再次上疏，另请设汉儒郑玄为五经博士，晓岚再率礼部议驳。

同年钱大昕卒。

撰《工部右侍郎斋园蒋公行状》。

嘉庆十年　乙丑　1805年　81岁

正月二十六日，以礼部尚书、协办大学士，加太子少保，管国子监事。

二月初四，与朱珪联辔入内阁，同赴翰林院中堂任。

二月初十，病；十三日朱珪登门探视；十四日（公历3月13日）酉时卒于北京虎坊桥阅故宅。

嘉庆帝命散秩大臣德通带领侍卫十名，往奠茶酒，赏银五百两治丧，谥文达，并亲自撰写御祭文和御赐碑文，高度评价了纪晓岚的一生。

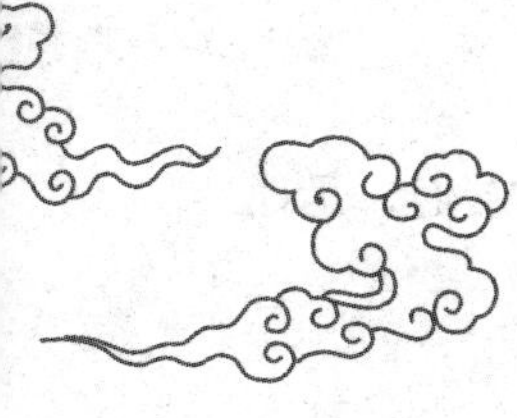

后记

《历史上的纪晓岚》终于和广大读者见面了。

在本书出版之际，我要衷心感谢所有曾经帮助过我的朋友。

他们当中，有以李忠智会长为首的所有纪晓岚研究会的朋友们，是他们的鼓励让我写出了这本书。不但如此，我还应他们之邀，担任了纪晓岚研究会的顾问。

他们当中，有曾经在纪晓岚研究会会刊发表过文章的朋友们——如王敏之先生、刘树胜先生、周林华先生、孙建先生、施亮儒先生、张步云先生、李玉堂先生、张寿山先生、何香久先生等，我在写作这本书的时候，参考了他们的文章。

他们当中，有为我的这本书写序的朋友——沧县副县长娄锡文女士，纪晓岚研究会副会长王敏之先生。另外，我还特别感谢纪晓岚的六世孙纪清贵先生等。

他们当中，还有《正说纪晓岚》在中央电视台《百家讲坛》播出的前前后后，所有通过各种方式表达对我和我主讲的节目关心的朋友们，是他们的帮助让我的书更加完善。

在此，一并表示感谢！

纪连海

2006 年 12 月

关于纪晓岚和纪晓岚文化（之一）

纪晓岚祖居江苏，其祖上椒坡公于明朝永乐二年（1404 年）由应天府（今南京）上元县迁至时属直隶（今河北）的献县景城，即今天的沧县崔尔庄镇景城村（由于行政区划变革，崔尔庄镇于 1954 年划归沧县所辖）。纪晓岚生于沧县崔尔庄，在崔尔庄度过了童年时代，百年之后又魂归故里，葬于崔尔庄镇北村。

作为乾嘉时代的文坛领袖，才华横溢的博学大儒，纪晓岚是一个值得纪念和研究的历史人物。他生性诙谐，才思敏捷，学贯古今，又善作对联，其机智奇思，常语惊四座。乡人至今津津乐道。

一部电视剧《铁齿铜牙纪晓岚》，让已故去 200 年的一代文宗在人们心目中又鲜活了起来。然而影视作品中多为戏说，与史实不符之处甚多，一些历史研究者、纪晓岚故里的百姓，特别是纪氏后人多有不满。

纪连海先生的《历史上的纪晓岚》，向世人打开了一扇尘封的史实之门，奉献给读者一个真实的纪晓岚，一个充满立体感的纪晓岚。

由古沧州沿革而来的沧县，文化底蕴久远而丰厚。以铁狮子为魂魄，铸就了沧州武术及沧州人刚毅豪爽、率直热情的个性；而黄河之尾、九河故道淤积之地，土肥水美，成为著名的沧州金丝小枣主产区。茂密的枣林深处，一代文宗纪晓岚的诞生处和长眠之地越发增添了沧县的魅力。纪晓岚使古老的沧县有了更加鲜活的灵气。

为弘扬纪晓岚文化，打造纪晓岚文化品牌，沧县于 2002 年 8 月成立了纪晓岚研究会，该研究会以研究和挖掘沧县的历史文化资源、弘扬中华民族优秀传统文化为己任，对沧县的文化事业发展起了积极作用。纪连海先生的一部《历史上的纪晓岚》，还以纪晓岚真实面目，弘扬了纪晓岚文化，作为纪晓岚故里的人们备受鼓舞。

日前，中央电视台《百家讲坛》栏目主讲人纪连海先生莅沧拜谒纪晓岚墓，我有幸得见并长谈。长谈间，连海先生约我为其新书《历史上的纪晓岚》作序。

我不是什么作家，自知文笔拙劣，而且对纪晓岚也没做过深入研究。虽然如此，我还是爽快地应允了连海先生。一则盛情难却；再则，作为纪晓岚故里的一名行政管理者，感觉自己有责任、有义务为弘扬纪晓岚文化做点事。

权且以此文作为对纪晓岚的感念吧。

河北省沧县人民政府副县长　娄锡文

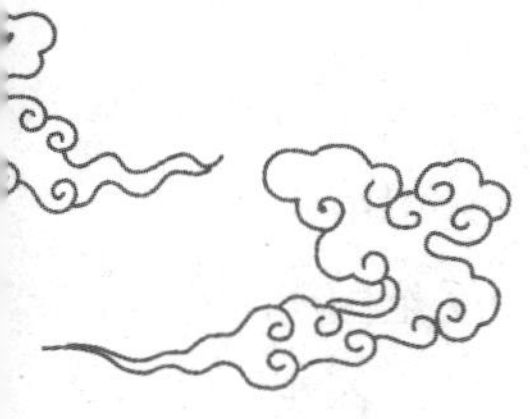

关于纪晓岚和纪晓岚文化（之二）

清代乾嘉时期的大学者、一代文宗纪晓岚，不仅是中国的文化名人，而且是世界的文化名人。因其主持编纂《四库全书》，而受到了我国知识界乃至世界各国汉学界的尊崇；因其性格诙谐幽默，而受到了广大平民百姓的喜爱。

纪晓岚是河北省沧县崔尔庄（原属献县）人，其先祖椒坡公，于明永乐由南京移民至景城，纪晓岚在其《阅微草堂笔记》中，有多处提及家乡一带的人和事，民间也流传着关于他的许多传说。时至今日，其趣闻轶事仍为人们所乐道，脍炙人口。

20 世纪 80 年代，沧州一批文教界人士，发起了对纪晓岚的研究。鉴于以往对纪晓岚遗迹遗物研究的缺失，我即开始搜集其有关资料。先后在多家博物馆、图书馆的鼎力协助下，编出了《纪晓岚遗物丛考》一书。此书囊括近二十类不同内容，刊出纪晓岚亲笔墨书三千余字，注释了纪氏百方藏砚的铭文，诠释了有关纪晓岚的祭文、墓志铭等珍贵文献。因是关于纪晓岚遗迹、遗物综合考证的第一部书，故在学界引起了广泛关注。

2006年夏末，纪连海夫妇莅沧采风，同行的还有纪晓岚六世孙纪清贵夫妇。纪连海先生在中央电视台《百家讲坛》主讲清代名臣，颇受全国听众喜爱。纪先生在沧期间，谈到关于纪晓岚的研究可以走大众化、通俗化的路子，争取具有初中文化程度的读者群体，然后在普及的基础上提高。纪先生的这番观点，对沧州从事纪氏研究的纪晓岚研究会同仁，触动较大，对我更是启发很大。

纪先生在回答记者“关于纪晓岚研究如何通俗化”的问题时，他以拙著《纪晓岚遗物丛考》为例，提出可以把这部700页的书，分成几册，把书中几十个字的砚铭注释，改写成几百字的通俗解说，让谁都能读懂，透彻（或大致）了解其铭文的含义。这样一来，也同样可以达到研究的目的。既扩大了读者面，又起到宣传研究的效果，何乐而不为呢？

纯学术，也需要，但毕竟“象牙之塔”所占比例很小；“半学术”适合中等以上文化水平，读者面因受其爱好范围或研究领域的限制，其所占比例也不算高；如果将学术的内容，写成“深入浅出”的通俗读物，为具有初中以上文化程度的广大群体所接受，其读者面所占比例将会增加。据纪连海先生讲，他主讲的收视率之所以居高不下，其主要原因就是采取了“大众化、通俗化”的讲法，并且用群众喜闻乐见的方式予以表达，这就争取了大多数听众，受到了普遍的认同。讲演与写书是同样的道理，曲高和寡，“阳春白雪”与“下里巴人”的效果是绝不相同的。虽然在写《纪晓岚遗物丛考》时，也注意了这个问题，但现在看来，一些冷僻的词语仍有进一步通俗化的必要。纪晓岚有一段话说得好：“古之人去今日远，其沉思奥义类非后人所解，即其句格语助亦往往与今日殊。后人所赏未必古人之自赏，而妄砻其瑕不亦慎耶？”由此可知，纪连海先生能将古代的人和事，由高深莫测讲到平淡清新，是下过一番苦工夫的。

纪先生在沧邀序，辞之不恭，作为纪文达公的同里后生，聊表如上，序耶？絮耶？是耶？非耶？顺其自然而已。

沧州后学七十叟　王敏之 2006年8月于不足不息斋